Klaus Loth

# Arbeitsblätter Ökosysteme

Arbeitsblätter Biologie

Ernst Klett Verlag
Stuttgart München Düsseldorf Leipzig

**„Arbeitsblätter Biologie“** ist eine Reihe von klar strukturierten, abwechslungsreich aufbereiteten Materialien, die im Unterricht aller Schularten sehr vielseitig einsetzbar sind. Jeder Band präsentiert ein in sich geschlossenes Thema der modernen Schulbiologie. Der Lehrer erhält eine solide, praxisnahe Grundlage für die Vorbereitung und Durchführung eines motivierenden Unterrichts.

Bisher erschienene Bände:

Arbeitsblätter Säugetiere (Klett-Nr. 03094)

Arbeitsblätter Vögel (Klett-Nr. 03091)

Arbeitsblätter Fische - Lurche - Kriechtiere (Klett-Nr. 03093)

Arbeitsblätter Insekten (Klett-Nr. 03095)

Arbeitsblätter Menschenkunde I (Klett-Nr. 03097)

Arbeitsblätter Menschenkunde II (Klett-Nr. 03098)

Arbeitsblätter Suchtvorbeugung (Klett-Nr. 03096)

Arbeitsblätter Einzeller und Wirbellose (Klett-Nr. 03099)

Arbeitsblätter Zellbiologie (Klett-Nr. 03103)

Arbeitsblätter Umweltschutz (Klett-Nr. 03101)

Arbeitsblätter Bakterien, Pilze, Viren und Parasiten (Klett-Nr. 03102)

Arbeitsblätter Genetik (Klett-Nr. 03104)

**Fotos:**
S. 7: Picture Press, Bild- und Textagentur GmbH, Hamburg
S. 8: Deutsches Museum, München
S. 74: oben; Okapia, Frankfurt (S. Camazine), Ebolavirus (REM-Aufnahme)
unten; Okapia, Frankfurt (Naturbild Ag. Büttner), Yamswurzeln

**Grafik:**
Klaus Joas
Jürgen Wirth
Erika Kolaczinski

Gedruckt auf Recyclingpapier, hergestellt aus 100% Altpapier.

1. Auflage 1 5 4 3 2 1 / 2001 00 99 98 97

Alle Drucke dieser Auflage können im Unterricht nebeneinander benutzt werden, sie sind untereinander unverändert. Die letzte Zahl bezeichnet das Jahr dieses Druckes.


**Autor:**
Klaus Loth
Dietrich-Bonhoeffer-Gymnasium, Neunkirchen/Siegerland

Dieses Werk folgt der reformierten Rechtschreibung und Zeichensetzung.



Satz und Grafik: Hess Sales Promotions, Idstein
(P. Bandur, P. Schwarzmann, K. Rosenberg)

Druck: Gutmann & Co. GmbH, 74388 Talheim

ISBN 3-12-031050-6

# Inhaltsverzeichnis

Im Rahmen der Reihe der Arbeitsblätter zur Biologie wird hiermit eine weitere Sammlung erprobter Arbeitsblätter vorgelegt. Wie schon die ersten Sammlungen treten diese Arbeitsblätter in keine Konkurrenz zu Fach- und Lehrerbüchern der Biologie. Sie verstehen sich vielmehr als Ergänzung dazu.

Der übersichtliche Aufbau der Arbeitsblätter erleichtert die Benutzung: Auf der rechten Seite befindet sich in der Regel die Kopiervorlage; ihr gegenüber ist eine mögliche Musterlösung angegeben, die manchmal durch weiterführende Hinweise oder zusätzliches Material ergänzt wird. Um die Arbeitsblätter optimal zu nutzen und um sie methodisch variabel einsetzen zu können, sollte sich der Lehrer/die Lehrerin von diesen Kopiervorlagen bzw. von einzelnen Teilen auch Folien für den Overhead-Projektor anfertigen.

Der für den Lehrer/die Lehrerin wichtigste Aspekt dürfte darin liegen, dass er/sie die Arbeitsblätter methodisch unterschiedlich einsetzen kann. Das Material ist von seiner Konzeption her so angelegt, dass es vielfältige Verwendungsmöglichkeiten zulässt. Die methodische Freiheit des Lehrers/der Lehrerin ist damit gewährleistet.

Da durch die äußere Form der Arbeitsblätter in den meisten Fällen keine unterrichtsdidaktischen bzw. methodischen Einsatzmöglichkeiten vorweggenommen sind, kann der Lehrer/die Lehrerin das Material ganz entsprechend seinen/ihren Vorstellungen und in Abhängigkeit von den besonderen Bedingungen seiner/ihrer Schule und der Klasse verwenden.

Im formalen Aufbau werden alle sinnvollen Möglichkeiten eines Arbeitsblattes genutzt: Aufträge mit Beobachtungsaufgaben, Darstellungen von Experimenten wechseln mit Spielvorschlägen, Rätseln und Bastelhinweisen ab. Oberstes Prinzip ist dabei, die Eigentätigkeit des Schülers/der Schülerin anzuregen. Das Arbeitsblatt hat also kaum illustrierenden Charakter, es wird vielmehr verstanden als zentraler Bestandteil der Erarbeitung im Unterricht.

Die Konzeption der vorliegenden Sammlung eilt zudem ihrer Zeit voraus: Nach den letzten Beschlüssen der Kultusministerkonferenz der Länder zur Abiturreform wird neben dem streng fachbezogenen Unterricht zukünftig großer Raum für Projekte, fächerübergreifenden Unterricht, Selbsterarbeitung und umwelt- und praxisbezogenen Unterricht geschaffen werden. Diese Sammlung, wie auch die bisher vorgelegten, berücksichtigt diese Aspekte in besonderem Maße.

Die vorliegenden Arbeitsblätter sind insbesondere für den Einsatz in der Sekundarstufe I vorgesehen. Einzelne Themen eignen sich natürlich auch für den Einsatz in der Sekundarstufe II.

Beim Durchblättern wird auffallen, dass die Sammlung sehr viele neue Aspekte der Ökologie enthält, dafür aber hier und da absolut grundlegende Themen (z.B. Nahrungspyramiden) ein wenig vernachlässigt. Bei der Flut bereits vorliegender Arbeitspapiere findet dies aber sicher Ihre Zustimmung.

Liebevoll wurden Hunderte von Tieren und Pflänzchen für diesen Band gezeichnet – ein Steinbruch auch für eine Verwendung in anderem Kontext. Deutlich wird dabei der Zusammenhang der Ökologie zur Systematik und der Kenntnis von Monografien. Letztere finden sich verstreut in allen Bändchen der Reihe Arbeitsblätter Biologie.

Die Systematik lässt sich spielend mit den Schülerinnen und Schülern an den Handblättern Biologie erarbeiten: Systematik Wirbeltiere, KLETT-Nr. 4213 oder Systematik Wirbellose, KLETT-Nr. 4211.

„Wir haben die Erde
nicht von unseren
Eltern geerbt.
Wir haben die Erde
nur von unseren
Kindern geliehen."
(Indianisches Sprichwort)

Dieses Bändchen widme ich meinen Kindern Alina, Bea, Janine und Sebastian für das entgegengebrachte Vertrauen.

Burbach, im Januar 1997

Klaus Loth

*„Der große Häuptling in Washington sendet Nachricht, dass er unser Land zu kaufen wünscht. Wir werden sein Angebot bedenken, denn wir wissen – wenn wir nicht verkaufen – kommt vielleicht der weiße Mann mit Gewehren und nimmt sich unser Land. Wie kann man den Himmel kaufen oder verkaufen – oder die Wärme der Erde? Diese Vorstellung ist uns fremd. Wenn wir die Frische der Luft und das Glitzern des Wassers nicht besitzen – wie könnt ihr sie von uns kaufen?*

*Jeder Teil dieser Erde ist meinem Volk heilig, jede glitzernde Tannennadel, jeder sandige Strand, jeder Nebel in den dunklen Wäldern, jede Lichtung, jedes summende Insekt ist heilig, in den Gedanken und Erfahrungen meines Volkes. Der Saft, der in den Bäumen steigt, trägt die Erinnerung des roten Mannes.*

*Mein Volk ist wie eine ablaufende Flut – aber ohne Wiederkehr.*

*Unsere Toten vergessen diese wunderbare Erde nie, denn sie ist des roten Mannes Mutter. Wir sind Teil der Erde und sie ist ein Teil von uns. Die duftenden Blumen sind unsere Schwestern, die Rehe, das Pferd, der große Adler – sind unsere Brüder. Die felsigen Höhen, die saftigen Wiesen, die Körperwärme des Ponys – und des Menschen – sie alle gehören zur gleichen Familie.*

*Wenn also der große Häuptling in Washington uns Nachricht sendet, dass er unser Land zu kaufen gedenkt – so verlangt er viel von uns.*

*Gott liebt euer Volk und hat seine roten Kinder verlassen. Er schickt Maschinen, um dem weißen Mann bei seiner Arbeit zu helfen, und baut große Dörfer für ihn. Er macht euer Volk stärker, Tag für Tag. Bald werdet ihr das Land überfluten wie Flüsse, die die Schluchten hinabstürzen nach einem unerwarteten Regen.*

*Wir wissen, dass der weiße Mann unsere Art nicht versteht. Die Erde ist sein Bruder nicht.*

*Ich weiß nicht – unsere Art ist anders als die eure. Der Anblick eurer Städte schmerzt die Augen des roten Mannes. Vielleicht, weil der rote Mann ein Wilder ist und nicht versteht. Es gibt keine Stille in den Städten der Weißen. Keinen Ort, um das Entfalten der Blätter im Frühling zu hören oder das Summen der Insekten. Aber vielleicht nur deshalb, weil ich ein Wilder bin und nicht verstehe. Das Geklappere scheint unsere Ohren nur zu beleidigen. Was gibt es schon im Leben, wenn man nicht den einsamen Schrei des Ziegenmelkervogels hören kann oder das Gestreite der Frösche am Teich bei Nacht? Ich bin ein roter Mann und verstehe das nicht. Der Indianer mag das sanfte Geräusch des Windes, der über eine Teichfläche streicht – und den Geruch des Windes, gereinigt vom Mittagsregen oder schwer vom Duft der Kiefern. Die Luft ist kostbar für den roten Mann – denn alle Dinge teilen denselben Atem – das Tier, der Baum, der Mensch.*

*Ich bin ein Wilder und verstehe es nicht anders. Ich habe tausend verrottete Büffel gesehen, vom weißen Mann zurückgelassen – erschossen aus einem vorüberfahrenden Zug. Ich bin ein Wilder und kann das nicht verstehen, wie das qualmende Eisenpferd wichtiger sein soll als der Büffel, den wir nur töten, um am Leben zu bleiben. Was ist der Mensch ohne die Tiere? Wären alle Tiere fort, so stürbe der Mensch an großer Einsamkeit des Geistes. Was immer den Tieren geschieht – geschieht bald auch den Menschen. Alle Dinge sind miteinander verbunden.*

*Wenn die Büffel alle geschlachtet sind – die wilden Pferde gezähmt – die heimlichen Winkel des Waldes, schwer vom Geruch vieler Menschen – und der Anblick reifer Hügel geschändet von redenden Drähten – wo ist das Dickicht – fort, wo der Adler – fort, und was bedeutet es, Lebewohl zu sagen dem schnellen Pony und der Jagd ...*

*Wenn der letzte rote Mann von dieser Erde gewichen ist und sein Gedächtnis nur noch der Schatten einer Wolke über der Prärie, wird immer noch der Geist meiner Väter in diesen Ufern und diesen Wäldern lebendig sein. Denn sie lieben diese Erde, wie das Neugeborene den Herzschlag seiner Mutter.*

*Der weiße Mann aber behandelt seine Mutter, die Erde, und seinen Bruder, den Himmel, wie Dinge zum Kaufen und Plündern, zum Verkaufen wie Schafe oder glänzende Perlen. Sein Hunger wird die Erde verschlingen und nichts zurücklassen als eine Wüste."*

*(Rede des Häuptlings der Duwamisch-Indianer vor dem Präsidenten der Vereinigten Staaten von Amerika im Jahre 1855; gekürzt.)*




ISBN 3-12-031050-6

1. Identifiziere die Lebewesen (26), notiere sie tabellarisch in deinem Heft.

2. Gib die systematische Zugehörigkeit der Lebewesen an.

| | |
|---|---|
| *Albatros, Vogel* | *Weinbergschnecke, Weichtier (Wirbellose)* |
| *Delphin, Säugetier* | *Pferd, Säugetier* |
| *Fuchs, Säugetier* | *Tiger, Säugetier* |
| *Krokodil, Reptil* | *Ente, Vogel* |
| *Faultier, Säugetier* | *Süßwassermuschel, Weichtier (Wirbellose)* |
| *Wasserschildkröte, Reptil* | *Heupferd, Insekt (Wirbellose)* |
| *Blauwal, Säugetier* | *Kakadu, Vogel* |
| *Känguru, Säugetier* | *Kaninchen, Säugetier* |
| *Elefant, Säugetier* | *Seestern, Stachelhäuter (Wirbellose)* |
| *Igel, Säugetier* | *Orang-Utan, Säugetier* |
| *Boa, Reptil* | *Pfau, Vogel* |
| *Chamäleon, Reptil* | *Bär, Säugetier* |
| *Tukan, Vogel* | *Mensch, Säugetier* |

Die Tabelle ist je nach Unterrichtskontext erweiterbar, z.B. um detaillierte systematische Kategorien, um Kontinente oder um die entsprechenden Lebensräume und gegebenenfalls ihrer Charakterisierung.

*z.B.: Tiger, korrekt Königs- oder Bengaltiger, Klasse Säugetiere, Ordnung Raubtiere, Familie Katzen, Gattung Nebelparder, Art Panthera tigris tigris; 8 Tigerunterarten/-rassen, z.T. ausgestorben, fossil: Säbelzahntiger, strenger Artenschutz (Anhang I) WWF-Schutzprogramm, Vorkommen: Asien, Sundarbangebiet Indien und Bangladesh, auch Burma und Nepal, Lebensraum: flache Küstenwälder, Dschungel ...*

3. Überlege dir einen passenden Titel für das Bild. Diskutiert die Vorschläge.

*„Artensterben“, „Biotopschutz“, „Ein Platz für Tiere“,*

*„Homo faunamenalis“, „Was wären wir ohne die Tiere?“ u.v.a.*



 ISBN 3-12-031050-6

1. Identifiziere die Lebewesen (26), notiere sie tabellarisch in deinem Heft.

2. Gib die systematische Zugehörigkeit der Lebewesen an.

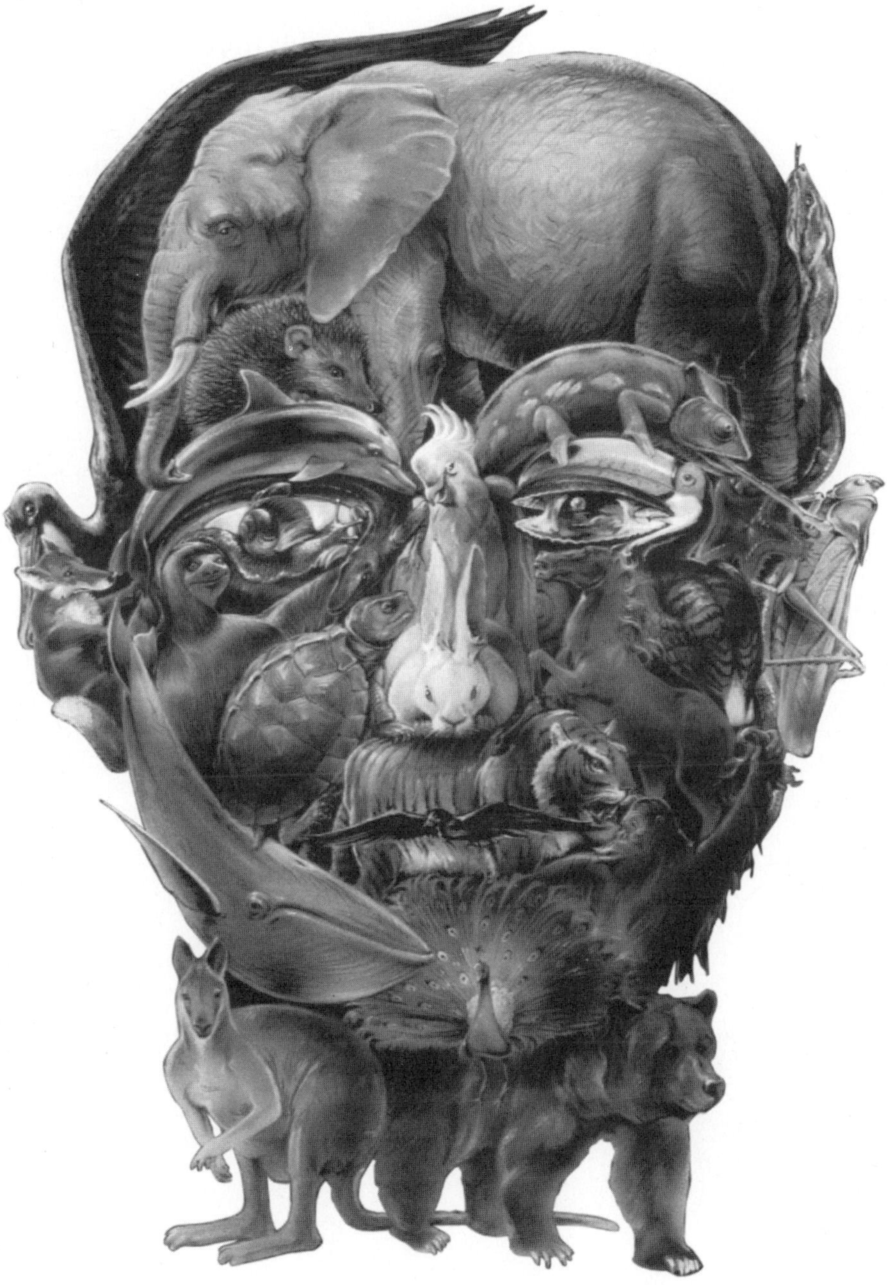

3. Überlege dir einen passenden Titel für das Bild. Diskutiert die Vorschläge.




ISBN 3-12-031050-6

Mr. X war ein berühmter Naturforscher. Er wurde am 16.2.1834 in Potsdam geboren und starb am 9.8.1919 in Jena. 1862 wurde er Professor in Jena. Er habilitierte sich mit seinen Studien zur Radiolarienfauna. Mr. X prägte aber auch den Begriff „Ökologie“.

1. Wie heißt Mr. X korrekt?

   *Ernst Haeckel*

2. Welche großen Verdienste kamen Mr. X zu?

   *Populärwissenschaftliche Reiseberichte, Biogenetisches Grundgesetz, Keimblatttheorie, Monografien zu Radiolarien und Hohltieren*

3. Was versteht man unter „Ökologie“?

   *Nach E. Haeckel „die gesamte Wissenschaft von den Beziehungen des Organismus zur umgebenden Außenwelt“ bzw. „die Lehre von der Oeconomie, von dem Haushalt der thierischen Organismen“.*

Mr. X war ein schwedischer Naturforscher. Er wurde am 23.5.1707 in Rashult geboren und starb am 10.1.1778 in Uppsala. Er wurde Professor für Medizin und Professor für Botanik; 1762 wurde er adelig. Mr. X beschloss die Botanik zu reformieren und schuf ein hierarchisches Gliederungssystem der Organismen, dazu benutzte er die bis heute gültige binäre Nomenklatur und bezog selbst den Menschen in diese Systematik mit ein.

1. Wie heißt Mr. X korrekt?

   *Carl von Linné*

2. Wie lautet der korrekte wissenschaftliche Name des Menschen?

   *Homo sapiens L.*

3. Was bedeutet das „L.“ hinter vielen wissenschaftlichen Tier- und Pflanzennamen?

   *„L“ zu Ehren des Namensgebers Linné*

4. Was versteht man unter Systematik?

   *Biologische Fachdisziplin, die die Vielfalt der Organismen gegeneinander abgrenzt, beschreibt und die so gewonnenen Gruppen in ein hierarchisches System ordnet.*




ISBN 3-12-031050-6

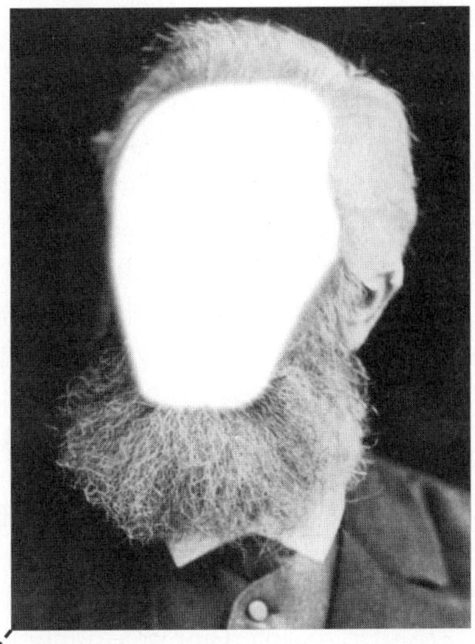

Mr. X war ein berühmter Naturforscher. Er wurde am 16.2.1834 in Potsdam geboren und starb am 9.8.1919 in Jena. 1862 wurde er Professor in Jena. Er habilitierte sich mit seinen Studien zur Radiolarienfauna. Mr. X prägte aber auch den Begriff „Ökologie“.

1. Wie heißt Mr. X korrekt?

2. Welche großen Verdienste kamen Mr. X zu?

3. Was versteht man unter „Ökologie“?

Mr. X war ein schwedischer Naturforscher. Er wurde am 23.5.1707 in Rashult geboren und starb am 10.1.1778 in Uppsala. Er wurde Professor für Medizin und Professor für Botanik; 1762 wurde er adelig. Mr. X beschloss die Botanik zu reformieren und schuf ein hierarchisches Gliederungssystem der Organismen, dazu benutzte er die bis heute gültige binäre Nomenklatur und bezog selbst den Menschen in diese Systematik mit ein.

1. Wie heißt Mr. X korrekt?

2. Wie lautet der korrekte wissenschaftliche Name des Menschen?

3. Was bedeutet das „L.“ hinter vielen wissenschaftlichen Tier- und Pflanzennamen?

4. Was versteht man unter Systematik?




ISBN 3-12-031050-6

**Information:**
Die Menschen früherer Zeiten waren der Natur und ihren Gewalten viel stärker ausgeliefert als wir heute. Es verwundert daher nicht, dass Bäume mit ihrer Mächtigkeit und Größe, aber auch ihrem „ewigen Leben", Menschen in den Bann schlugen. Ihr scheinbarer Tod im Herbst, ihre „Totenstarre" im Winter und ihre „Wiederauferstehung" im Frühjahr oder ihr ewiges (immergrünes) Leben irritierten und faszinierten.
Beispiel: In der nordisch-germanischen Mythologie verdanken Mensch, Tier und Pflanze ihre gesamte Existenz der Weltesche Yggdrasil (s. Abb.). Sie umspannt Erde, Himmel und Unterwelt. Ihre Kraft bezieht Yggdrasil aus dem ewigen Brunnen der Unterwelt. Hier entspringen auch die Mutter aller Flüsse, die Quelle der Weisheit, Einsicht und Meditation und die Quelle des Schicksals.
Wenn du dich einmal etwas mit der Mythologie von Bäumen befasst, wirst du feststellen, dass es kaum eine Kultur oder Religion gibt, in der Bäume nicht irgendeine wichtige mythische, kulturelle oder religiöse Rolle spielen. Verständlich, dass noch im 17. Jahrhundert der Schutz von Bäumen größer geschrieben wurde als heute: „Item es soll niemand Bäume in der Mark schälen, wer das täte, dem solle man sein Nabel aus seinem Bauch schneiden und ihn mit demselben an den Baum nageln und denselben Baumschäler um den Baum führen, so lang bis sein Gedärm alle aus dem Bauch auf den Baum gewunden seien" (Oberurseler Weistum).

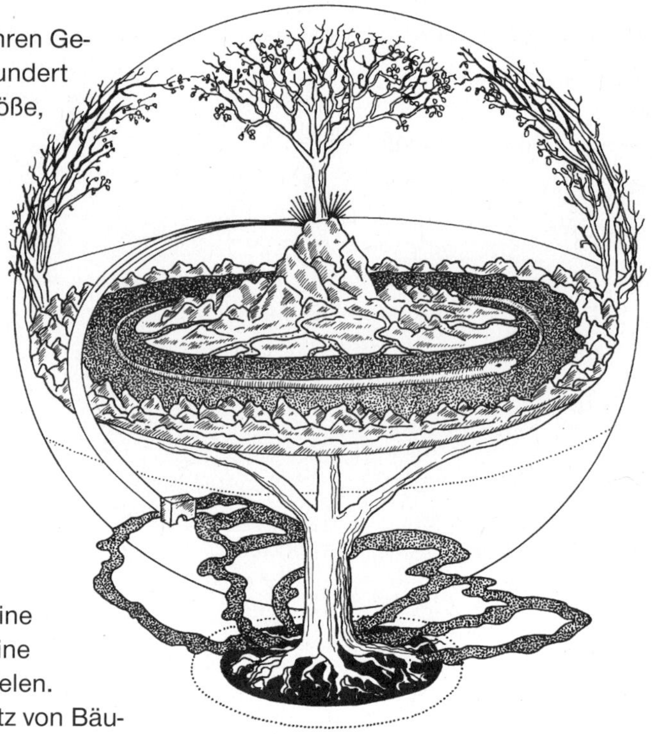

1. Auch die Bibel ist angefüllt mit Zitaten über Bäume, nenne einige Beispiele.

   *Schöpfungsbericht: Baum des Lebens, Baum der Erkenntnis*

   *Abraham erschien Gott in Sichem unter einem Maulbeerbaum*

   *Kreuz Christi aus dem Holz des Lebensbaumes (Baumkreuze, Kirchenkreuze)*

2. Die Verehrung von Bäumen führte dazu, dass unter ihnen Schicksalhaftes geschah, nenne Beispiele.

   *Rechtsprechungen, Vollstreckungen, Krönungen, Bündnisse, Gelöbnisse*

3. Selbst Redewendungen spiegeln heute noch den Bezug zu Bäumen wider, nenne Beispiele.

   *„fest verwurzelt sein", „über jemandem den Stab brechen", „sich aufbäumen"*

4. Nenne einige Bäume mit auch heute noch geltender Symbolkraft.

   *Weihnachtsbaum, Richtbaum, Maibaum, Schlagbaum, Zauberstab, Zepter*

5. Erkläre, warum meist immergrüne oder gerade „ausgeschlagene" Bäume symbolhafte Bedeutung erlangen.

   *immergrün – ewiges Leben; „ausgeschlagen" – „Wiederauferstehung", Neubeginn*




ISBN 3-12-031050-6

**Information:**
Die Menschen früherer Zeiten waren der Natur und ihren Gewalten viel stärker ausgeliefert als wir heute. Es verwundert daher nicht, dass Bäume mit ihrer Mächtigkeit und Größe, aber auch ihrem „ewigen Leben", Menschen in den Bann schlugen. Ihr scheinbarer Tod im Herbst, ihre „Totenstarre" im Winter und ihre „Wiederauferstehung" im Frühjahr oder ihr ewiges (immergrünes) Leben irritierten und faszinierten.
Beispiel: In der nordisch-germanischen Mythologie verdanken Mensch, Tier und Pflanze ihre gesamte Existenz der Weltesche Yggdrasil (s. Abb.). Sie umspannt Erde, Himmel und Unterwelt. Ihre Kraft bezieht Yggdrasil aus dem ewigen Brunnen der Unterwelt. Hier entspringen auch die Mutter aller Flüsse, die Quelle der Weisheit, Einsicht und Meditation und die Quelle des Schicksals.
Wenn du dich einmal etwas mit der Mythologie von Bäumen befasst, wirst du feststellen, dass es kaum eine Kultur oder Religion gibt, in der Bäume nicht irgendeine wichtige mythische, kulturelle oder religiöse Rolle spielen. Verständlich, dass noch im 17. Jahrhundert der Schutz von Bäumen größer geschrieben wurde als heute: „Item es soll niemand Bäume in der Mark schälen, wer das täte, dem solle man sein Nabel aus seinem Bauch schneiden und ihn mit demselben an den Baum nageln und denselben Baumschäler um den Baum führen, so lang bis sein Gedärm alle aus dem Bauch auf den Baum gewunden seien" (Oberurseler Weistum).

1. Auch die Bibel ist angefüllt mit Zitaten über Bäume, nenne einige Beispiele.

2. Die Verehrung von Bäumen führte dazu, dass unter ihnen Schicksalhaftes geschah, nenne Beispiele.

3. Selbst Redewendungen spiegeln heute noch den Bezug zu Bäumen wider, nenne Beispiele.

4. Nenne einige Bäume mit auch heute noch geltender Symbolkraft.

5. Erkläre, warum meist immergrüne oder gerade „ausgeschlagene" Bäume symbolhafte Bedeutung erlangen.



 ISBN 3-12-031050-6

1. Informiere dich über den Affenbrotbaum. In Afrika heißt er auch Baobab; die Einheimischen nennen ihn manchmal auch „Das Kamel unter den Bäumen“ oder „Thron der Götter“, erkläre diese Bezeichnungen.

*Der Baobab ist extrem angepasst an die südliche Sahara (Sahel). Er speichert zigtausend Liter Wasser. Nach der Fabel rissen erzürnte Götter den hässlichen Baobab aus und pflanzten ihn verkehrt herum wieder ein als Sitzplatz. Die Eingeborenen glauben, dass er nun seine Kraft aus dem Himmel bezieht und nicht aus dem kargen Boden.*

2. Die Linde wird auch als Baum der Liebenden bezeichnet. Sie diente früher (z.T. aber auch noch heute) bestimmten kulturellen Zwecken, informiere dich und nenne mindestens drei Verwendungen.

*Dorfmittelpunkt, Heiratsmarkt, Tanzboden, Ort der Rechtsprechung*

3. Nenne drei Orte, die den Namen Linde enthalten.

*Lindau, Lindenberg, Lindenfels*

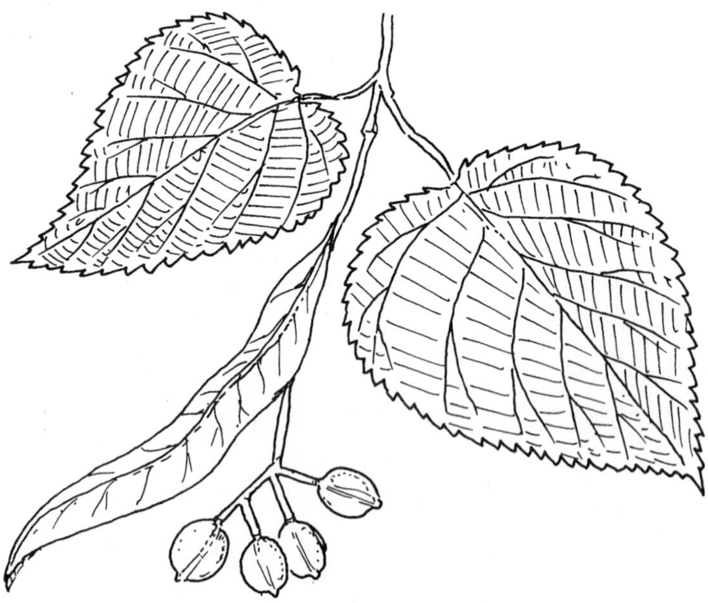

4. Wenn man den Held Siegfried fragen könnte, wäre er sicher von der Linde keineswegs begeistert, kannst du das erklären?

*Der Sage nach klebte ihm ein Lindenblatt auf dem Rücken, als er in unverwundbar machendem Drachenblut badete. Hagens Speer durchbohrte ihn später genau dort.*




ISBN 3-12-031050-6

1. Informiere dich über den Affenbrotbaum. In Afrika heißt er auch Baobab; die Einheimischen nennen ihn manchmal auch „Das Kamel unter den Bäumen“ oder „Thron der Götter“, erkläre diese Bezeichnungen.

2. Die Linde wird auch als Baum der Liebenden bezeichnet. Sie diente früher (z.T. aber auch noch heute) bestimmten kulturellen Zwecken, informiere dich und nenne mindestens drei Verwendungen.

3. Nenne drei Orte, die den Namen Linde enthalten.

4. Wenn man den Held Siegfried fragen könnte, wäre er sicher von der Linde keineswegs begeistert, kannst du das erklären?

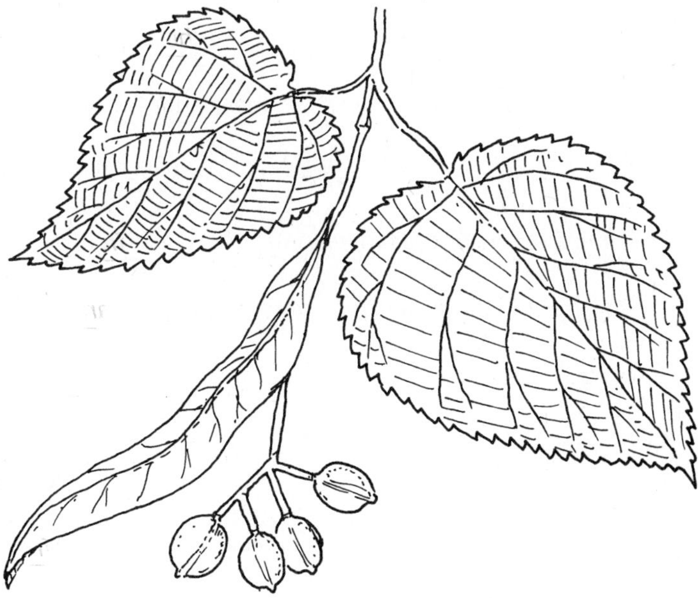



 ISBN 3-12-031050-6

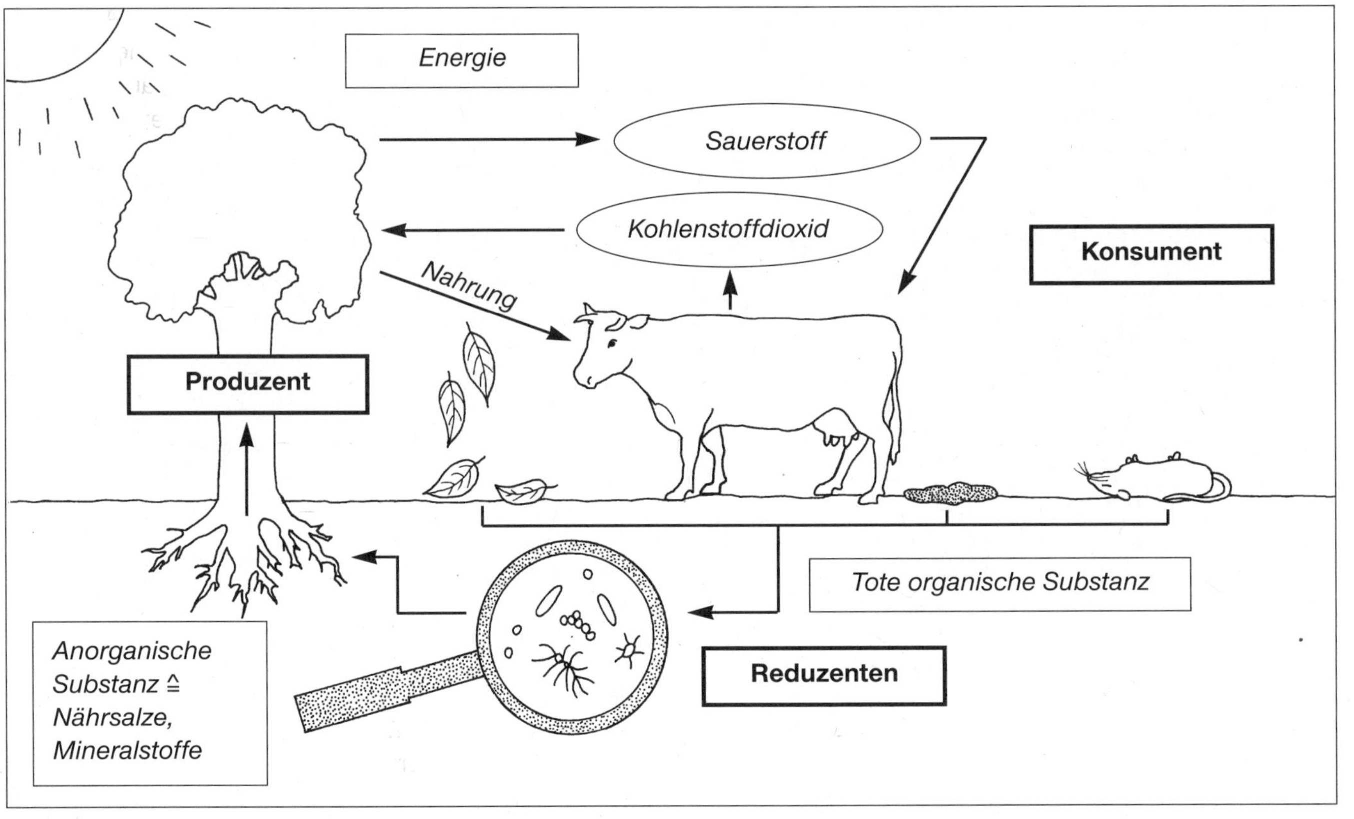


1. Verdeutliche in der Grafik die Beziehungen der Lebewesen untereinander, indem du die fehlenden Stichworte ergänzt.

2. Erläutere die Namen „Produzent", „Konsument" und „Reduzent":

   *Produzenten beherrschen die Fotosynthese, d.h.: Sie stellen aus energiearmen, anorganischen Stoffen mit Hilfe von Blattgrün und Lichtenergie energiereiche, organische Substanz her (Autotrophie).*

   *Konsumenten sind auf organische, energiereiche Substanz der Erzeuger oder anderer Verbraucher angewiesen. Sie setzen die Energie daraus für sich selbst frei (Heterotrophie).*

   *Reduzenten führen die tote, organische Substanz zurück in anorganische Stoffe, die den Erzeugern dann wieder zur Verfügung stehen (Saprotrophie).*

3. Ergänze:
   Konsumenten I. Ordnung sind stets *Pflanzenfresser*

   Konsumenten höherer Ordnung sind stets *Fleischfresser*

4. Gib eine Beispielkette bis zu einem Konsumenten IV. Ordnung an.

   *Blatt – Blattlaus I – Marienkäfer II – Spitzmaus III – Katze IV*



 ISBN 3-12-031050-6

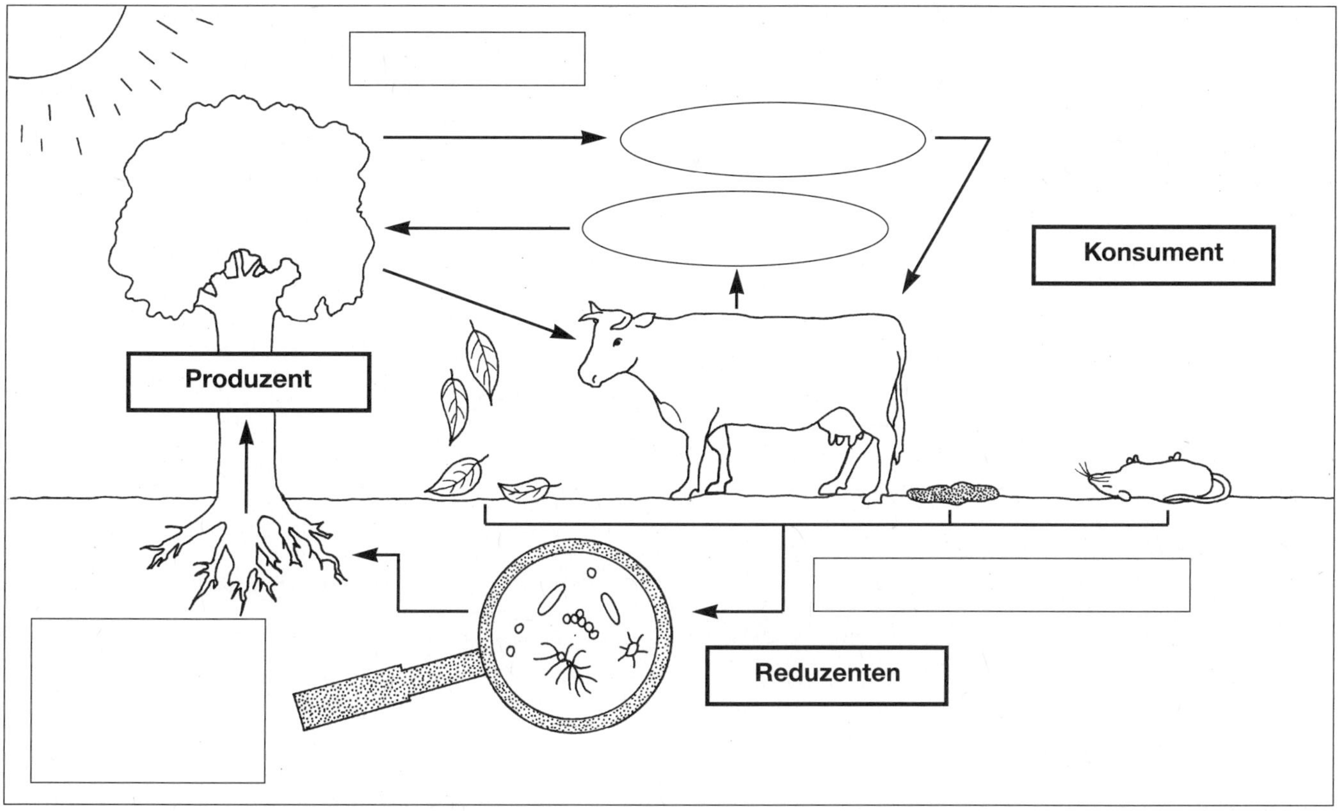


1. Verdeutliche in der Grafik die Beziehungen der Lebewesen untereinander, indem du die fehlenden Stichworte ergänzt.

2. Erläutere die Namen „Produzent", „Konsument" und „Reduzent":

______________________________

______________________________

______________________________

______________________________

______________________________

______________________________

3. Ergänze:
Konsumenten I. Ordnung sind stets ______________

Konsumenten höherer Ordnung sind stets ______________

4. Gib eine Beispielkette bis zu einem Konsumenten IV. Ordnung an.

______________________________

______________________________



 ISBN 3-12-031050-6

Verbinde die Erscheinungen unserer Umwelt mit den dadurch am meisten bedrohten Tieren, Pflanzen oder ihren Lebensräumen. Mehrfachzuordnungen sind denkbar, du solltest dich aber auf die wesentlichen Beziehungen beschränken. Vielleicht kannst du hinter dem vorgegebenen Beispiel noch ein weiteres einfügen?

**Landwirtschaft**

| |
|---|
| Flurbereinigung |
| Pestizide |
| Überdüngung |
| Überweidung |

**Landschaftszerstörung**

| |
|---|
| Siedlungsbau |
| Straßenbau |
| Roden und Abholzen |

**Jagd und Handel**

| |
|---|
| Handel mit bedrohten Arten |
| Überfischung |
| Wildern |
| Sammeln |

**Freizeit**

| |
|---|
| Tourismus |
| Souvenirs |
| Medizin |

**Umweltzerstörung**

| |
|---|
| Luftverschmutzung |
| Wasserverschmutzung |
| Bodenverschmutzung |

| | |
|---|---|
| Adler | *Marienkäfer* |
| Küchenschelle | *Orchideen* |
| Arnika | *Kamille* |
| Igel | *Hase* |

| | |
|---|---|
| Hecke | *Kopfbäume* |
| Reduzenten | *Stadtbäume* |
| Speisepilze | *Heilpflanzen* |

| | |
|---|---|
| Hering | *Wale* |
| Regenwald | *Alleebäume* |
| Luchs | *Haselhuhn* |
| Schlangen | *Elefant* |

| | |
|---|---|
| Ara | *Skorpione* |
| Robbe | *Korallenriffe* |
| Tiger | *Krokodile* |

| | |
|---|---|
| Schutzwald | *Wattenmeer* |
| Stadtbäume | *Mensch* |
| Enzian | *Ginseng* |




ISBN 3-12-031050-6

# Vielfältig bedroht

Verbinde die Erscheinungen unserer Umwelt mit den dadurch am meisten bedrohten Tieren, Pflanzen oder ihren Lebensräumen. Mehrfachzuordnungen sind denkbar, du solltest dich aber auf die wesentlichen Beziehungen beschränken. Vielleicht kannst du hinter dem vorgegebenen Beispiel noch ein weiteres einfügen?

**Landwirtschaft**

| | |
|---|---|
| Flurbereinigung | Adler |
| Pestizide | Küchenschelle |
| Überdüngung | Arnika |
| Überweidung | Igel |

**Landschaftszerstörung**

| | |
|---|---|
| Siedlungsbau | Hecke |
| Straßenbau | Reduzenten |
| Roden und Abholzen | Speisepilze |

**Jagd und Handel**

| | |
|---|---|
| Handel mit bedrohten Arten | Hering |
| Überfischung | Regenwald |
| Wildern | Luchs |
| Sammeln | Schlangen |

**Freizeit**

| | |
|---|---|
| Tourismus | Ara |
| Souvenirs | Robbe |
| Medizin | Tiger |

**Umweltzerstörung**

| | |
|---|---|
| Luftverschmutzung | Schutzwald |
| Wasserverschmutzung | Stadtbäume |
| Bodenverschmutzung | Enzian |




ISBN 3-12-031050-6

### Nahrungskette in einer Monokultur

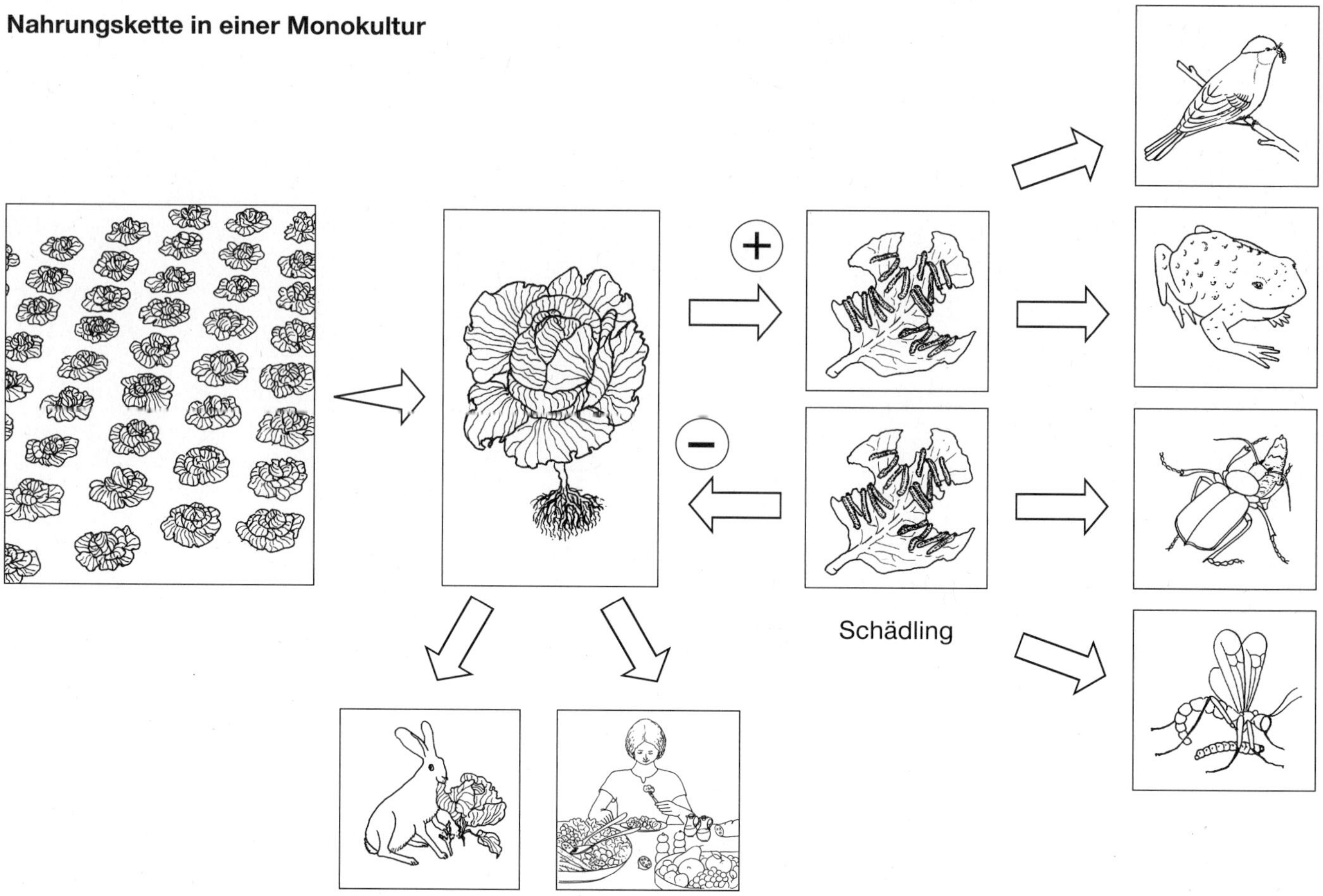


### Nahrungskette im natürlichen Ökosystem

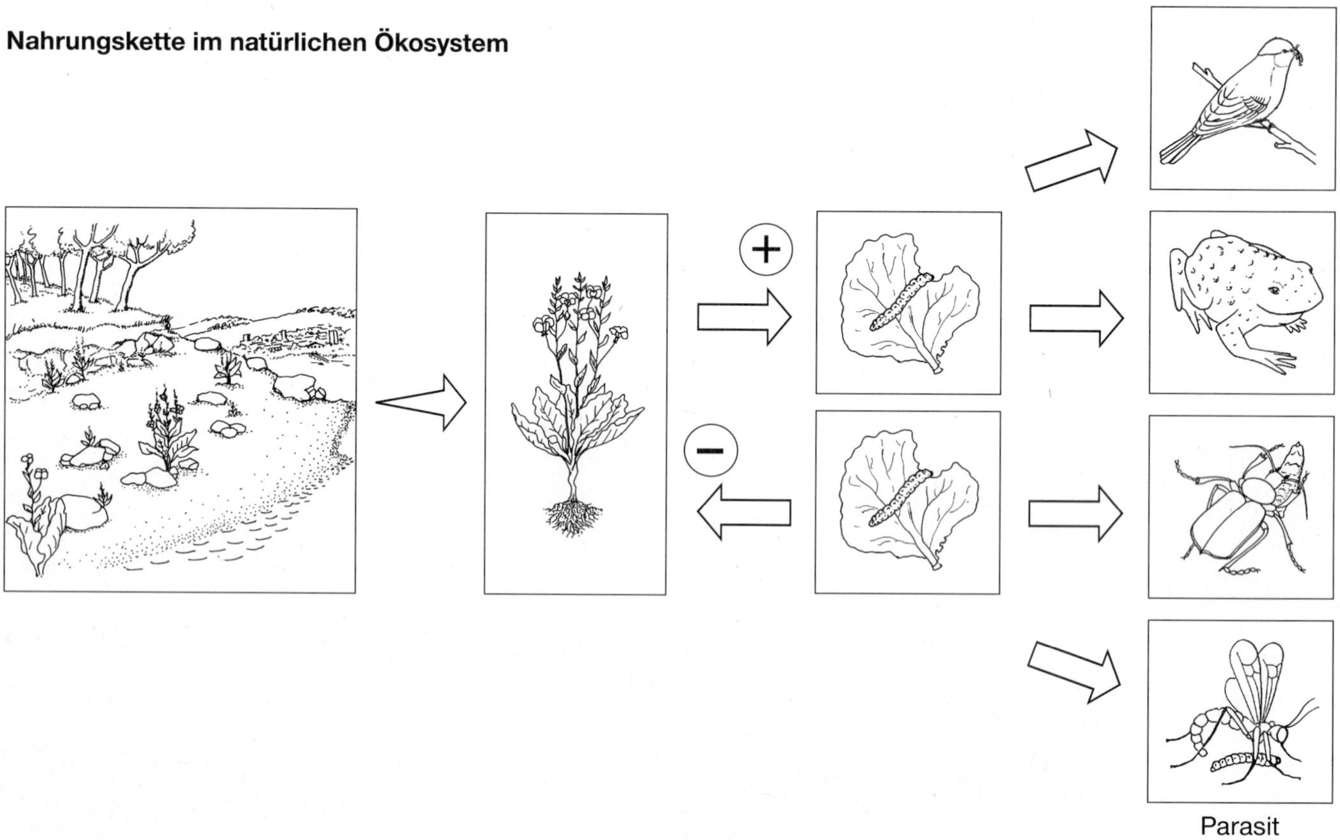





ISBN 3-12-031050-6

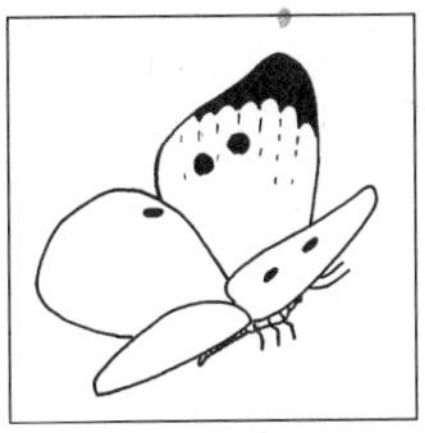

1. Schneide die Symbole aus und montiere in deinem Heft zwei Nahrungsketten
   a) in einer Monokultur
   b) im natürlichen Ökosystem am Beispiel des Wild- bzw. Zuchtkohls unter Einfluss der Raupen des Kohlweißlings.

2. Setze Beziehungspfeile ein und verwende (+) bzw. (–) Symbole mit der Aussage:
   (+) je mehr desto mehr, je weniger desto weniger
   (–) je mehr desto weniger, je weniger desto mehr

ISBN 3-12-031050-6

1. Leider hat der Grafiker in der Abbildung verhängnisvolle Fehler begangen: Die Kreise sind alle gegeneinander verdreht. Schneide die Kreisringe aus, ordne sie durch Drehen richtig an und klebe sie dann in deinem Heft fest.

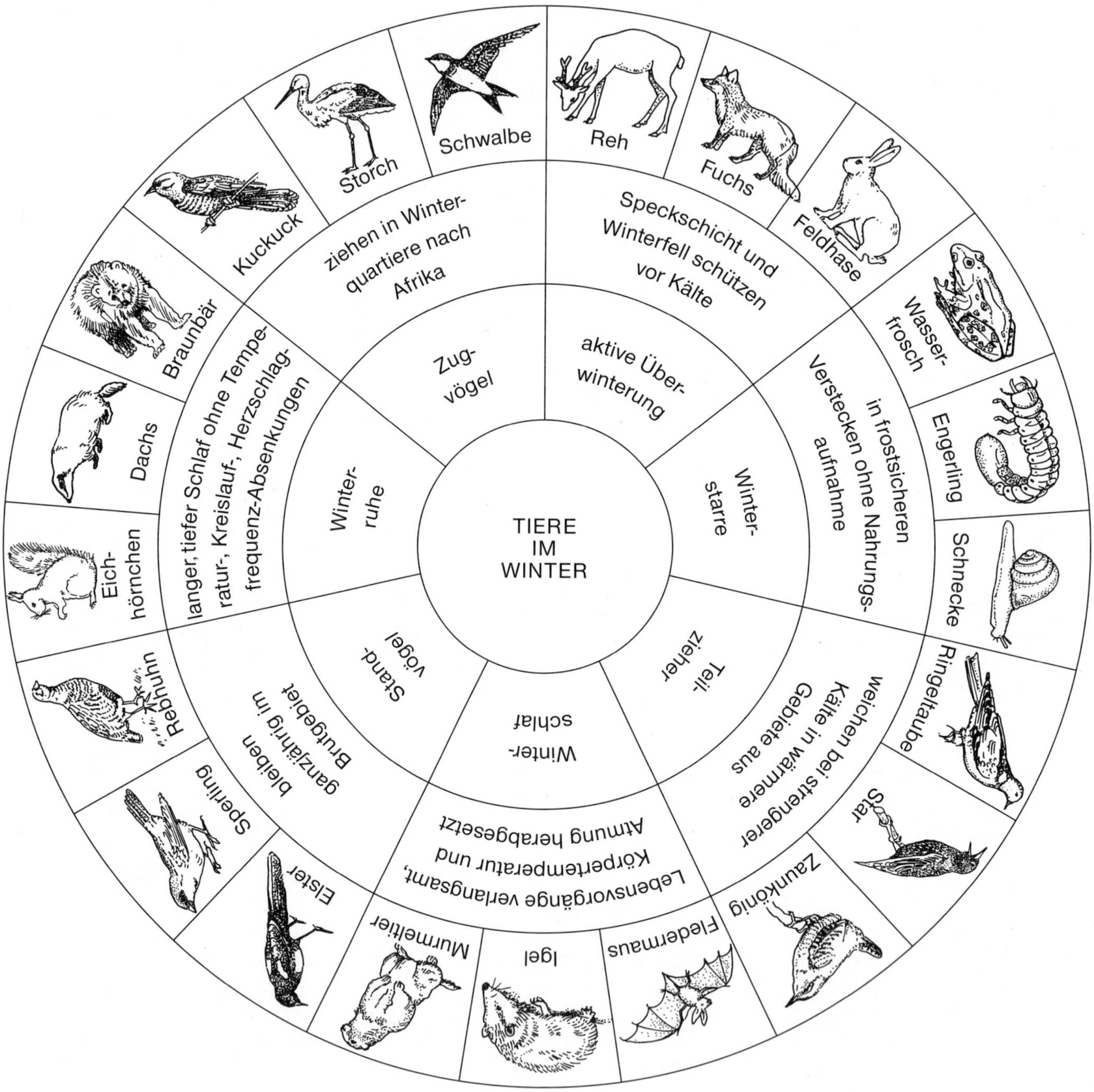





ISBN 3-12-031050-6

1. Leider hat der Grafiker in der Abbildung verhängnisvolle Fehler begangen: Die Kreise sind alle gegeneinander verdreht. Schneide die Kreisringe aus, ordne sie durch Drehen richtig an und klebe sie dann in deinem Heft fest.

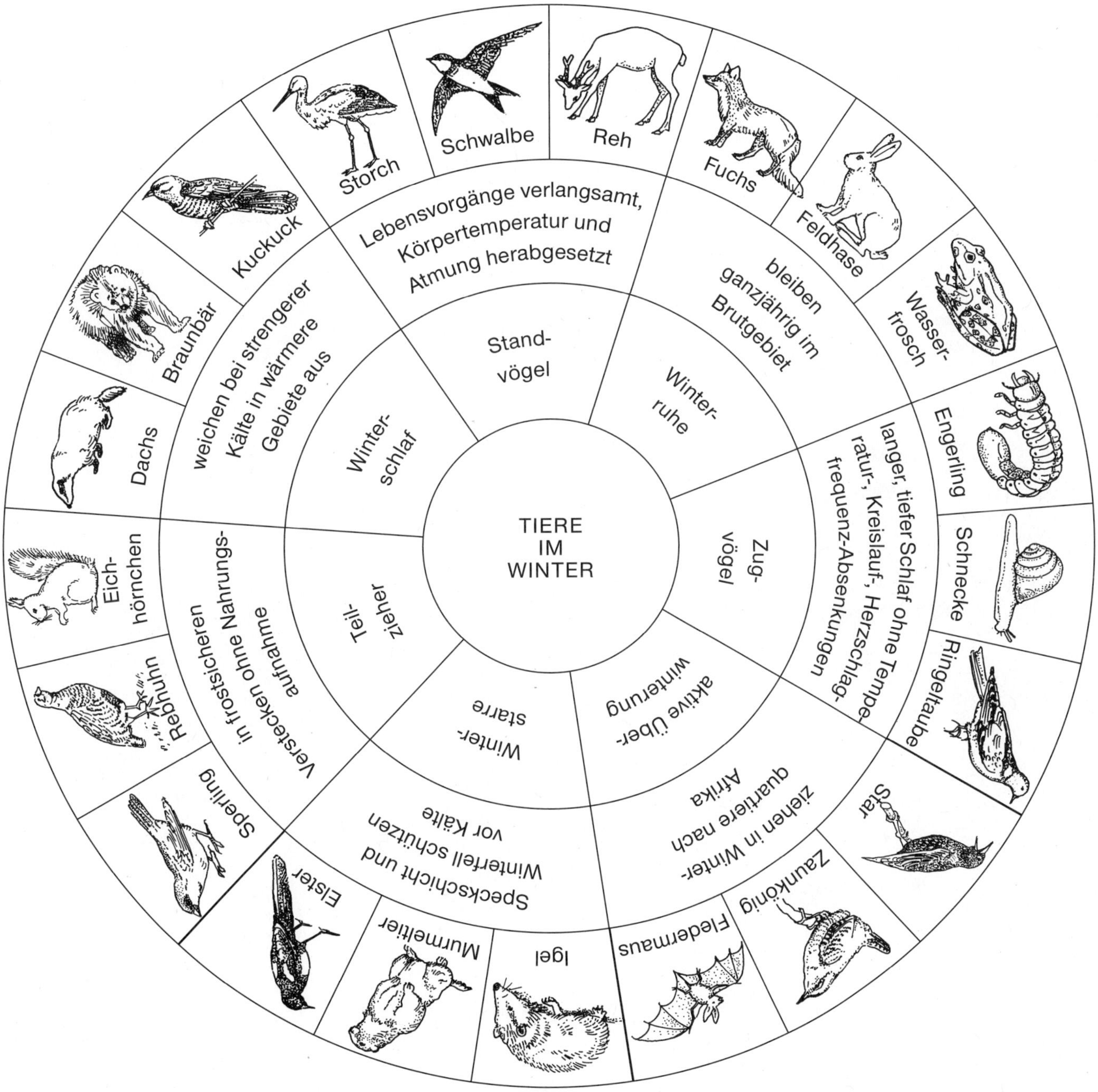





ISBN 3-12-031050-6

Ordne die Spuren den Tieren zu und trage die entsprechenden Zahlen ein.

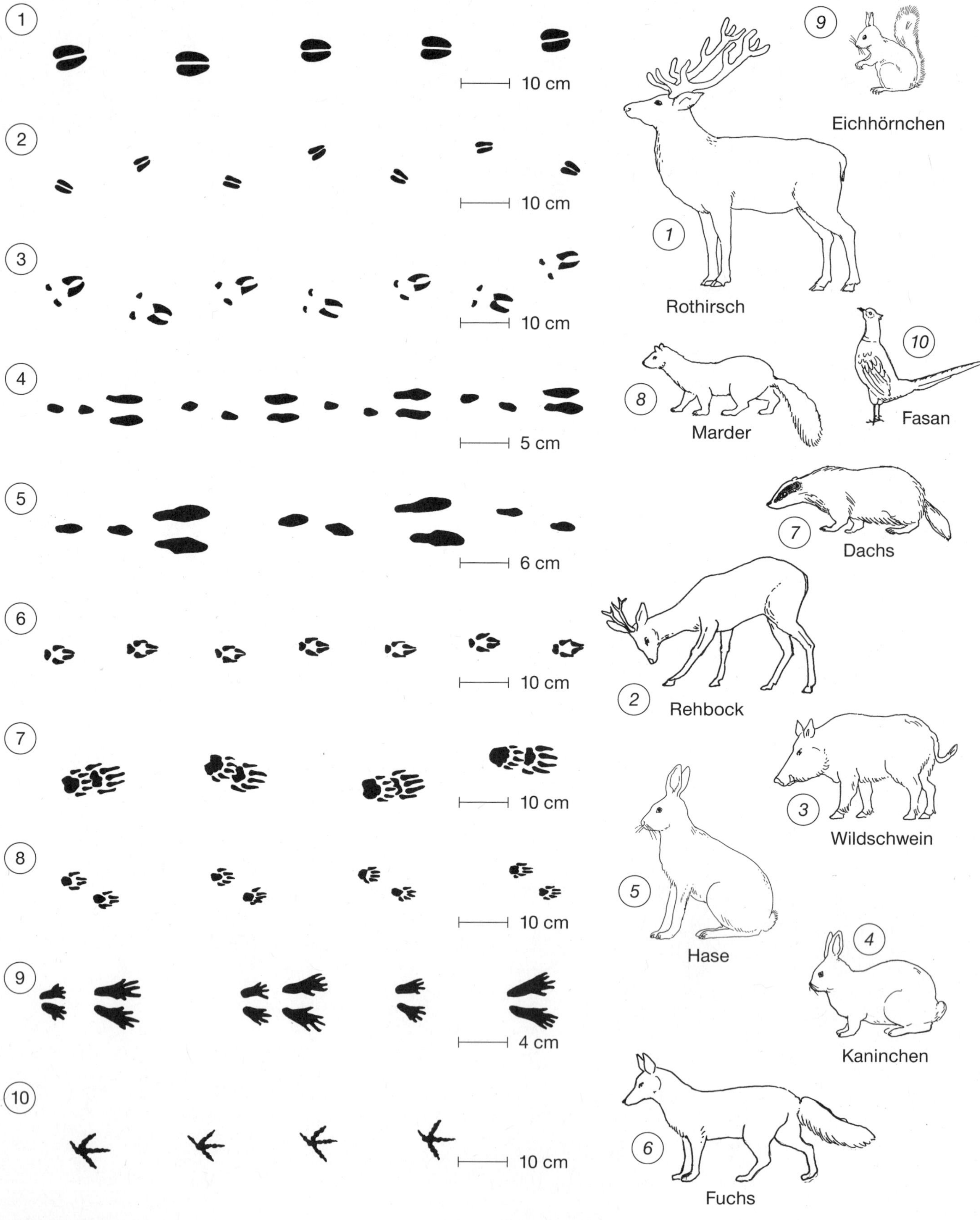





ISBN 3-12-031050-6

Ordne die Spuren den Tieren zu und trage die entsprechenden Zahlen ein.

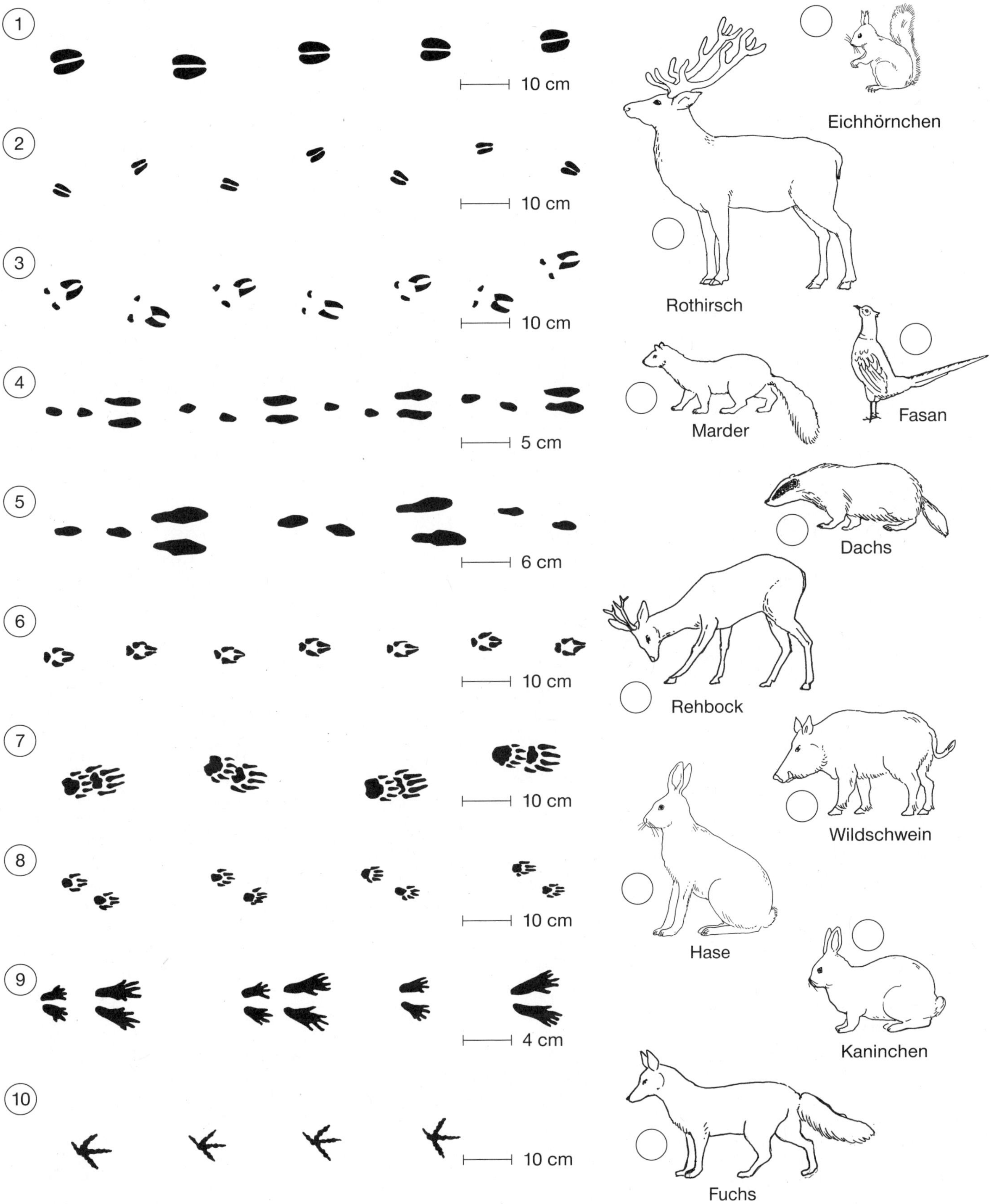





ISBN 3-12-031050-6

Ordne den Tieren (1 bis 15) die Tierspuren zu und trage die Zahlen ein.

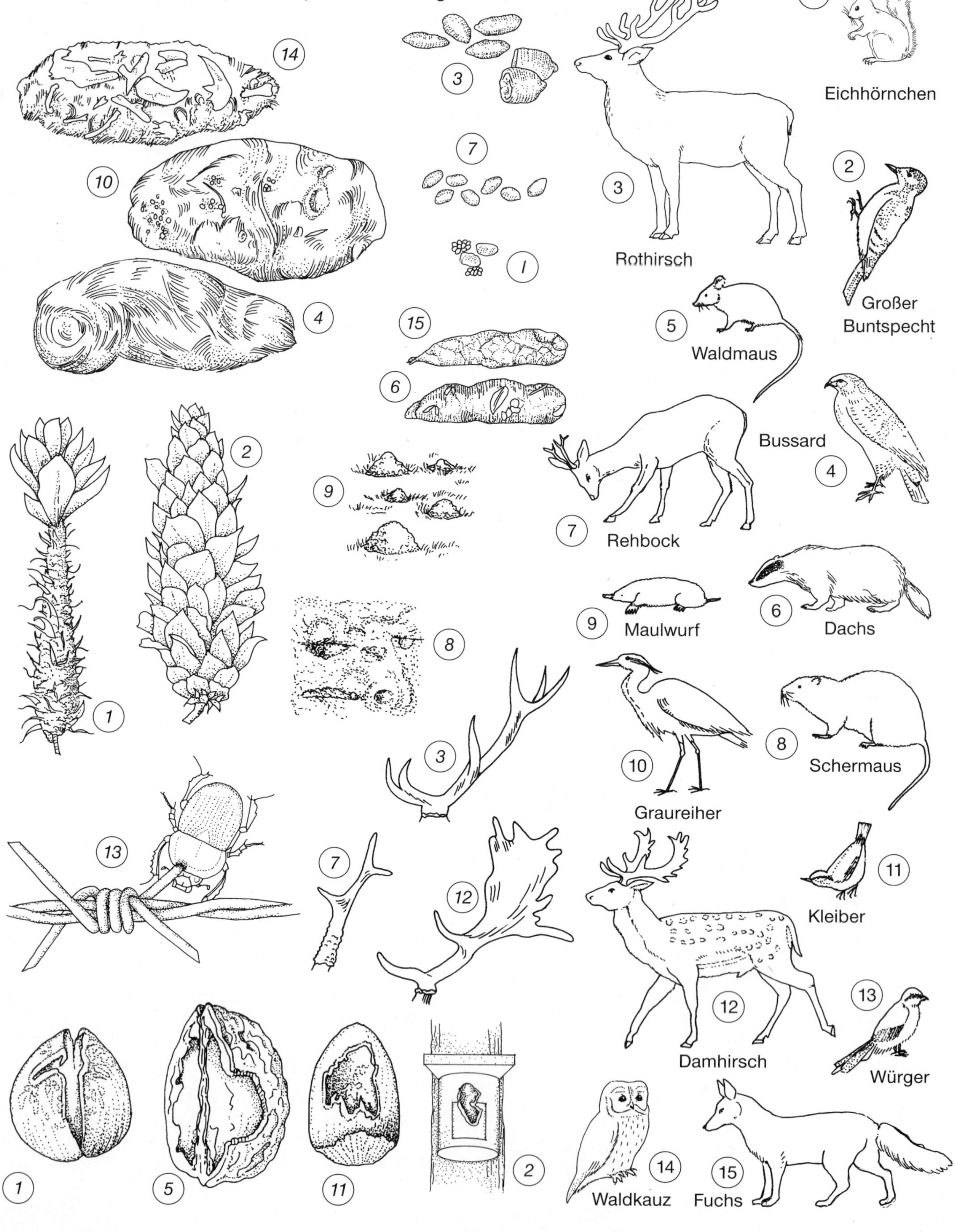





ISBN 3-12-031050-6

Ordne den Tieren (1 bis 15) die Tierspuren zu und trage die Zahlen ein.

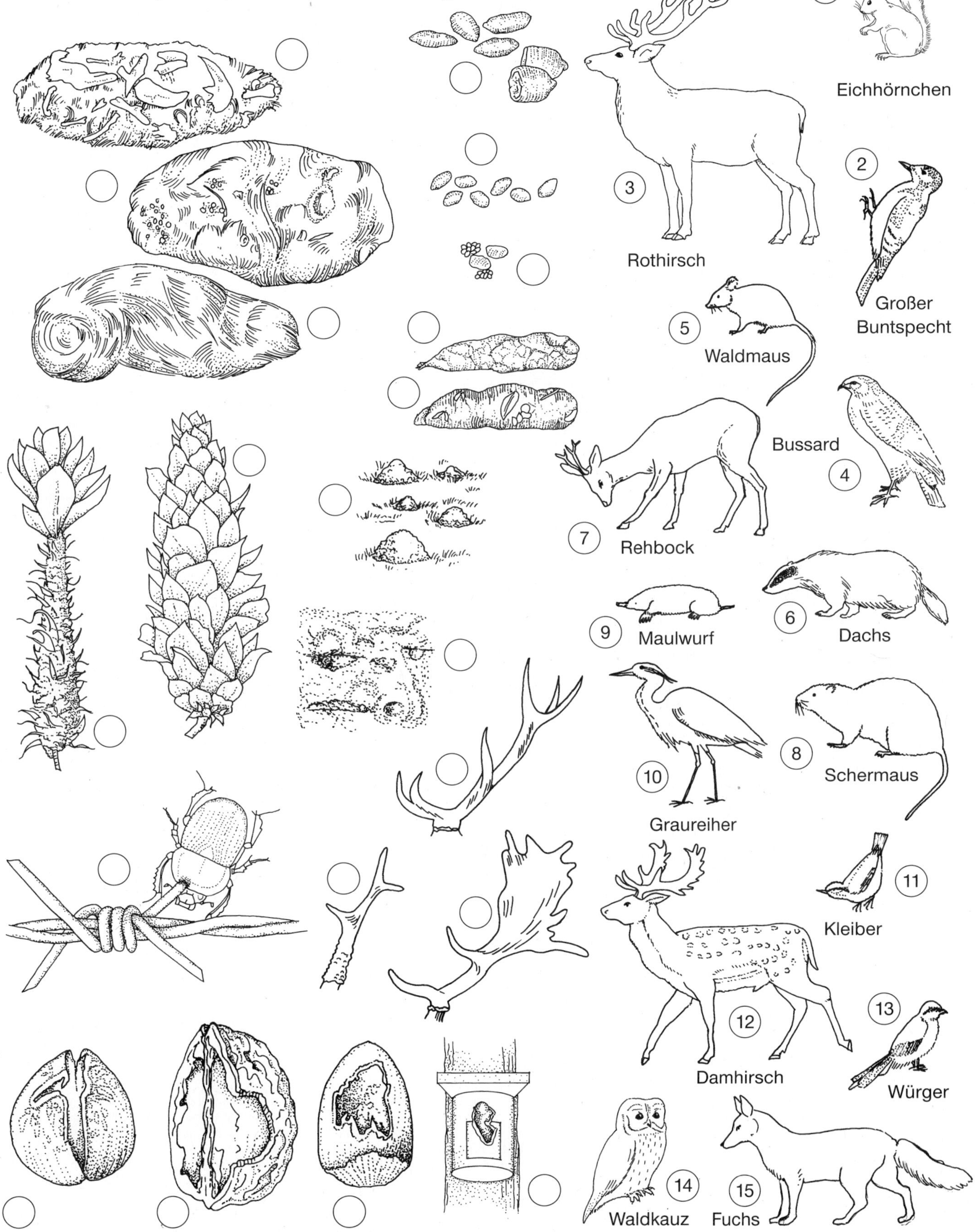





ISBN 3-12-031050-6

Male die Abbildungen - soweit sinnvoll - möglichst naturgetreu aus. Farbige Vorlagen findest du in deinem Biologiebuch oder in einem Tierlexikon.
Klebe die Blätter auf dünnen Karton und schneide die Karten möglichst genau aus.
Das Spiel wird nach den üblichen Quartettregeln gespielt.
Und nun viel Spaß!
Später kannst du dein Quartett noch um weitere Beispiele erweitern (Frage deinen Lehrer!).

1a **WALD - TIERE**

**BUNTSPECHT**

Mit seinem starken Schnabel löst er Baumrinde ab und angelt mit seiner langen, pinselförmigen, klebrigen und mit Widerhaken besetzten Zunge Insekten und ihre Larven. Er meißelt Baumhöhlen.

a **Buntspecht** b Fuchs
c Eichhörnchen d Wildschwein

1b **WALD - TIERE**

**FUCHS**

„Reineke" steht an der Spitze der Nahrungspyramide in unserer Flur. Zur Eindämmung der Tollwut bekommt er heute Schluckimpfungen. Vor dem Fuchsbandwurm muss man selber auf der Hut sein.

a Buntspecht b **Fuchs**
c Eichhörnchen d Wildschein

1c **WALD - TIERE**

**EICHHÖRNCHEN**

Der tollkühne Kletterer mit dem buschigen Schwanz sammelt Nüsse und Samen für seine Winterruhe im Kobel. Nicht alle seine Vorratsverstecke findet er wieder und trägt so zur Verbreitung der Pflanzen bei.

a Buntspecht b Fuchs
c **Eichhörnchen** d Wildschein

1d **WALD - TIERE**

**WILDSCHWEIN**

Mit dem starken Rüssel durchpflügen sie Waldwege, Lichtungen, Felder und auch Äcker auf der Suche nach Würmern und Insektenlarven. Die Bache erzieht ihre Frischlinge. Ein Schlammbad in der Suhle schützt vor Parasiten.

a Buntspecht b Fuchs
c Eichhörnchen d **Wildschein**

2a **WALD - PFLANZEN**

**EICHE**

Die artenreichen Bäume sind nicht nur Schmuckstücke in Parks, sondern auch begehrtes, wertvolles Nutzholz für Furniere und Möbel. Die Eicheln sind wichtige Nahrung für viele Tiere der Laubwälder.

a **Eiche** b Aronstab
c Fliegenpilz d Fichte

2b **WALD - PFLANZEN**

**ARONSTAB**

In feuchten Laubwäldern öffnet er seine Fliegenkesselfalle. Der Aasgeruch lockt Fliegen zur Bestäubung an, sie werden eingesperrt, ernährt und nach getaner Arbeit wieder unversehrt entlassen, so dass sie den nächsten Aronstab besuchen.

a Eiche b **Aronstab**
c Fliegenpilz d Fichte

2c **WALD - PFLANZEN**

**FLIEGENPILZ**

Der Giftpilz enthält Stoffe, die nicht nur Rauschzustände und Wahnvorstellungen auslösen, sondern auch Lähmungen, Atemnot und den Tod. Jedes Kind kennt ihn aus Märchen- und Bilderbüchern mit seinem roten Hut und den weißen Tupfen.

a Eiche b Aronstab
c **Fliegenpilz** d Fichte

2d **WALD - PFLANZEN**

**FICHTE**

Der schnellwüchsige Baum ist Symbol der forstlichen Monokulturen. Das „Waldsterben" nahm bei ihm seinen Anfang. Sein Holz wird zu Papier und Spanplatten verarbeitet. Edelformen und Tannen haben ihn als Weihnachtsbaum abgelöst.

a Eiche b Aronstab
c Fliegenpilz d **Fichte**




ISBN 3-12-031050-6

3a **WIESE – TIERE**

**MAULWURF**

„Grabowski" steht unter Naturschutz. Kaum ein Landwirt oder Gärtner duldet seine emsige Wühlarbeit und seine Erdhaufen. Der Einzelgänger wühlt nach Regenwürmern und Insektenlarven. Er kann sehr schlecht sehen, aber fantastisch gut hören.

a **Maulwurf** b Heupferd
c Feldhamster d Feldmaus

3b **WIESE – TIERE**

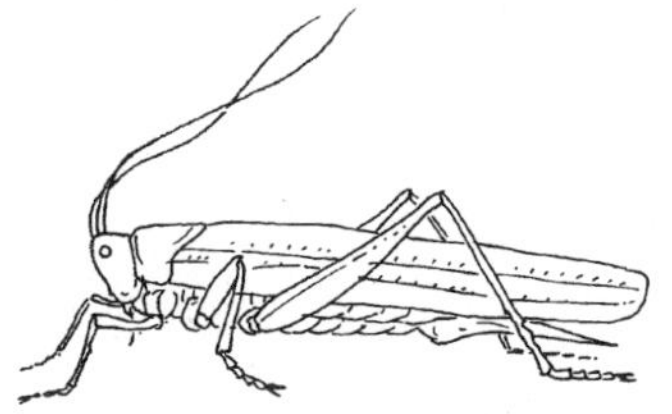

**HEUPFERD**

Trotz fast 5 cm Körperlänge ist es ein guter Flieger. Die Männchen sind unermüdliche Sänger, sie stridulieren Tag und Nacht. Neben Pflanzen werden Fliegen, Raupen und kleine Schmetterlinge verspeist. Früher wurden sie in Gefangenschaft gezüchtet.

a Maulwurf b **Heupferd**
c Feldhamster d Feldmaus

3c **WIESE – TIERE**

**FELDHAMSTER**

Das Dämmerungstier bevorzugt trockene Felder und ernährt sich von Feldfrüchten, insbesondere Getreide. Für die Winterruhe „hamstert" er Vorräte in seinem Erdbau. Die bedrohte Tierart ist mit dem viel kleineren syrischen Goldhamster verwandt.

a Maulwurf b Heupferd
c **Feldhamster** d Feldmaus

3d **WIESE – TIERE**

**FELDMAUS**

Die „Wechsel" der Feldwühlmaus werden im Frühjahr sichtbar. Oft leben mehrere Weibchen in einem Nest; mit einem Monat können sie trächtig werden. Bei guten Bedingungen und 21 Tagen Tragzeit kann es zu Massenvermehrungen kommen.

a Maulwurf b Heupferd
c Feldhamster d **Feldmaus**

4a **WIESE – PFLANZEN**

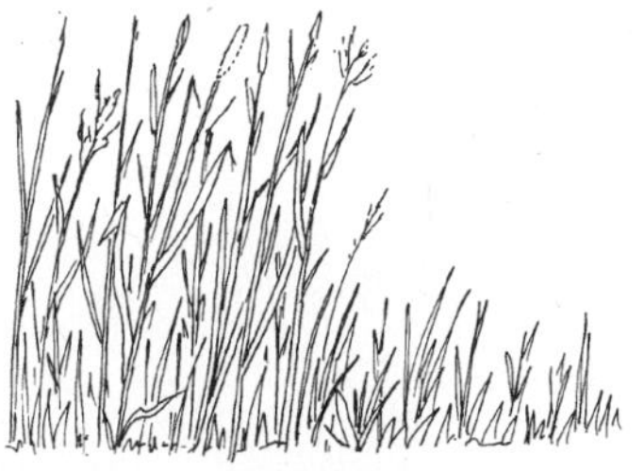

**GRÄSER**

Die vielen schwer bestimmbaren Arten (4000) werden in Süß- und Sauergräser unterteilt. Sie sind weltweit verbreitet und meist nutzbar. Neben der Futternutzung findet man sie auf Dächern oder nach langer Züchtung als Getreide, Reis oder Mais.

a **Gräser** b Weißklee
c Herbstzeitlose d Arnika

4b **WIESE – PFLANZEN**

**WEIßKLEE**

Wer kennt ihn nicht? Diese Art findet sich auf jedem Rasen und in jeder Wiese, sofern genug Stickstoff vorhanden ist. Für Barfußgeher wird der bienenbestäubte Schmetterlingsblütler manchmal zum „Erlebnis"; er ist trittfest und seine Teile bewurzeln neu.

a Gräser b **Weißklee**
c Herbstzeitlose d Arnika

4c **WIESE – PFLANZEN**

**HERBSTZEITLOSE**

Das giftige Zwiebelgewächs blüht im Herbst zartlila bis rosa. Die unterirdischen Fruchtknoten schieben erst im nächsten Sommer einen Fruchtstand mit münzenartigen Samen hervor. Im Herbst erblüht dann wieder die blattlose, geschützte Pflanze.

a Gräser b Weißklee
c **Herbstzeitlose** d Arnika

4d **WIESE – PFLANZEN**

**ARNIKA**

Die Wildform ist selten; sie braucht sauren, sandigen und nährstoffarmen Boden. Sammelleidenschaft hat sie unter Naturschutz gebracht. Die Verwendung als Arzneipflanze ist im Hausgebrauch gefährlich, da die Menge ihrer Inhaltsstoffe stark schwankt.

a Gräser b Weißklee
c Herbstzeitlose d **Arnika**

Vorlagen für weitere Karten:

**BUSSARD**

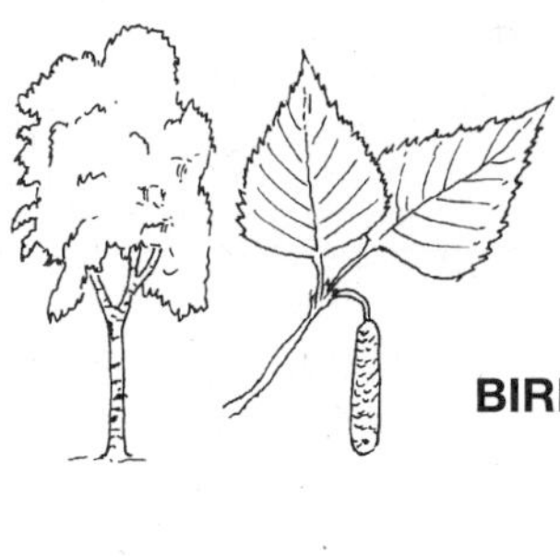

**BIRKE**



 ISBN 3-12-031050-6

5a **HECKE – TIERE**

### KANINCHEN

Es ist die Stammform aller Hauskaninchenrassen (Stallhasen). Die geselligen Karnickel leben in großen Bauten unter Tage. Ihre Vermehrung ist sprichwörtlich. In Australien wurden sie zur Plage.

a **Kaninchen** b Igel
c Kreuzspinne d Neuntöter

5b **HECKE – TIERE**

### IGEL

Der einzige Winterschläfer unter den Insektenfressern ist aufgrund seines praktischen Einrollverhaltens im Straßenverkehr tödlich bedroht. Nur untergewichtige Jungtiere dürfen von Fachleuten „überwintert“ werden.

a Kaninchen b **Igel**
c Kreuzspinne d Neuntöter

5c **HECKE – TIERE**

### KREUZSPINNE

Kaum ein Gebäude ohne Kreuzspinne. Häufig lebt sie aber auch im Freien an Baumrinde und Felsen. Sie webt ein Deckennetz.

a Kaninchen b Igel
c **Kreuzspinne** d Neuntöter

5d **HECKE – TIERE**

### NEUNTÖTER

Er benötigt Büsche und Hecken zum Überleben. Vom Buschansitz fängt er Insekten und Mäuse. Große Beute spießt er auf Dornen, um sie zu bearbeiten. Nur in Hecken baut er sein Nest. Er steht unter Naturschutz.

a Kaninchen b Igel
c Kreuzspinne d **Neuntöter**

6a **HECKE – PFLANZEN**

### HOLUNDER

Der stickstoffliebende „Schwarze Holler“ oder „Flieder“ wächst als Strauch oder Baum bis zu 6 m hoch. Seine schwarzblauen Beeren liefern einen roten Saft, der vielerorts zu Marmelade verarbeitet wird.

a **Holunder** b Ginster
c Hainbuche d Brombeere

4b **HECKE – PFLANZEN**

### GINSTER

Frost und eine fehlende Schneedecke im Winter verträgt der Besenginster nur schlecht. Die fünfkantigen Zweige und Ruten eignen sich zum Besenbinden, was ihn stark dezimiert hatte. Heute warten die Zecken vergeblich auf den Besenbinder.

a Holunder b **Ginster**
c Hainbuche d Brombeere

6c **HECKE – PFLANZEN**

### HAINBUCHE

Das helle Holz der Hain- oder Weißbuche dient als hartes Werk- und edles Möbelholz. Der Tiefwurzler verbessert den Boden durch seine leicht zersetzbare Laubstreu. Zahlreiche Zierrassen füllen Parks und Gärten.

a Holunder b Ginster
c **Hainbuche** d Brombeere

6d **HECKE – PFLANZEN**

### BROMBEERE

Wer die schmackhaften Sammelfrüchte erntet, kennt die blutigen Kratzer, mit denen sich die stark wuchernde Pflanze gegen alles zur Wehr setzt. Mit Verbreitung der Fuchsbandwurmeier ist die Ernteleidenschaft zurückgegangen.

a Holunder b Ginster
c Hainbuche d **Brombeere**

Vorlagen für weitere Karten:

**ROTHIRSCH**

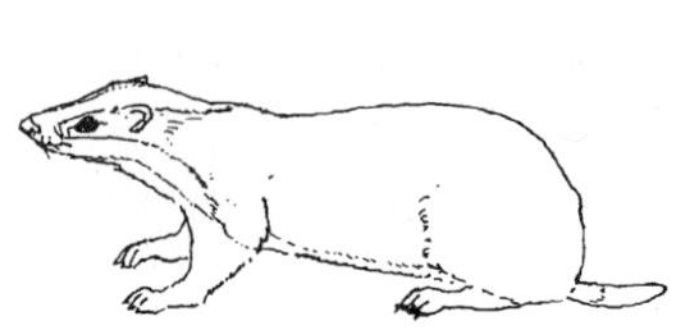

**DACHS**



 ISBN 3-12-031050-6

7a **SEE - TIERE**

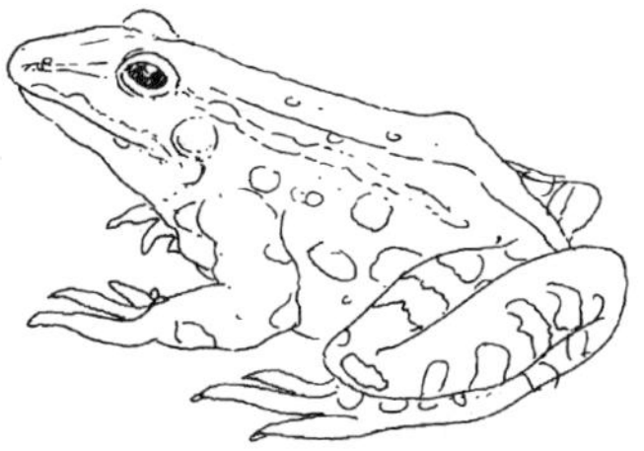

**TEICHFROSCH**

Das ruffreudige, hellgrün bis braune Amphib ist stark gefährdet und steht samt seinem Laich unter strengem Schutz (Laichballen mit bis zu 1500 Eiern). Es ist stark ans Wasser gebunden und überwintert im Schlamm des Gewässergrundes.

a **Teichfrosch** b Libelle
c Wasserläufer d Hecht

7b **SEE - TIERE**

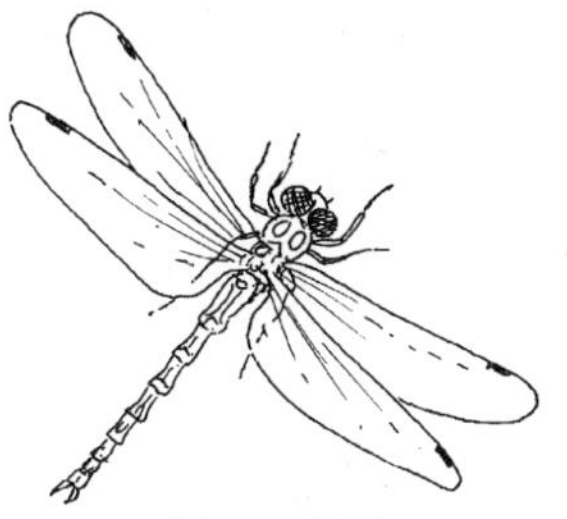

**LIBELLE**

Die Larven der imposanten Flieger machen eine ggf. mehrjährige Entwicklung im Teich durch. Alle Libellenarten sind bedroht, letztlich vom Menschen, der nicht einsieht, dass die Tiere weder stechen noch beißen können.

a Teichfrosch b **Libelle**
c Wasserläufer d Hecht

7c **SEE - TIERE**

**WASSERLÄUFER**

Die Oberflächenspannung des Wassers reicht für ihn, um darauf zu laufen. Die 10–13 mm lange Wanze kommt mit verwandten Arten auf Tümpeln, Teichen und Pfützen vor. Die Imago überwintern und zeigen sich in den ersten Vorfrühlingstagen.

a Teichfrosch b Libelle
c **Wasserläufer** d Hecht

7d **SEE - TIERE**

**HECHT**

Größter heimischer „Räuber" im Wasser. Nur kleinen Karpfen wird er gefährlich, ansonsten lebt er von Wirbellosen, Amphibien, Wasservögeln und Kleinsäugern. Er ist ein Standfisch der Uferzone und wird bis 1,5 m lang.

a Teichfrosch b Libelle
c Wasserläufer d **Hecht**

8a **SEE - PFLANZEN**

**SCHILF**

Bis 4 m hohes Wassergras; Kosmopolit; in den Tropen bis 10 m hoch. Bodenbefestigende Uferpflanze im Röhricht. Vielfältiger Nutzen von Dekorationen über Dächer und Rohrmatten zu Mundstücken für Instrumente und Wirkstoffen in der Medizin.

a **Schilf** b Seerose
c Wasserlinse d Wasserlilie

8b **SEE - PFLANZEN**

**SEEROSE**

Unverwechselbar ist die weiße Teichrose mit ihren glänzenden Schwimmblättern, ihrer weißen Blüte und den gelben Narben. Obwohl es noch größere Bestände gibt, steht sie unter strengem Schutz, da ihre Lebensräume stark gefährdet sind.

a Schilf b **Seerose**
c Wasserlinse d Wasserlilie

8c **SEE - PFLANZEN**

**WASSERLINSE**

Die kleine Wasserlinse mit ihren nur 2 mm breiten Gliedern kann sich ggf. explosionsartig vermehren, so dass binnen Tagen ganze Seen grün werden. Oft werden sie an Entenküken verfüttert, daher auch der Name Entengrütze, Entengrün.

a Schilf b Seerose
c **Wasserlinse** d Wasserlilie

8d **SEE - PFLANZEN**

**WASSERLILIE**

Die Wasser- oder Schwertlilie ist mit ihren gelben Schwertlilienblüten unverwechselbar. Aus den walzenförmigen Fruchtkapseln platzen scheibenförmige Samen hervor, die mit Wind und Wasser verbreitet werden.

a Schilf b Seerose
c Wasserlinse d **Wasserlilie**

Vorlagen für weitere Karten:

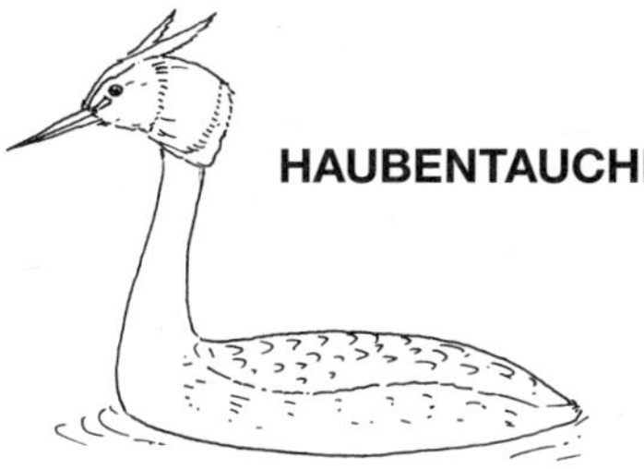

**HAUBENTAUCHER**

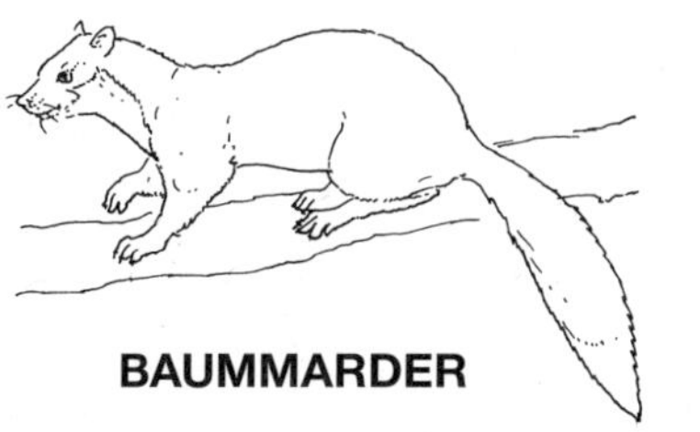

**BAUMMARDER**



 ISBN 3-12-031050-6

1. Ordne den abgebildeten Früchten, Nüssen und Gewürzen den richtigen der folgenden Namen zu: Ananas, Avocado, Cashewnuss, Feige, Ingwer, Kakao, Kokosnuss, Mango, Muskatnuss, Paranuss, Pfeffer, Sternfrucht, Vanille, Zimt.

2. Überlege und schreibe dann die Namen in die unten rechts stehenden Kästchen. Den stark umrandeten Feldern kannst du senkrecht gelesen den Namen einer weiteren Tropenfrucht entnehmen. Sie ist hier auch abgebildet.

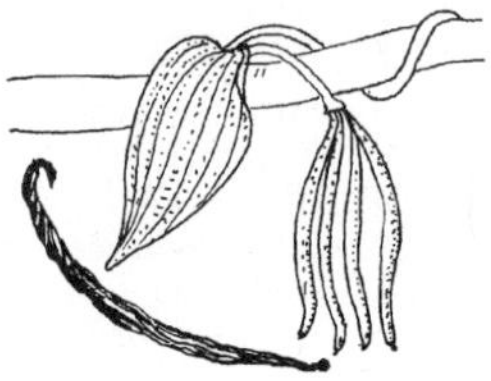

*Vanille*

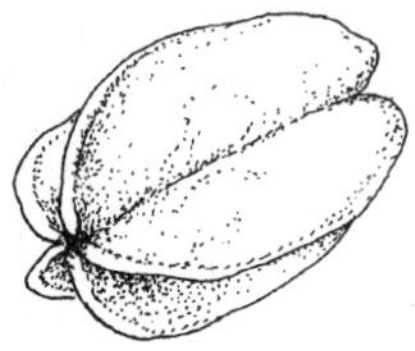

*Sternfrucht*

*Kokosnuss*

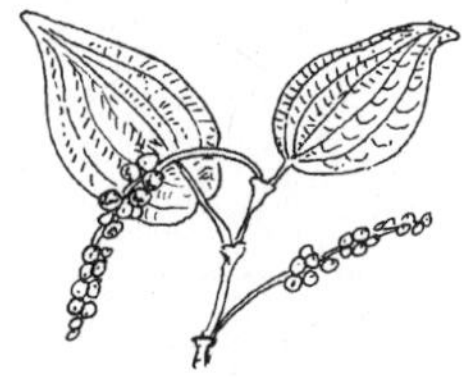

*Pfeffer*

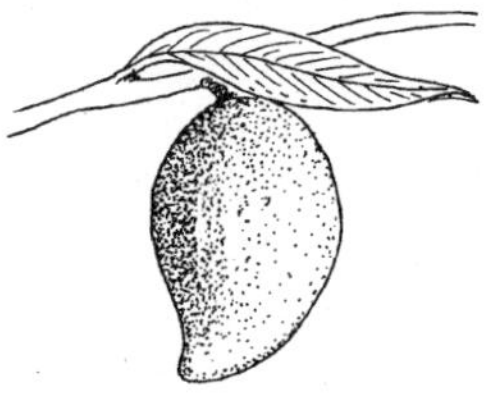

*Mango*

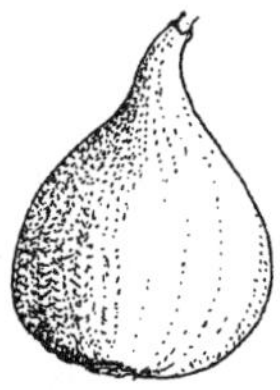

*Feige*

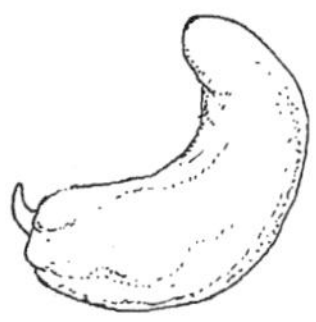

*Cashewnuss*

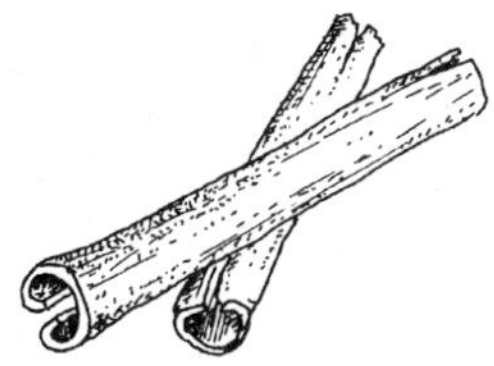

*Zimt*

*Muskatnuss*

*Ananas*

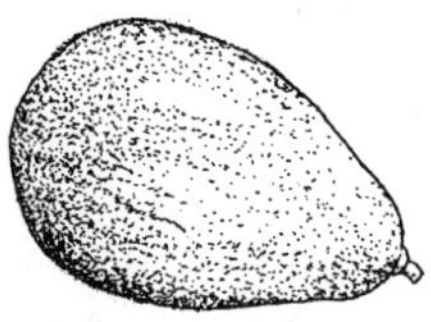

*Avocado*

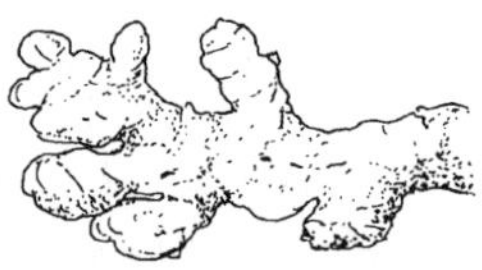

*Ingwer*

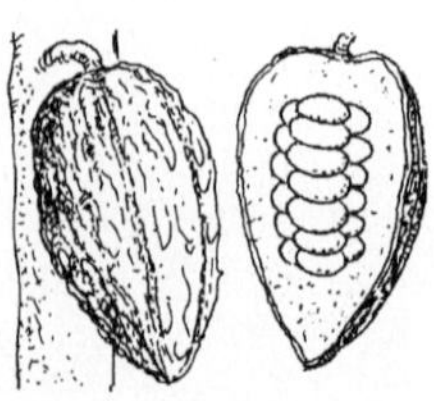

*Kakao*

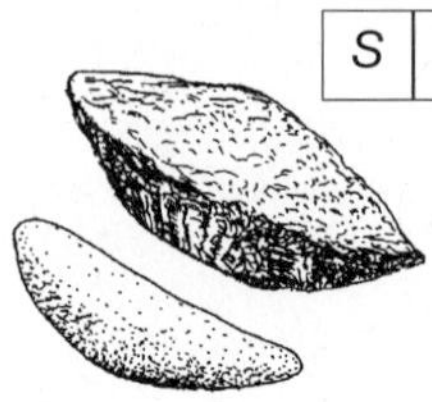

*Paranuss*

| | | | | | | | | | | | | | | | | | |
|---|---|---|---|---|---|---|---|---|---|---|---|---|---|---|---|---|---|
| | | | | | | | | | P | F | E | F | F | E | R | | |
| | | | | | | | | K | A | K | A | O | | | | | |
| | | | | | K | O | K | O | S | N | U | S | S | | | | |
| | | | | | | | C | A | S | H | E | W | N | U | S | S | |
| | | | | | | V | A | N | I | L | L | E | | | | | |
| | | | | | M | A | N | G | O | | | | | | | | |
| | | | | | | | | I | N | G | W | E | R | | | | |
| | | | | A | N | A | N | A | S | | | | | | | | |
| | | | | | | | | | F | E | I | G | E | | | | |
| | | | | | | | P | A | R | A | N | U | S | S | | | |
| | | | | | | | | M | U | S | K | A | T | N | U | S | S |
| | | | | | | A | V | O | C | A | D | O | | | | | |
| S | T | E | R | N | F | R | U | C | H | T | | | | | | | |
| | | | | | | Z | I | M | T | | | | | | | | |



 ISBN 3-12-031050-6

1. Ordne den abgebildeten Früchten, Nüssen und Gewürzen den richtigen der folgenden Namen zu: Ananas, Avocado, Cashewnuss, Feige, Ingwer, Kakao, Kokosnuss, Mango, Muskatnuss, Paranuss, Pfeffer, Sternfrucht, Vanille, Zimt.

2. Überlege und schreibe dann die Namen in die unten rechts stehenden Kästchen. Den stark umrandeten Feldern kannst du senkrecht gelesen den Namen einer weiteren Tropenfrucht entnehmen. Sie ist hier auch abgebildet.

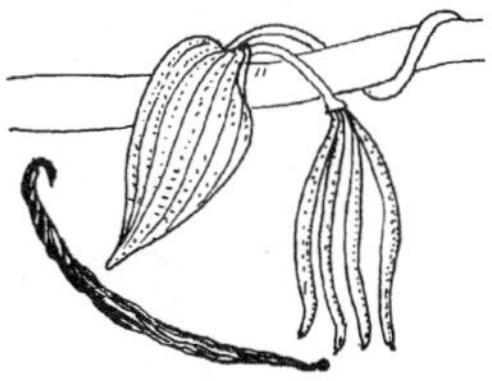

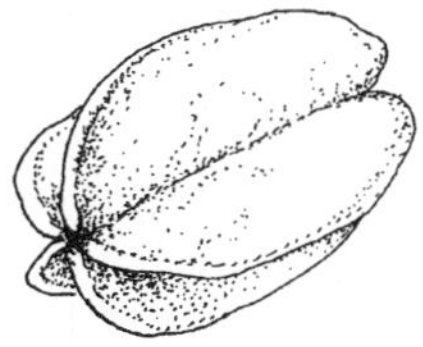

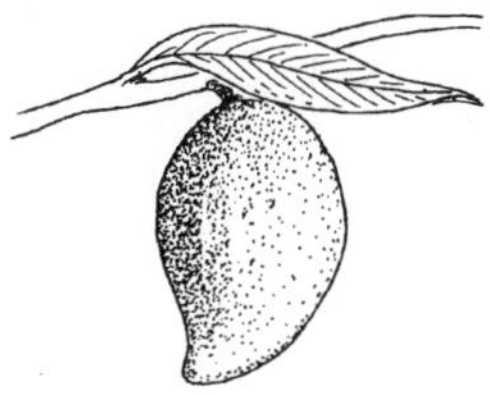

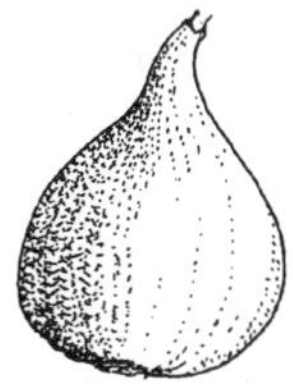

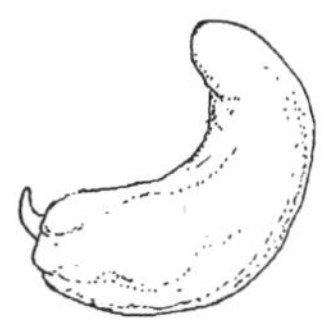

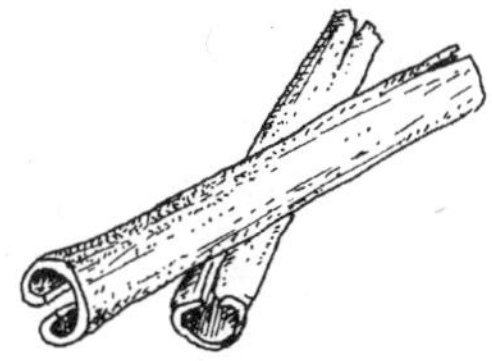

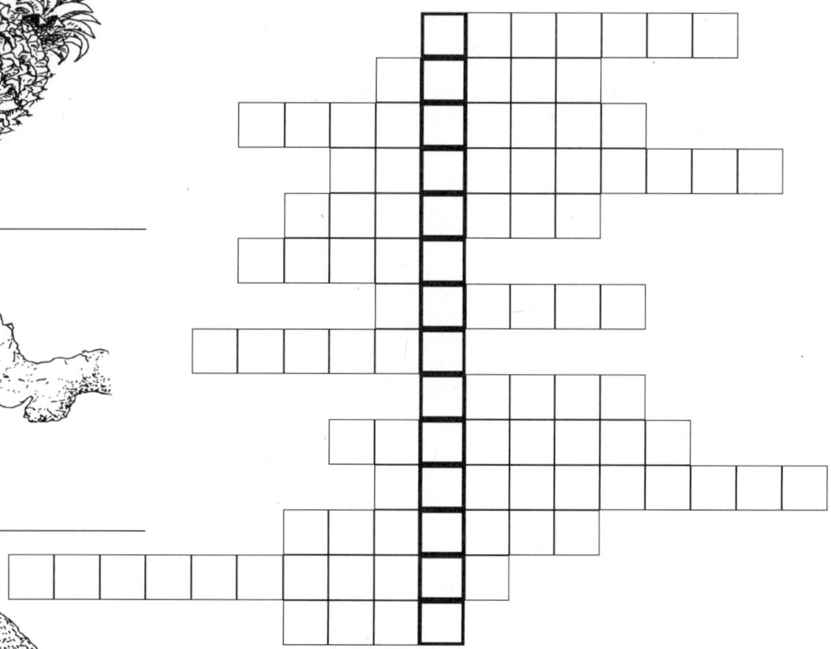

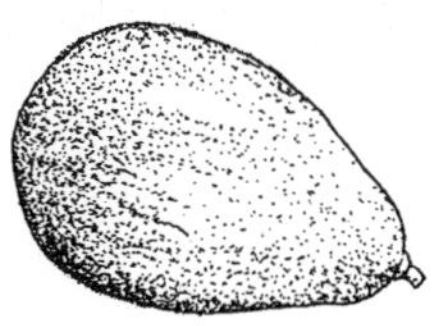

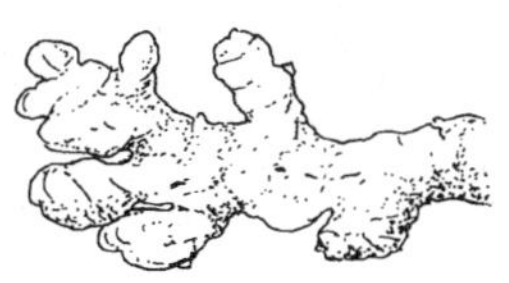

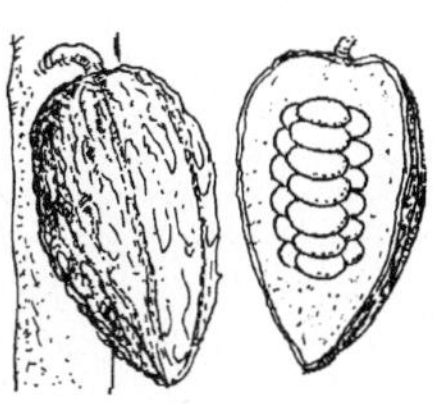

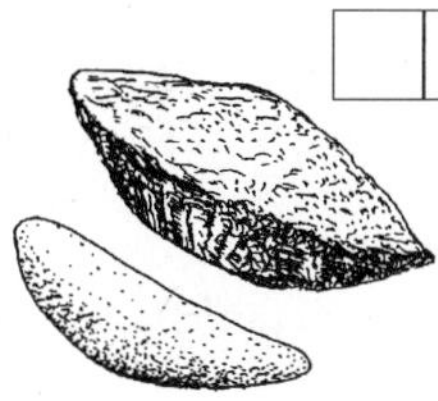

**Arbeitsblätter Biologie: Ökosysteme**

 ISBN 3-12-031050-6

Montageanleitung
auf Seite 35

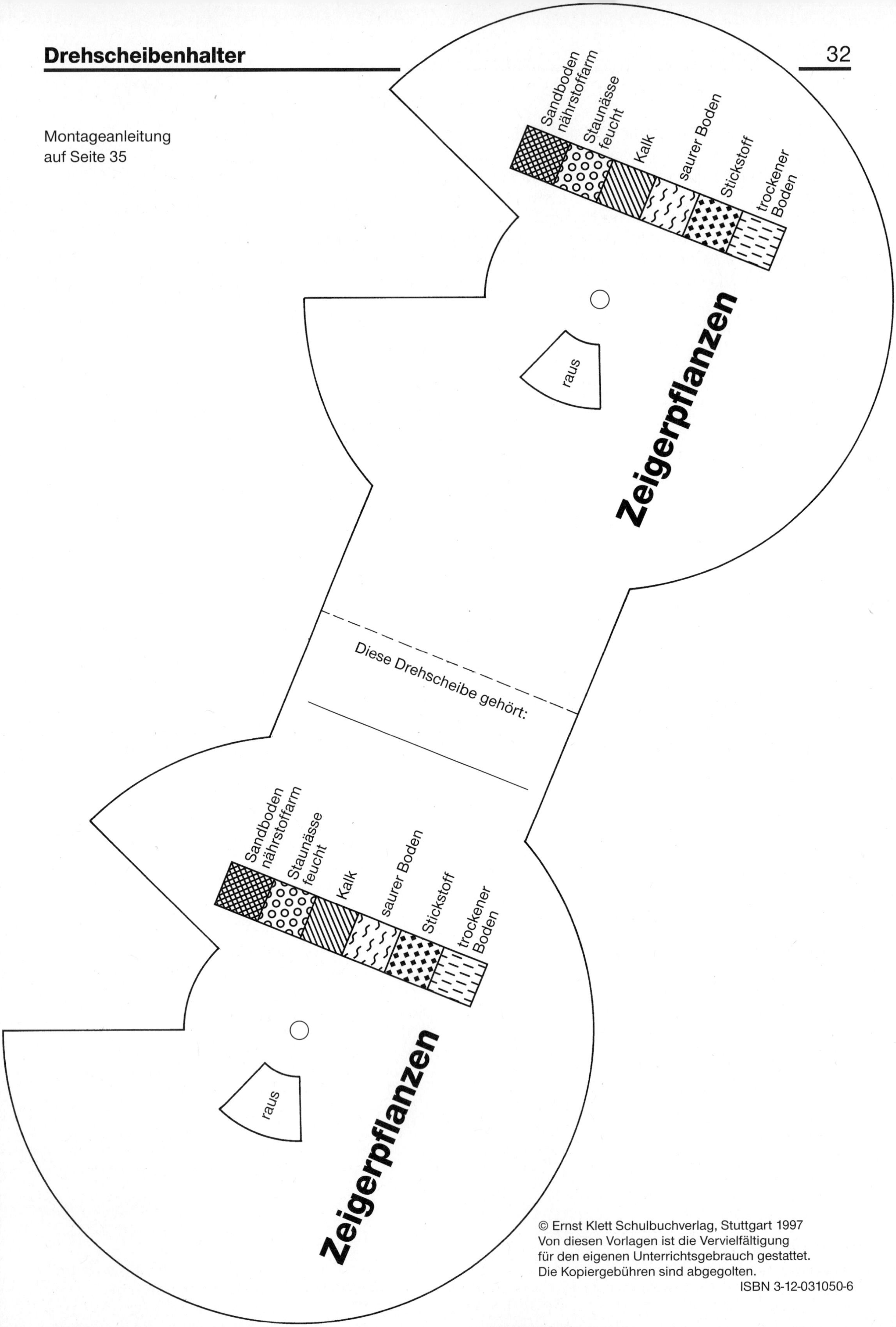



ISBN 3-12-031050-6

**Information:**
Viele Pflanzen wachsen auf Böden mit unterschiedlichsten Bedingungen, man nennt sie *Ubiquisten*. Hierzu zählt der Löwenzahn, der Spitz- und Breitwegerich. Letzterer wächst aber auch auf stark verdichteten Böden und kann es sogar vertragen, wenn er häufig platt getreten wird. Andere Arten zeigen jedoch durch ihr Auftreten, wie der Boden, auf dem sie wachsen, beschaffen ist. Solche Pflanzen nennt man *Zeigerpflanzen*.

Breitwegerich

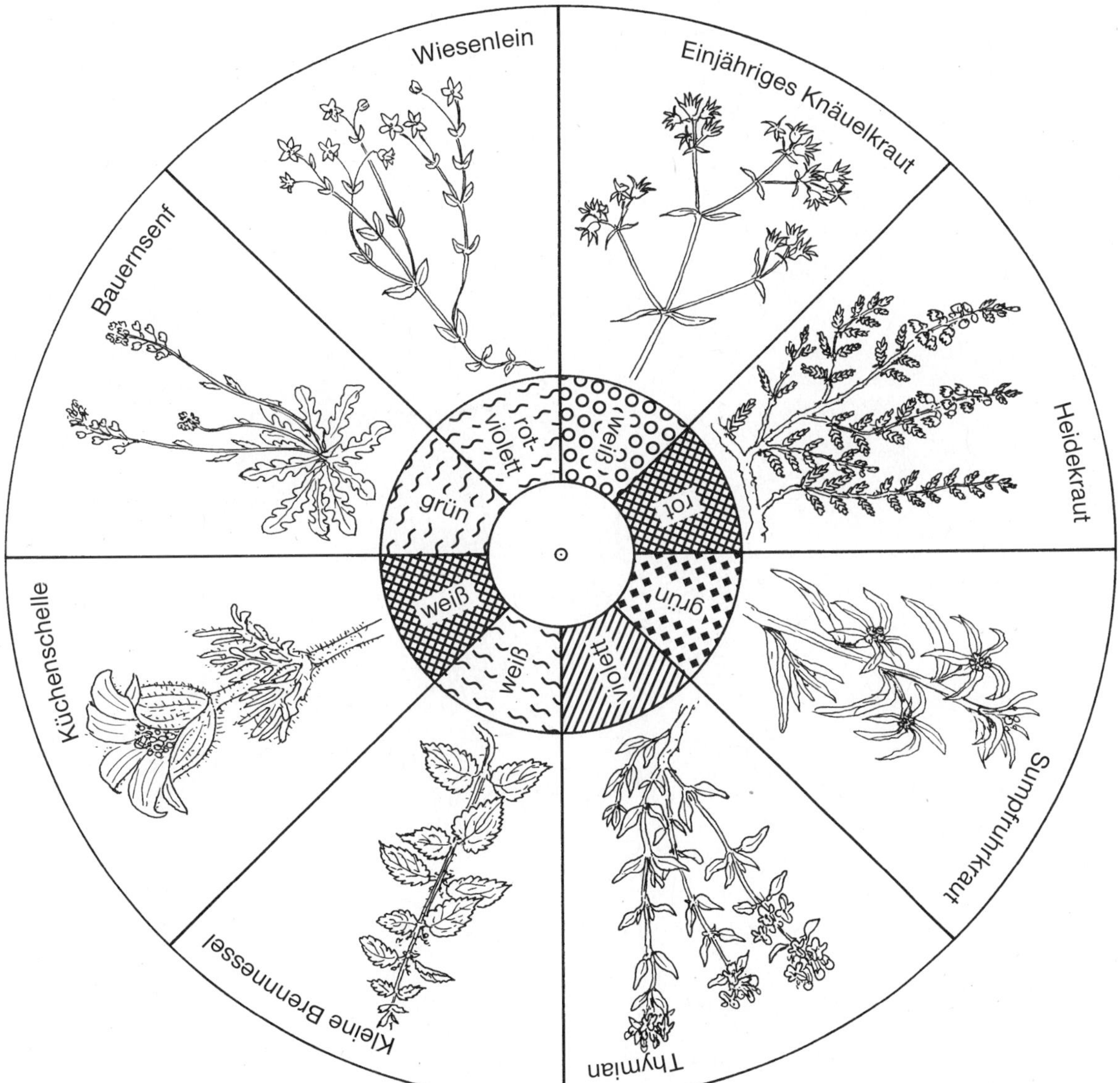





ISBN 3-12-031050-6

Eines der Felder dieser Drehscheibe ist noch frei. Vielleicht gibt es in deiner Region einen speziellen Zeiger; ihn kannst du hier mit Hilfe deines Lehrers eintragen.
Ansonsten gibt es auch noch so viele weitere Zeigerpflanzen, dass du gegebenenfalls eine eigene regionale Scheibe zusammenstellen kannst. So zeigt auch die Wilde Malve oder die Ackerwinde Stickstoff, der Wundklee Kalk oder der Kleine Wiesenknopf trockene Standorte an.

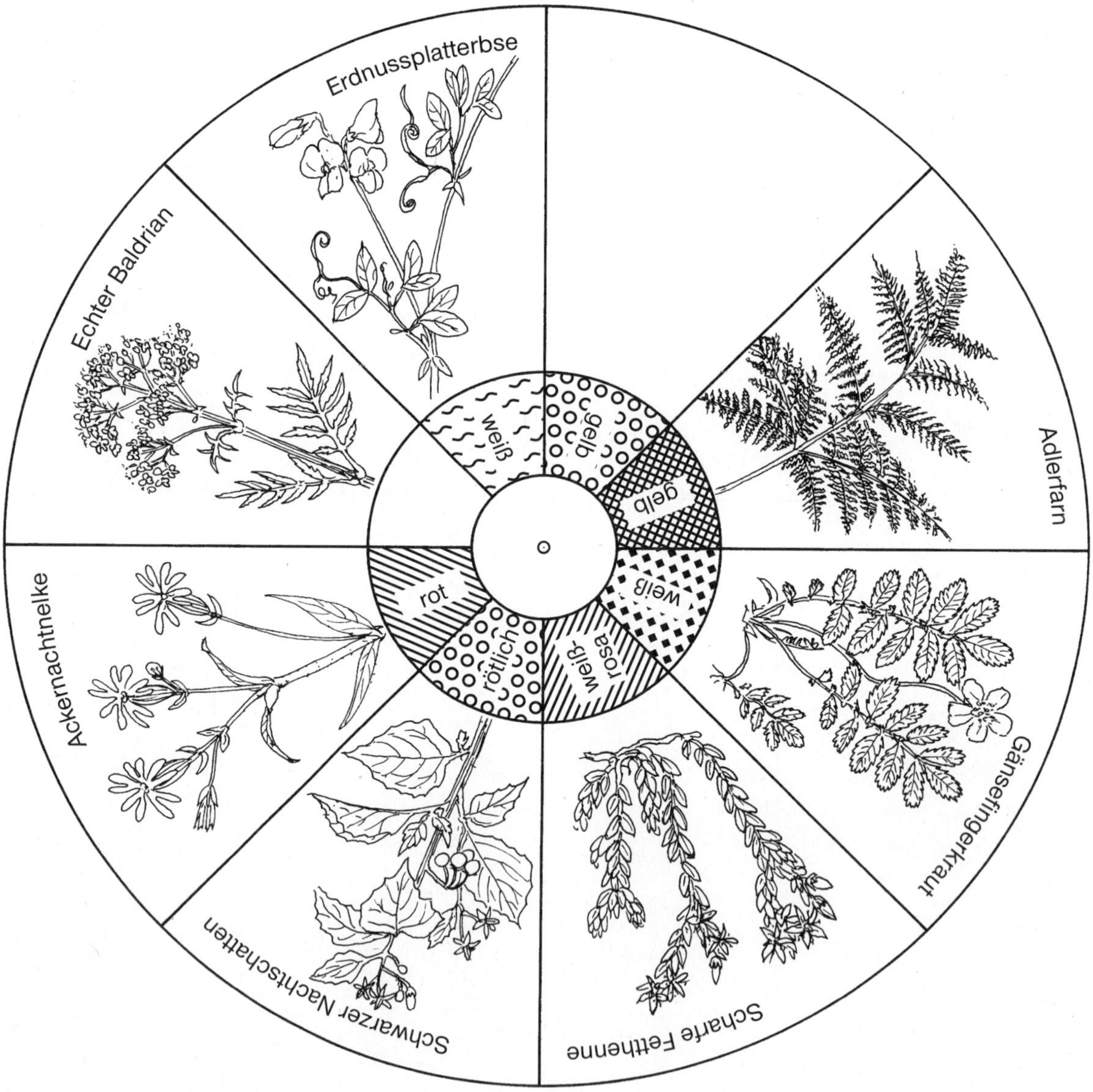





ISBN 3-12-031050-6

**Montageanleitung:**

Schneide eine der Scheiben grob aus und klebe sie vollflächig auf einen dünnen Karton (alter Heftumschlag). Schneide nun genau aus und hinterklebe mit einer zweiten Scheibe. Es spielt keine Rolle, wie die Scheiben zueinander stehen, Hauptsache, sie sitzen genau aufeinander. Ebenso kannst du mit einem weiteren Scheibenpaar verfahren.
Den Drehscheibenhalter musst du vollflächig auf dünnen Karton kleben und dann sehr sauber ausschneiden.
An der gestrichelten Linie wird er geknickt und vorsichtig durchbohrt, genau wie die Scheiben.
Vor der Endmontage solltest du die Teile in Absprache mit deinem Lehrer bunt malen - z.B. die Blütenfarben.
(Sie sind für jede Pflanze im inneren Kreis angeführt.)
Wenn du eine Briefkuvertklammer mit rundem Köpfchen verwendest, lassen sich die Scheiben leicht drehen und auch einfach auswechseln, sofern du nur einen Halter gebastelt hast.
Wenn du die Scheibe im Freien benutzen willst, empfiehlt es sich, vor der Endmontage alle Teile mit einer selbstklebenden Bucheinbindefolie zu überziehen.

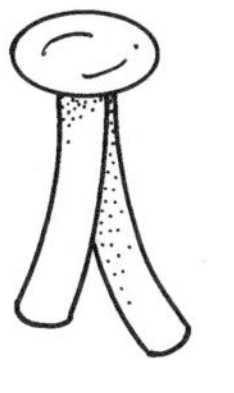

Kuvertklammer

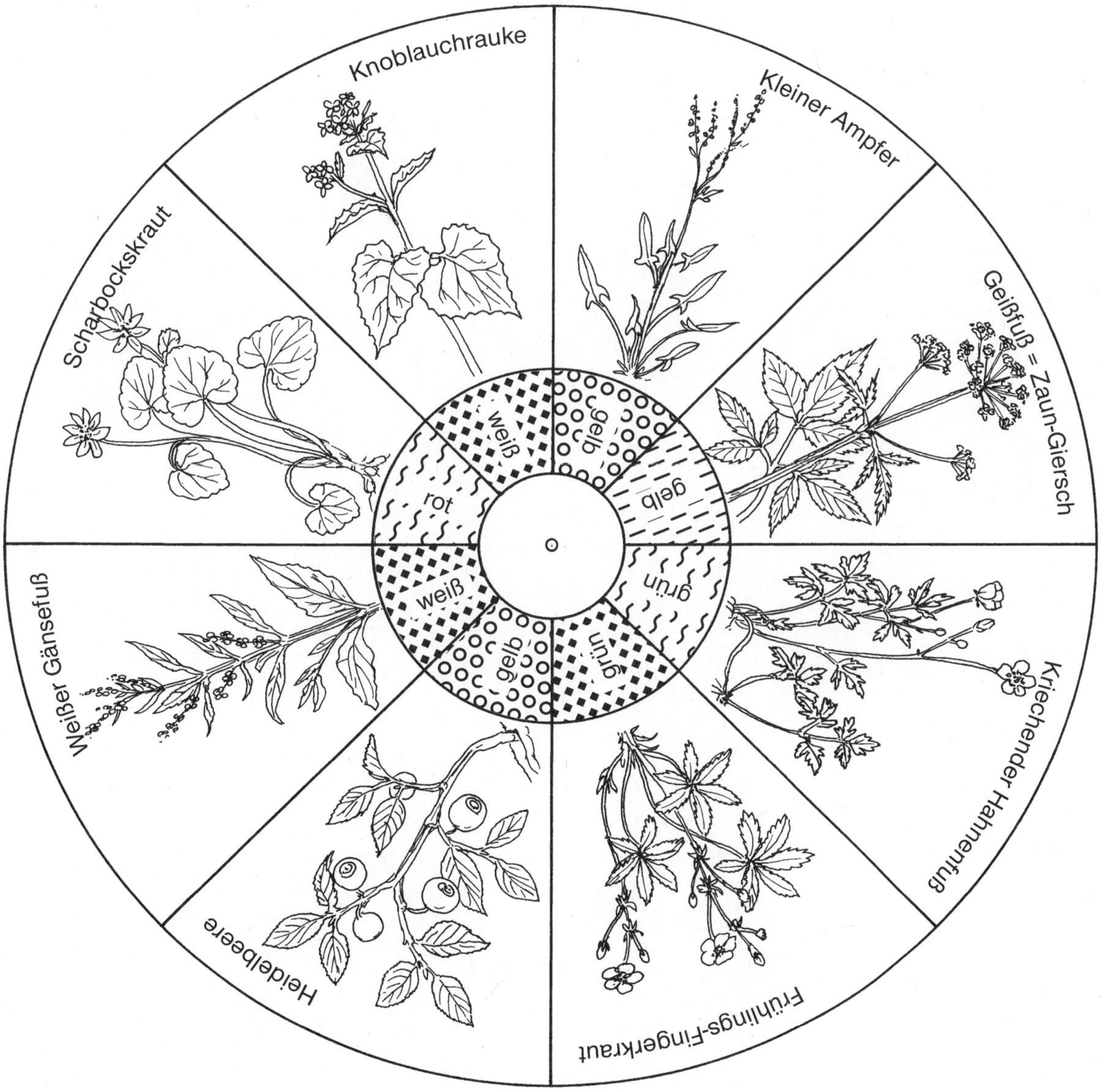




 ISBN 3-12-031050-6

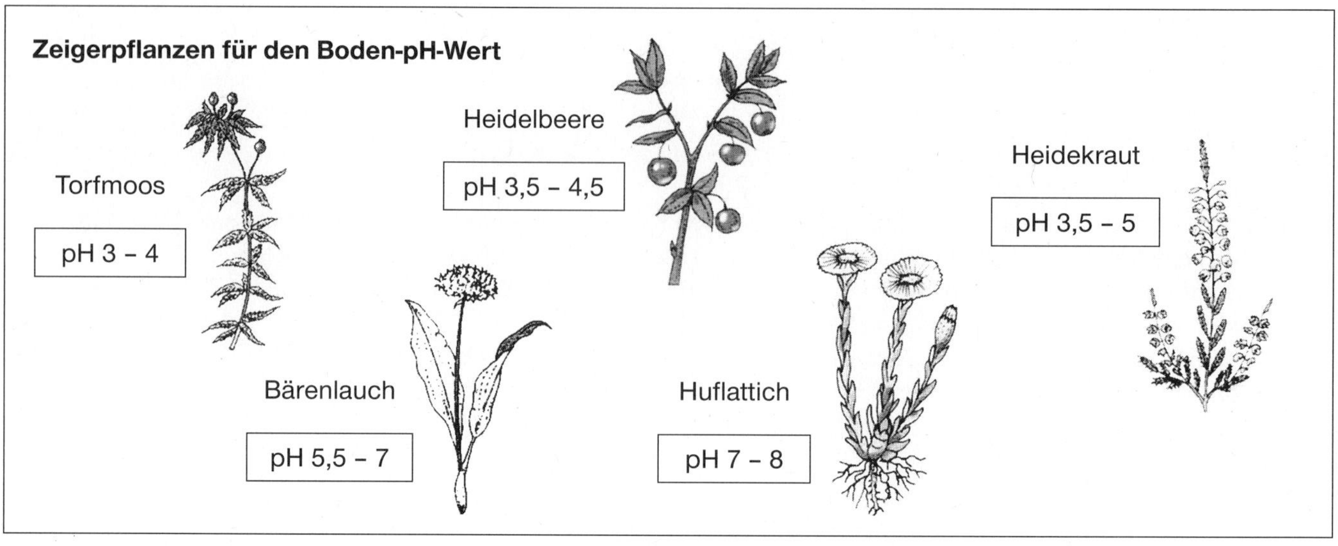


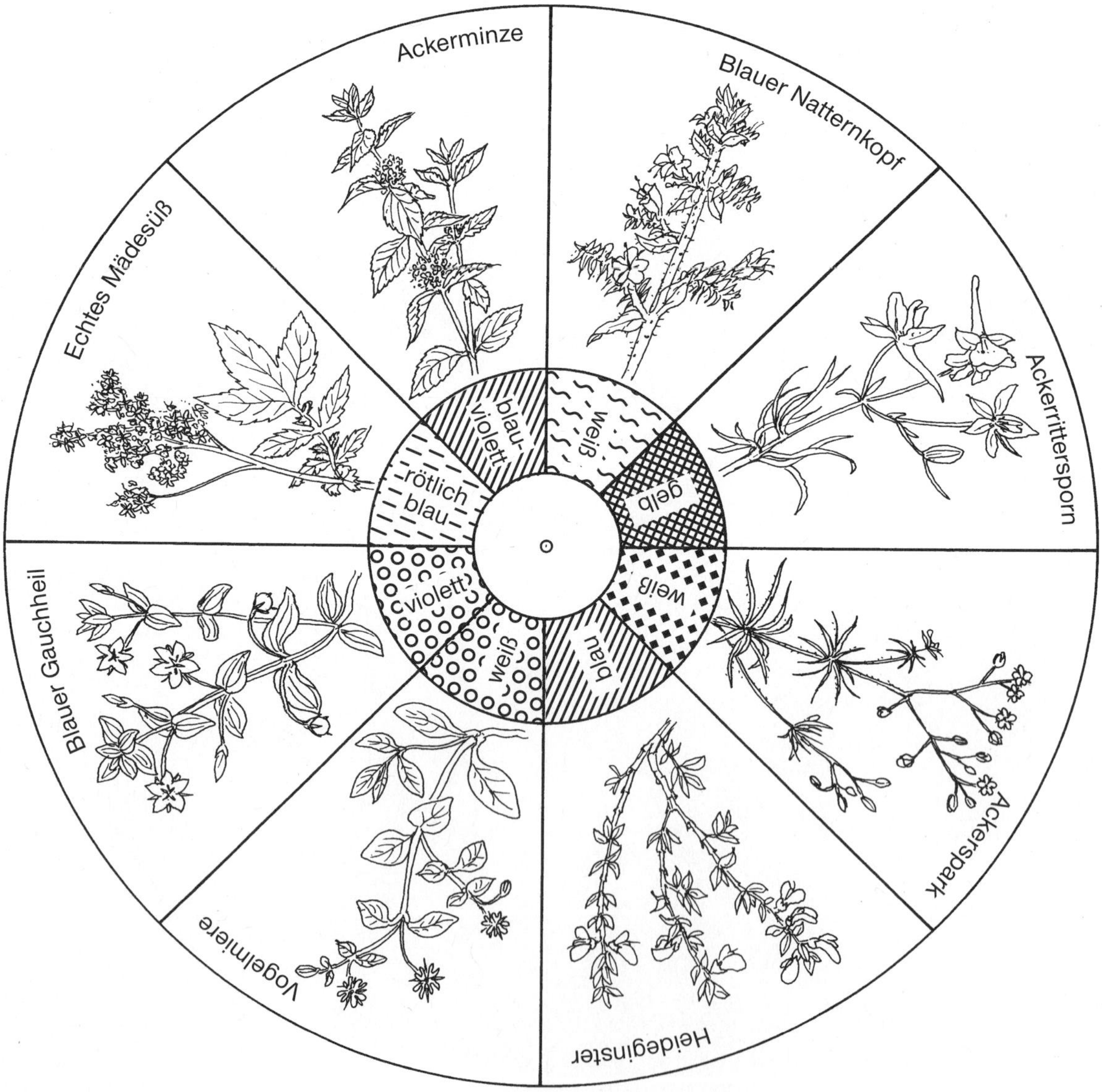




 ISBN 3-12-031050-6

Hin und wieder sieht man sie in großen Blumengeschäften – die anspruchsvollen Flaschengärten zu stolzen Preisen. Einen kleinen, bescheideneren Flaschengarten können wir uns aber leicht selbst gestalten.

**Materialien:** Glas mit mindestens drei Litern Inhalt, Holzkohle, Blumenerde oder Waldboden, Folie, Gummiband, verlängerter Löffel und Gabel, verschiedene kleine Moospolster und langsam wachsende, feuchtigkeitsliebende Pflanzen.

**Herstellung:** Das Glas wird mit einer guten Schicht Holzkohle gefüllt, darauf kommt eine Schicht Blumenerde oder Waldboden, die Füllung sollte jetzt nicht mehr als ein Viertel des Glases ausmachen.
Mit Hilfe des Bestecks wird nun gepflanzt: Moospolster, Farne, Efeu oder andere Pflanzen.
Nach dem Angießen wird der Flaschengarten mit Folie und Gummiband verschlossen.

**Standort, Pflege:** Das Glas muss hell stehen, nicht jedoch in der prallen Sonne. Pflege ist nur erforderlich, wenn das Glas innen beschlägt, dann wird kurzzeitig gelüftet.
Bei geeigneter Auswahl und gutem Standort gedeiht der Flaschengarten viele Monate.

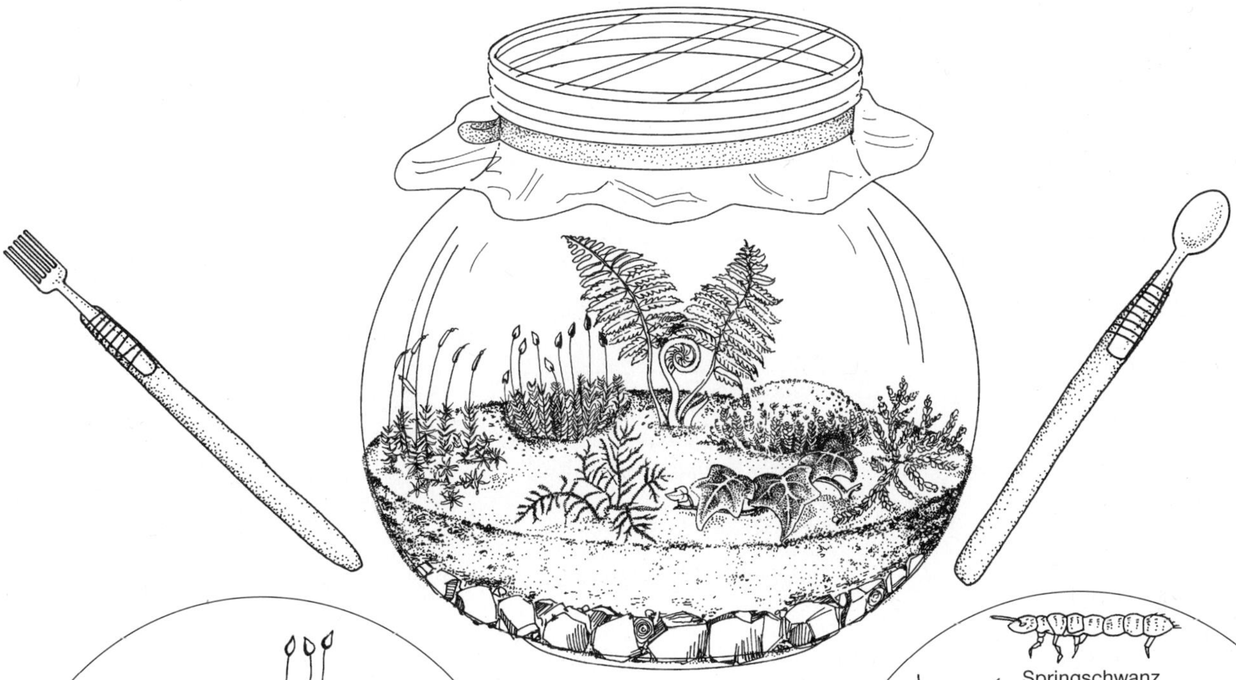

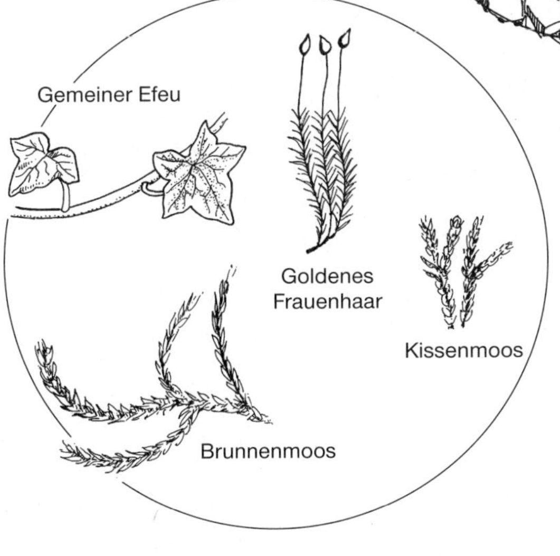


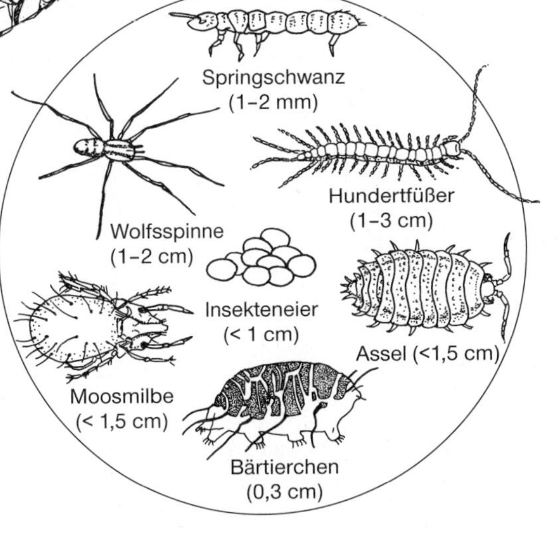


**Beobachtungen/Untersuchungen:** Veränderungen von Lufttemperatur, Lichtintensität, Bodenfeuchte und Boden-pH-Werte können gemessen werden. Eine Untersuchung der Tiere im Moos und Boden ist denkbar und sinnvoll. Sich ändernde Bedingungen ziehen Änderungen in der Biozönose Flaschengarten nach sich.




ISBN 3-12-031050-6

Identifiziere die Wüstenbewohner und erstelle kleine Steckbriefe, die die besondere Anpassung der Tiere an den Lebensraum Wüste verdeutlichen. Berücksichtige Kriterien wie: Gestalt (G), Nahrung (N), Fortbewegung (F), Vermehrung (V), Wasserhaushalt (W) und Aktivität (A).

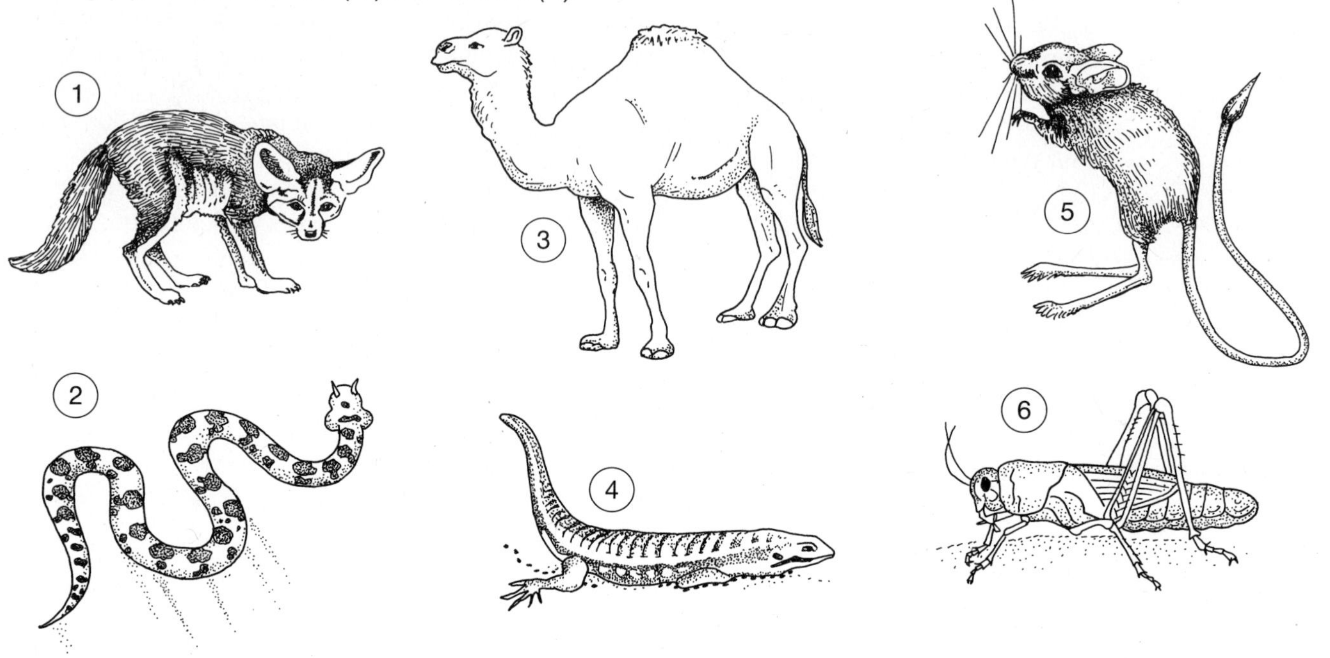


**Musterlösungen:**

**① Fennek**

Hundeartige (Landraubtiere)
G: hellbraun, auffallend große Ohren, dichtes Fell
N: Heuschrecken, Käfer, Mäuse, andere Kleintiere, geortet über das Gehör
F: laufen, springen
V: 2 bis 5 blinde Jungtiere
W: Flüssigkeit aus der Nahrung, konzentrierter Urin
A: nachtaktiv, tagsüber im Sandbau

**③ Dromedar**

Kamele (Paarhufer)
G: braunes, dichtes, wolliges Fell, ein Rückenhöcker aus Fettgewebe, kleine Ohren und Nasenlöcher verschließbar
N: pflanzliche Fütterung (Haustiere!), Wiederkäuer
F: laufen
V: 1 Junges nach 13 Monaten Tragzeit
W: können tagelang dursten, wobei das Blut dünnflüssig bleibt, trinken danach Unmengen
A: tagsüber: Körpertemperatur bis 40 °C, nachts: Absinken auf 34 °C

**⑤ Wüstenspringmaus**

Springmausartige (Nagetiere)
G: hellbraun, lange Hinterbeine mit Haarbürsten zum Wegschleudern des Sandes beim Höhlenbau, große Ohren
N: Pflanzen, Samen, Insekten
F: springend
V: 1 bis 5 Junge in Nestkammer
W: benötigt kaum Trinkwasser, Wasser aus der Zellatmung deckt bis zu 90% des Wasserbedarfs
A: nachtaktiv, tagsüber in Höhlen, deren Bauweise Temperaturschwankungen ausgleicht

**② Hornviper**

Vipern (Schlangen)
G: sandgelb, Schuppendorn über dem Auge
N: Nagetiere, Eidechsen
F: „Seitenwinder“: Seitwärtsbewegung, bei der nur zwei Körperpunkte den Sandboden berühren, blitzschnelles Eingraben durch Rippenbewegung
V: eierlegend
W: über die Nahrung
A: dämmerungsaktiv, tagsüber eingegraben

**④ Sandskink**

Glattechsen (Eidechsen)
G: sandfarben, Beine kurz, glattes Schuppenkleid, unterständiger Mund
N: Heuschrecken, Käfer, Tausendfüßer
F: „schwimmen“ im Sand („Sandfisch“)
V: lebendgebärend
W: Feuchtigkeit aus der Nahrung
A: tagaktiv

**⑥ Wüstenheuschrecke**

Feldheuschrecken (Insekten)
G: Farbe wechselhaft
N: pflanzlich
F: springend, fliegend
V: einzeln lebend oder nach Massenvermehrung Wanderphasen in riesigen Schwärmen
W: Wasser aus der Zellatmung deckt den Bedarf
A: tagsüber, wasserdurchlässiger Chitinpanzer ermöglicht Verdunstungskühlung (Vorzugstemperatur 32 °C bis 43 °C)




ISBN 3-12-031050-6

Identifiziere die Wüstenbewohner und erstelle kleine Steckbriefe, die die besondere Anpassung der Tiere an den Lebensraum Wüste verdeutlichen. Berücksichtige Kriterien wie: Gestalt (G), Nahrung (N), Fortbewegung (F), Vermehrung (V), Wasserhaushalt (W) und Aktivität (A).

1

3

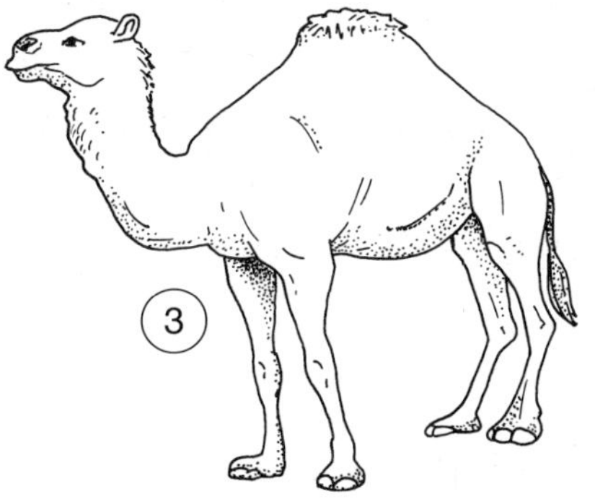

5

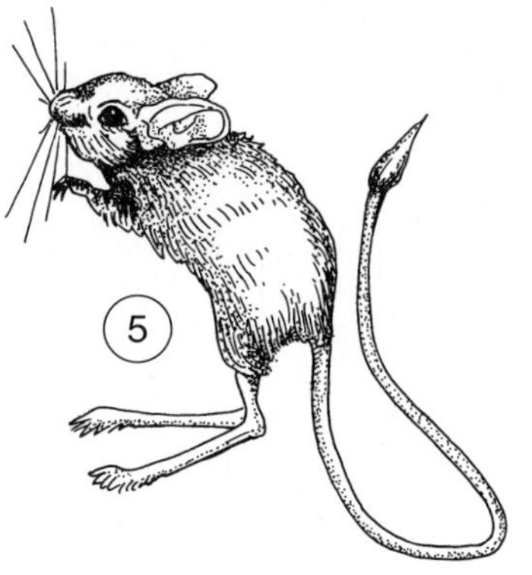

2

4

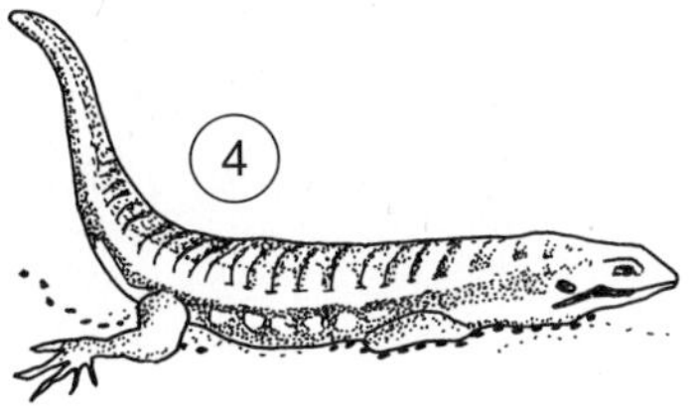

6

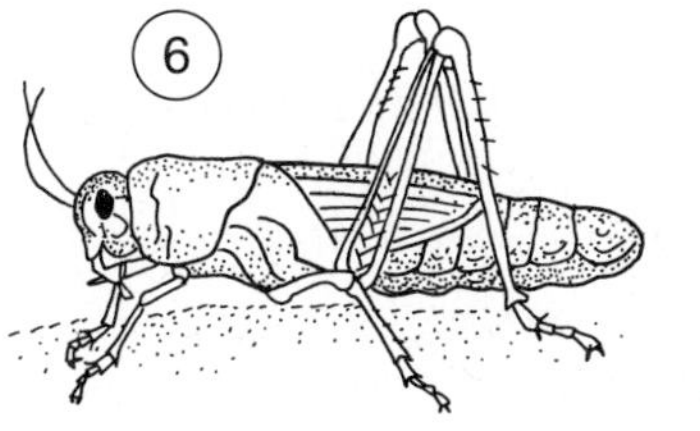

1 ______

3 ______

5 ______

2 ______

4 ______

6 ______




ISBN 3-12-031050-6

1. Falls du für diesen selten gebrauchten Fachbegriff „Ästuare“ keine Erklärung parat hast, so schlage in einem Lexikon nach und notiere die Definition.

   *Ein Ästuar ist der Mündungsbereich eines Flusses ins Meer, wo der Tidenhub (Wechsel zwischen Ebbe und Flut) und auch die Vermischung von Süßwasser mit Salzwasser starke Schwankungen im Salzgehalt des Wassers verursachen.*

2. Wo kann man in Deutschland ausgeprägte Ästuare finden?

   *Nordseeküste: Mündungen von Elbe, Weser, Jade (Jadebusen) und Ems (Dollart)*

3. Mit welchen Problemen müssen Lebewesen, die in Ästuaren leben, fertig werden?

   *Starke Schwankungen im Salzgehalt, Änderungen der Strömungsverhältnisse, Wassertiefe, Temperatur und Verlagerung von Sand- und Schlickbänken*

4. Obwohl Fische eine feste, wenig durchlässige Körperoberfläche besitzen, haben sie ständigen Kontakt mit dem Wasser über ihre Kiemen. Ist der Salzgehalt des Fisches geringer als der des Brackwassers (Salzgehalt bis 2%), so verliert er ständig Wasser und schrumpft, also vertrocknet. Ist der Salzgehalt höher als der des Brackwassers, so dringt Wasser in den Fisch ein und er droht zu platzen.
   Fische, die in Ästuaren leben, müssen also aktive Mechanismen besitzen, die solche Veränderungen vermeiden. Die meisten marinen Knochenfische stammen von Süßwasserformen ab. Mit welchem der beiden Probleme haben die Tiere also bevorzugt zu kämpfen?

   *Wasserverlust und damit „Vertrocknung“*

5. Wie könnten Fische diesem Problem begegnen?

   *Trinken von Meerwasser, aber aktive Ausscheidung der aufgenommenen Salze über die Kiemen, Verfahren der Salzwasser-Aufbereitungsanlagen*

6. Benenne einige typische Brackwassertiere.

   *Seepocken, Herzmuscheln, Flunder*

7. Ästuare erlauben einigen Tierarten den langsamen Übergang von Süß- zu Salzwasser bzw. umgekehrt. Zwei bekannte Fischarten können durch Umstellung ihrer Ionentransportmechanismen Ästuare überwinden. Nenne sie und gib die Art des Wassers an, in dem die Tiere dann jeweils sind.

   *Erwachsener Lachs (Meer) in Quellgebiete (Süßwasser) zum Laichen*

   *Erwachsener Aal (Flüsse), Laichwanderung zur Sargassosee (Meer)*




ISBN 3-12-031050-6

1. Falls du für diesen selten gebrauchten Fachbegriff „Ästuare“ keine Erklärung parat hast, so schlage in einem Lexikon nach und notiere die Definition.

2. Wo kann man in Deutschland ausgeprägte Ästuare finden?

3. Mit welchen Problemen müssen Lebewesen, die in Ästuaren leben, fertig werden?

4. Obwohl Fische eine feste, wenig durchlässige Körperoberfläche besitzen, haben sie ständigen Kontakt mit dem Wasser über ihre Kiemen. Ist der Salzgehalt des Fisches geringer als der des Brackwassers (Salzgehalt bis 2%), so verliert er ständig Wasser und schrumpft, also vertrocknet. Ist der Salzgehalt höher als der des Brackwassers, so dringt Wasser in den Fisch ein und er droht zu platzen.
Fische, die in Ästuaren leben, müssen also aktive Mechanismen besitzen, die solche Veränderungen vermeiden. Die meisten marinen Knochenfische stammen von Süßwasserformen ab. Mit welchem der beiden Probleme haben die Tiere also bevorzugt zu kämpfen?

5. Wie könnten Fische diesem Problem begegnen?

6. Benenne einige typische Brackwassertiere.

7. Ästuare erlauben einigen Tierarten den langsamen Übergang von Süß- zu Salzwasser bzw. umgekehrt. Zwei bekannte Fischarten können durch Umstellung ihrer Ionentransportmechanismen Ästuare überwinden. Nenne sie und gib die Art des Wassers an, in dem die Tiere dann jeweils sind.




ISBN 3-12-031050-6

1. Beschrifte das Schema eines Korallenstockes.

*Tentakel*

*Ektoderm*

*Stützlamelle*

*Entoderm*

*Scheidewand*

*Magen-Darm-Raum*

*Mundöffnung*

*Kalkskelett*

2. Gib die systematische Zugehörigkeit von Korallen an.

*Unterreich Vielzeller, Stamm Nesseltiere, Klasse Korallentiere*

**Information:**
Die sensiblen Korallenriffe gehören zusammen mit dem Regenwald zu den ältesten Ökosystemen der Welt (500 Mio Jahre). Es sind die größten Bauwerke, die je von Lebewesen errichtet wurden. Die winzigen Korallenpolypen sind Planktonfiltrierer und leben in Symbiose mit Algen. Ringförmige Riffe haben sich um (vulkanische) Inseln gebildet. Mit dem Absinken der Inseln durch Erdbewegungen wandelten sich manche Saumriffe zu Wallriffen und Atollen (vgl. Abb. a-c). Das eingeschlossene Wasser ihrer Lagunen „versüßt" und die Korallen auf der Innenseite sterben. Heute sind die empfindlichen Ökosysteme nicht nur bedroht, sondern z.T. schon zerstört.

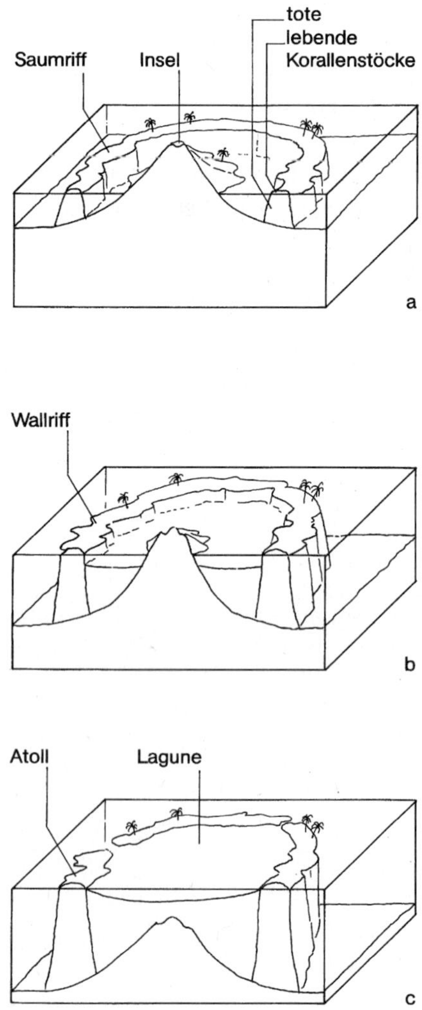


3. Mache Angaben darüber, wodurch Korallenriffe zerstört werden.

*Französische Atomtests auf Mururoa-Atollen (95/96), Überfischung (z.T. mit Dynamit), Abbruch der Riffe als Baumaterial, Versandung und Verschlickung durch Bodenerosion und Motorbootverkehr, Wasserverschmutzung und Wassertrübung, Korallen- und Sporttaucher, höherer Kohlenstoffdioxid-Eintrag durch globale Erwärmung/Treibhauseffekt und Brandrodung der Regenwälder, Dornkronenseestern*




ISBN 3-12-031050-6

1. Beschrifte das Schema eines Korallenstockes.

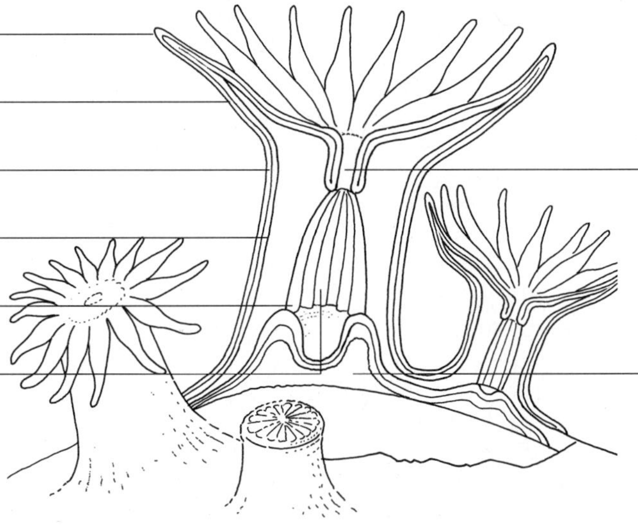

2. Gib die systematische Zugehörigkeit von Korallen an.

**Information:**
Die sensiblen Korallenriffe gehören zusammen mit dem Regenwald zu den ältesten Ökosystemen der Welt (500 Mio Jahre). Es sind die größten Bauwerke, die je von Lebewesen errichtet wurden. Die winzigen Korallenpolypen sind Planktonfiltrierer und leben in Symbiose mit Algen. Ringförmige Riffe haben sich um (vulkanische) Inseln gebildet. Mit dem Absinken der Inseln durch Erdbewegungen wandelten sich manche Saumriffe zu Wallriffen und Atollen (vgl. Abb. a-c). Das eingeschlossene Wasser ihrer Lagunen „versüßt" und die Korallen auf der Innenseite sterben. Heute sind die empfindlichen Ökosysteme nicht nur bedroht, sondern z.T. schon zerstört.

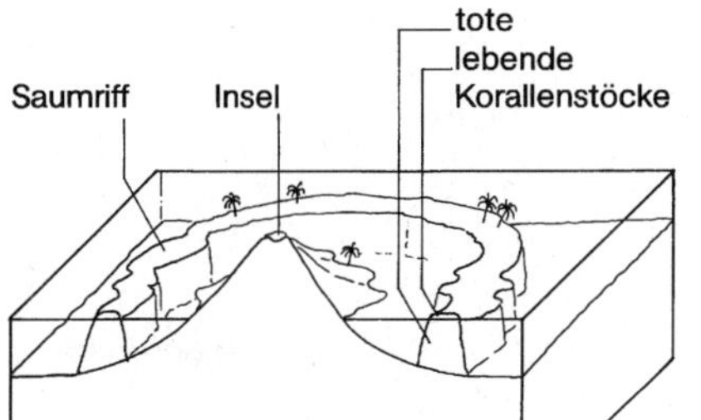

a

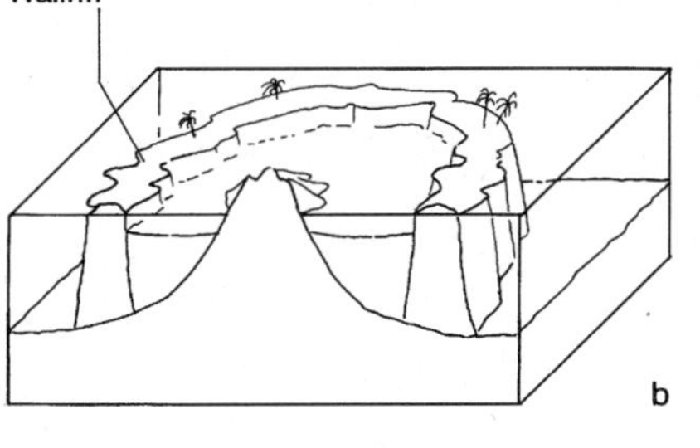

b

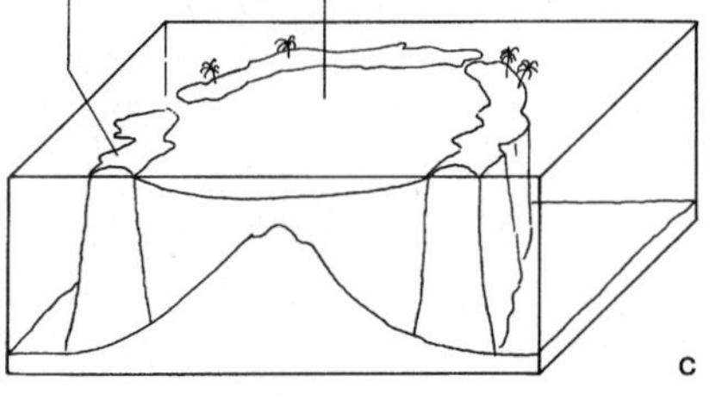

c

3. Mache Angaben darüber, wodurch Korallenriffe zerstört werden.




ISBN 3-12-031050-6

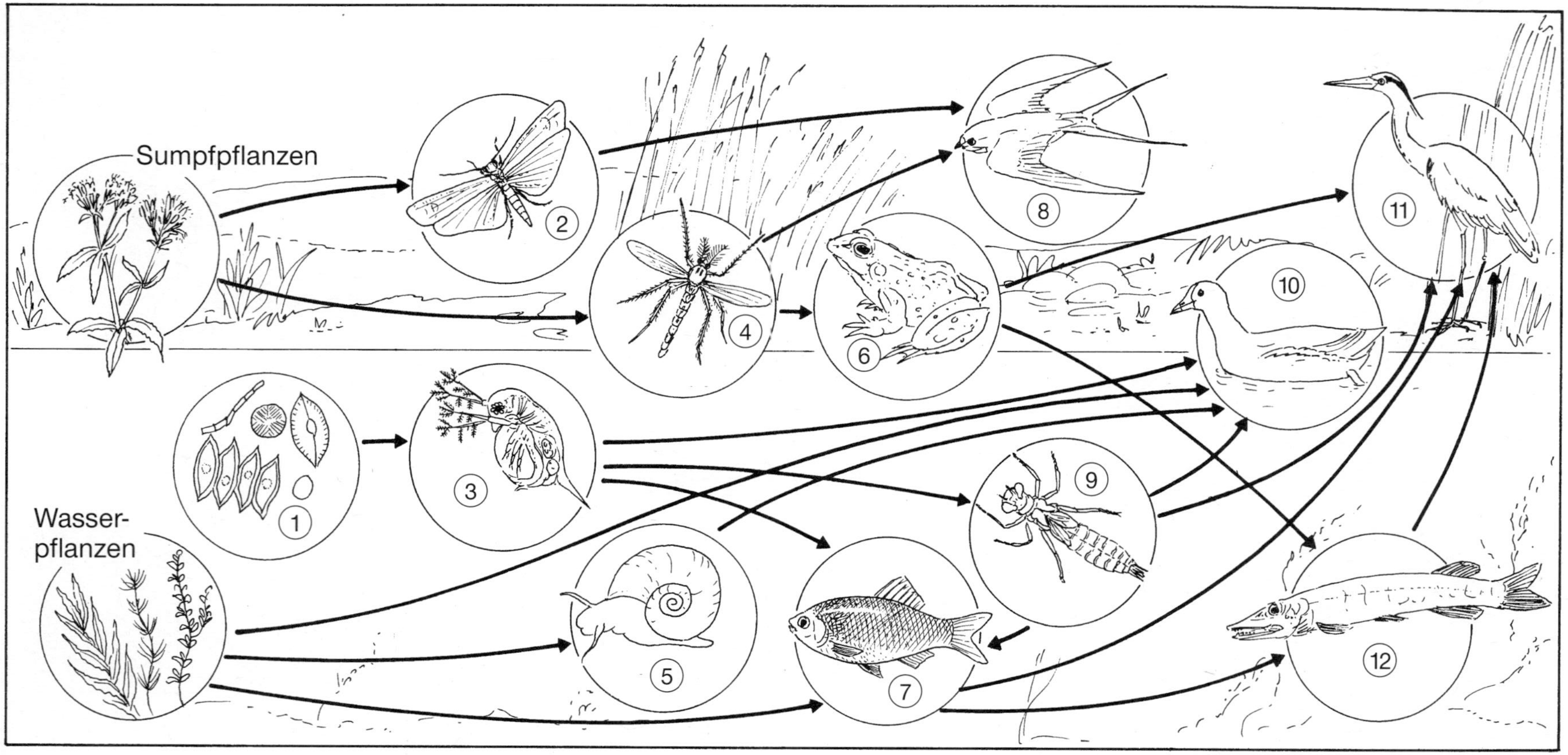


1. Bestimme die Lebewesen.

2. Ordne ihnen dabei jeweils folgende Angaben zu: Produzent (P), Reduzent (R), Konsument I. Ordnung (Pflanzenfresser) (K1), Konsument höherer Ordnung (Fleischfresser) (K2).

3. Stelle durch Pfeile die Nahrungsbeziehungen her.

(1) *Algen P*

(2) *Köcherfliege K1*

(3) *Wasserfloh K1*

(4) *Zuckmücke K1*

(5) *Wasserschnecke K1*

(6) *Wasserfrosch K2*

(7) *Rotfeder K1, K2*

(8) *Schwalbe K2*

(9) *Libellenlarve K2*

(10) *Teichralle K1, K2*

(11) *Graureiher K2*

(12) *Hecht K2*




ISBN 3-12-031050-6

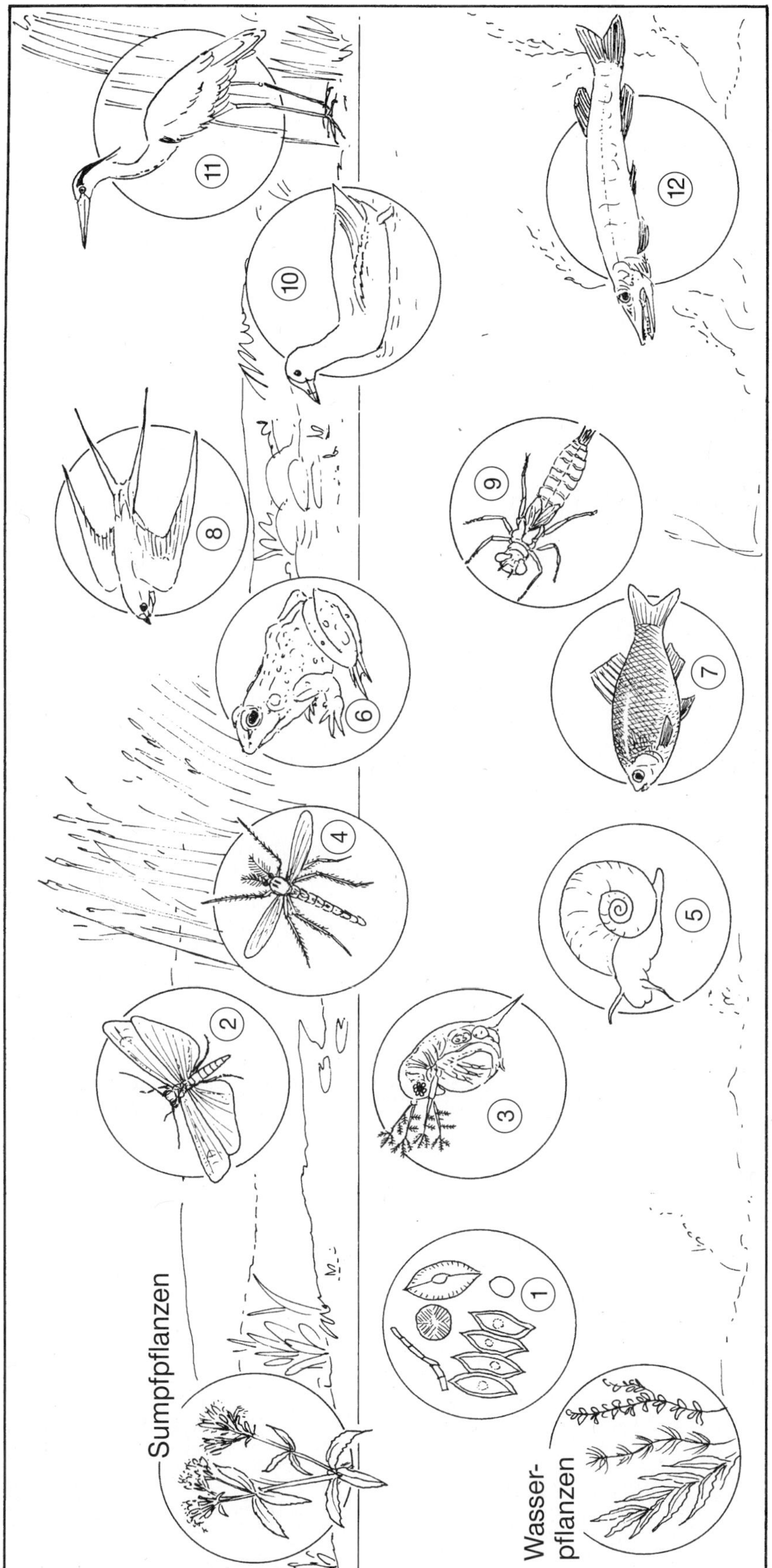


1. Bestimme die Lebewesen.
2. Ordne ihnen dabei jeweils folgende Angaben zu: Produzent (P), Reduzent (R), Konsument I. Ordnung (Pflanzenfresser) (K1), Konsument höherer Ordnung (Fleischfresser) (K2).
3. Stelle durch Pfeile die Nahrungsbeziehungen her.

① ______ ④ ______ ⑦ ______ ⑩ ______

② ______ ⑤ ______ ⑧ ______ ⑪ ______

③ ______ ⑥ ______ ⑨ ______ ⑫ ______




ISBN 3-12-031050-6

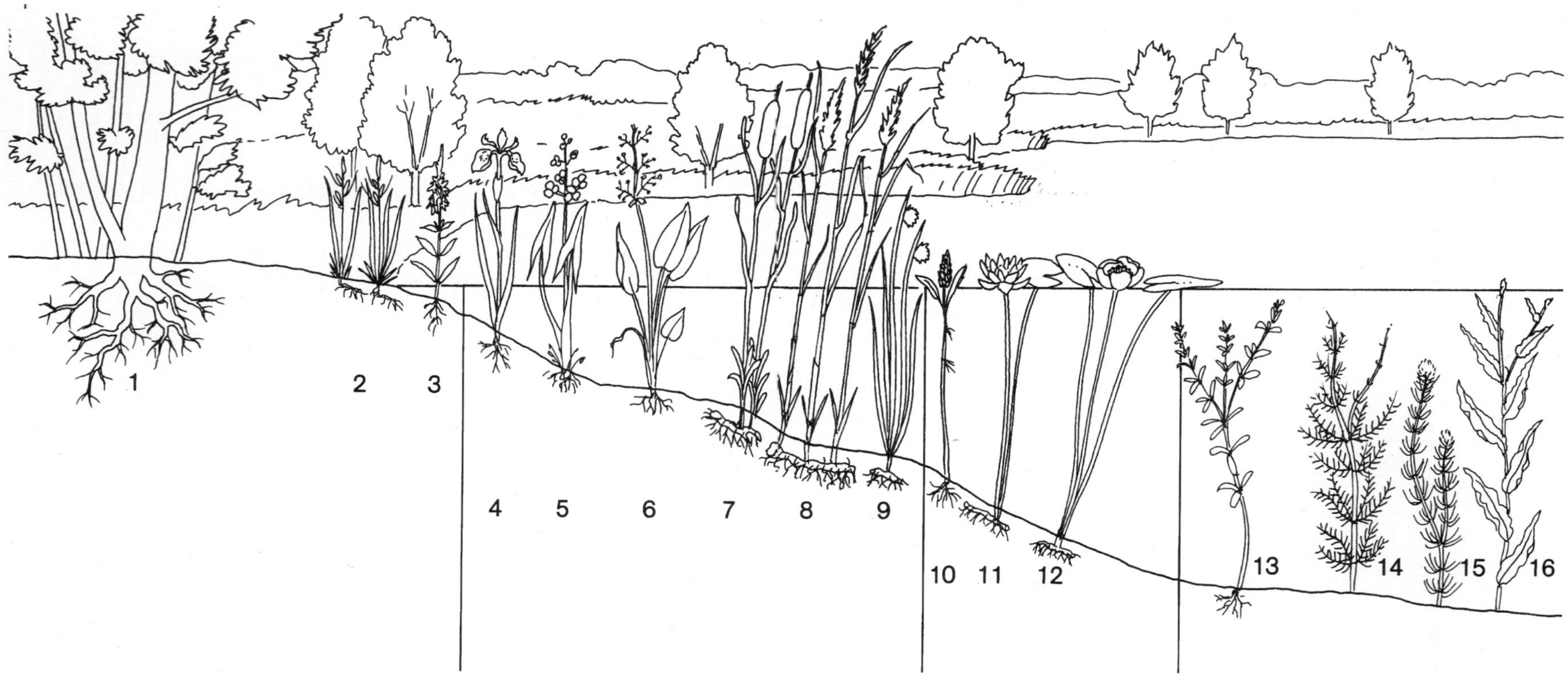


| | | | |
|---|---|---|---|
| *Bruchwald-* | *Röhricht-* | *Schwimmblatt-* | *Tauchblatt-* |
| *gürtel* | *gürtel* | *gürtel* | *gürtel* |

1. Bezeichne die Zonen des Seeufers.

2. Bestimme die Pflanzen.

| | | | |
|---|---|---|---|
| (1) *Erlen und Weiden* | (5) *Pfeilkraut* | (9) *Binsen* | (13) *Wasserpest* |
| (2) *Seggen* | (6) *Froschlöffel* | (10) *Wasserknöterich* | (14) *Tausendblatt* |
| (3) *Blutweiderich* | (7) *Rohrkolben* | (11) *Seerose* | (15) *Hornblatt* |
| (4) *Wasserschwertlilie* | (8) *Schilfrohr* | (12) *Teichrose* | (16) *Krauses Laichkraut* |




ISBN 3-12-031050-6

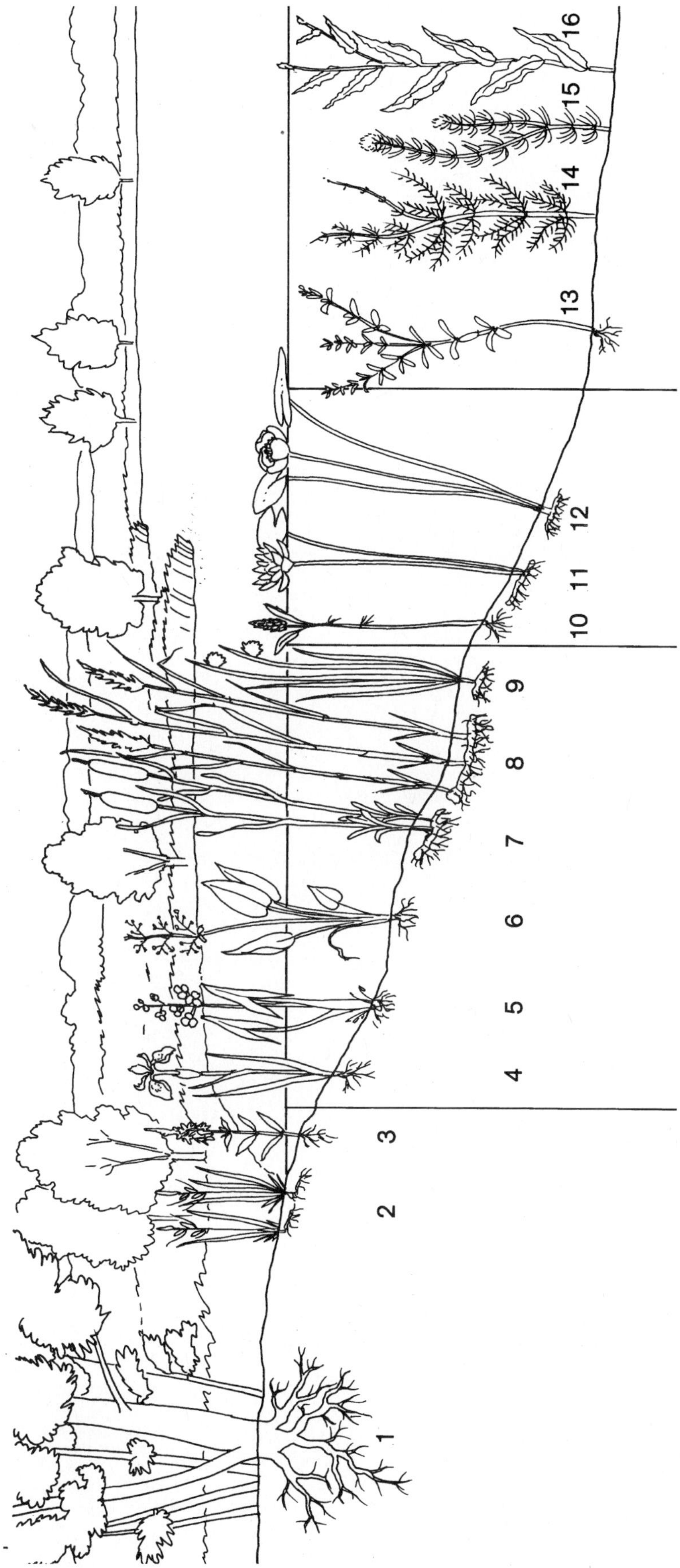


1. Bezeichne die Zonen des Seeufers.
2. Bestimme die Pflanzen.

(1) ______ (5) ______ (9) ______ (13) ______
(2) ______ (6) ______ (10) ______ (14) ______
(3) ______ (7) ______ (11) ______ (15) ______
(4) ______ (8) ______ (12) ______ (16) ______




ISBN 3-12-031050-6

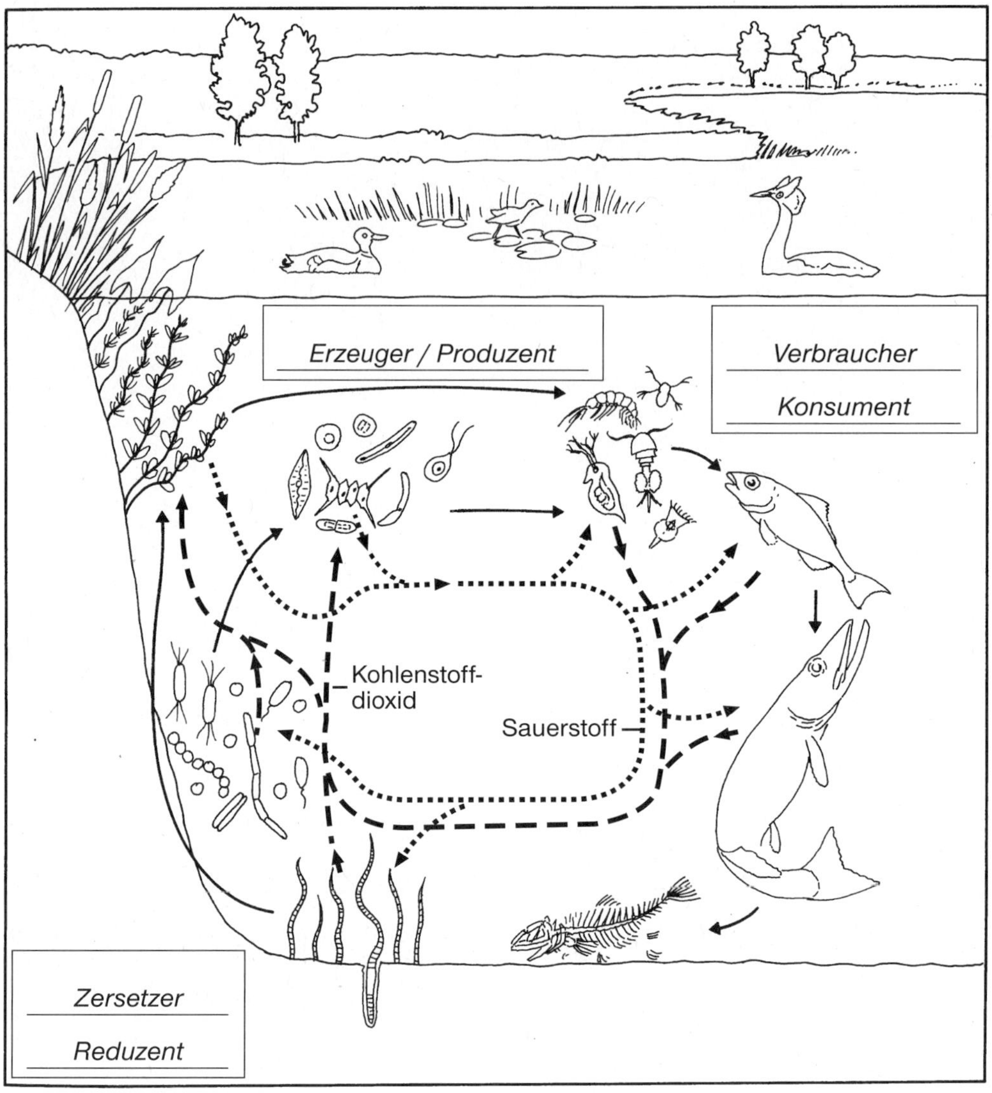


1. a) Gib mit dünnen schwarzen Pfeilen die Nahrungsbeziehungen an.
   b) Gib mit gestrichelten roten Pfeilen den Kohlenstoffdioxidkreislauf an.
   c) Gib mit gepunkteten blauen Pfeilen den Sauerstoffkreislauf an.

2. Benenne die drei Gruppen von Lebewesen in der Skizze und definiere sie.

*Produzenten beherrschen die Fotosynthese, d.h.: Sie stellen aus energiearmen, anorganischen Stoffen mit Hilfe von Blattgrün und Lichtenergie energiereiche, organische Substanz her (Autotrophie).*

*Konsumenten sind auf die organische, energiereiche Substanz der Erzeuger oder anderer Verbraucher angewiesen. Sie setzen die Energie aus der Nahrung für sich selbst frei (Heterotrophie).*

*Reduzenten führen tote, organische Substanz zurück in anorganische Stoffe, die den Erzeugern dann wieder zur Verfügung stehen (Saprotrophie).*



 ISBN 3-12-031050-6

1. a) Gib mit dünnen schwarzen Pfeilen die Nahrungsbeziehungen an.
   b) Gib mit gestrichelten roten Pfeilen den Kohlenstoffdioxidkreislauf an.
   c) Gib mit gepunkteten blauen Pfeilen den Sauerstoffkreislauf an.

2. Benenne die drei Gruppen von Lebewesen in der Skizze und definiere sie.



ISBN 3-12-031050-6

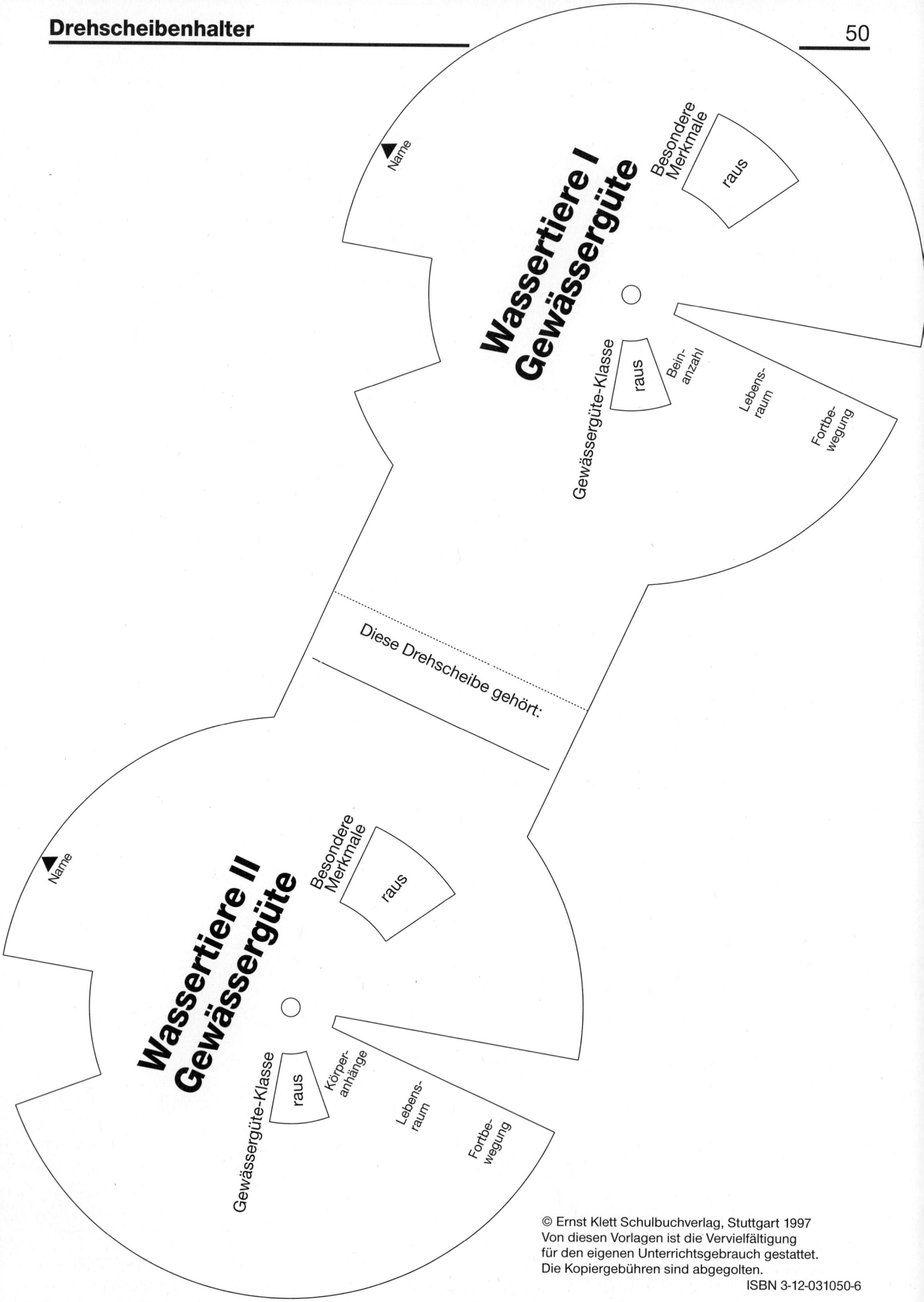



ISBN 3-12-031050-6

**Montageanleitung:**
Schneide eine der Scheiben grob aus und klebe sie vollflächig auf einen dünnen Karton (alter Heftumschlag). Schneide nun genau aus und hinterklebe mit einer zweiten Scheibe. Es spielt keine Rolle, wie die Scheiben zueinander stehen, Hauptsache, sie sitzen genau aufeinander.
Den Drehscheibenhalter musst du vollflächig auf dünnen Karton kleben und dann sehr sauber ausschneiden.
An der gestrichelten Linie wird er sauber geknickt und dann vorsichtig durchbohrt, genau wie die Scheiben.
Vor der Endmontage solltest du die Teile in Absprache mit deinem Lehrer bunt malen – z.B. die Gewässergüteklassen (s. S. 52 oben).
Wenn du eine Briefkuvertklammer mit rundem Köpfchen verwendest, lassen sich die Scheiben leicht drehen und auch einfach auswechseln.
Wenn du die Scheibe im Freien benutzen willst, empfiehlt es sich, vor der Endmontage alle Teile mit einer selbstklebenden Bucheinbindefolie zu überziehen.

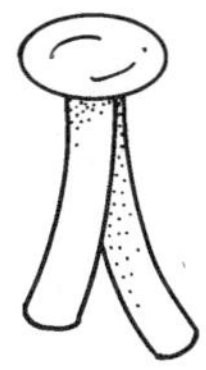
Kuvertklammer

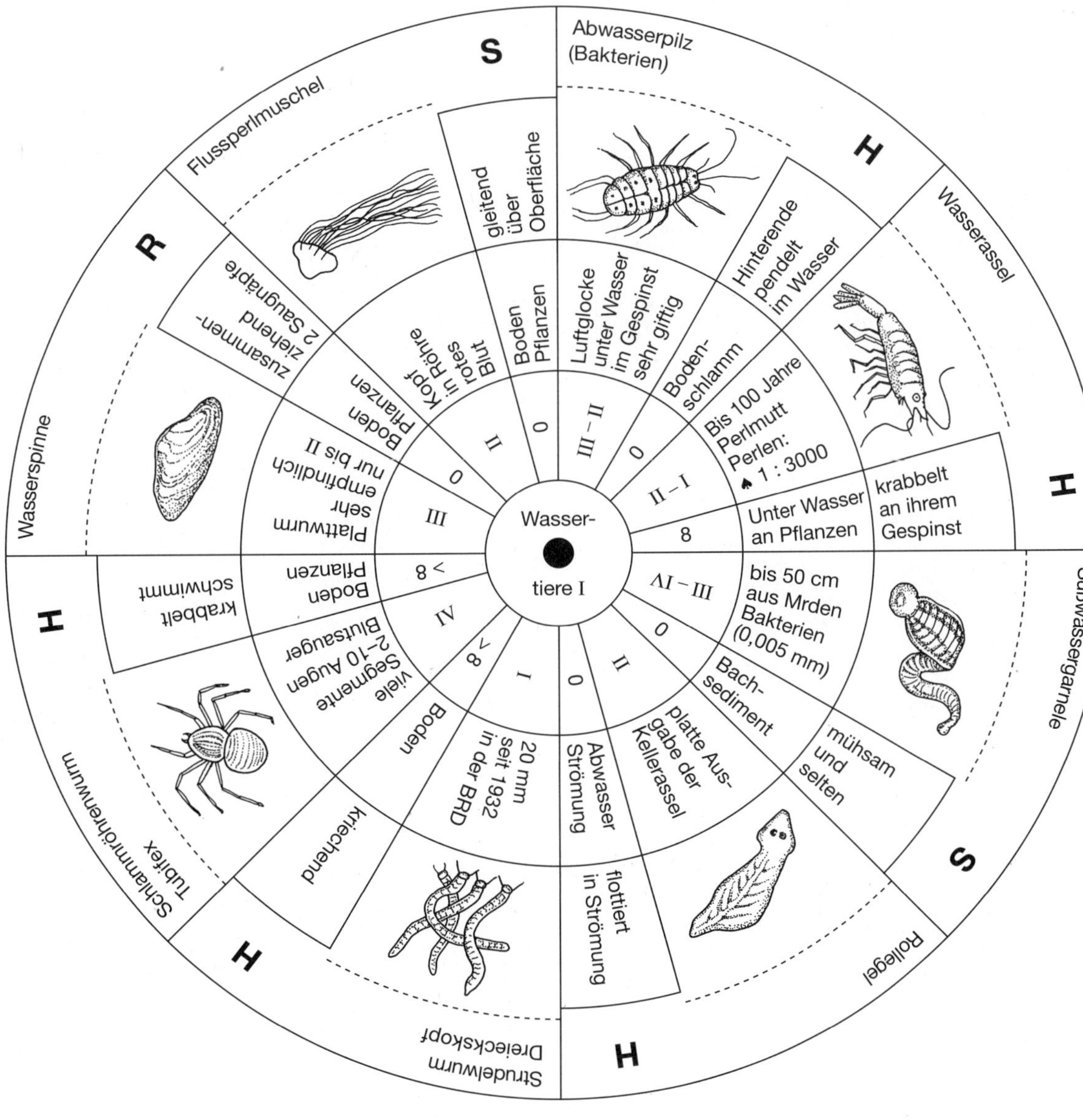



 ISBN 3-12-031050-6

**Gewässergüte - Klassen:**

| | | | |
|---|---|---|---|
| I | dunkelblau | unbelastet bis sehr gering belastet | **H** häufig, **R** regional häufig, **S** selten |
| I – II | hellblau | gering belastet | |
| II | dunkelgrün | mäßig belastet | |
| II - III | hellgrün | kritisch belastet | |
| III | gelb | stark verschmutzt | |
| III - IV | orange | sehr stark verschmutzt | |
| IV | rot | übermäßig verschmutzt | |

**Beachte:** Zur Einschätzung der Gewässergüte reicht es nicht aus, wenn du nur einige wenige der Indikatororganismen findest.
Zur biologischen Güteeinschätzung müssen bestimmte Leitformen in Kombination und Häufung auftreten, dazu zieht man auch chemische Parameter heran.
Trotzdem lässt sich mit der Scheibe eine allererste Einschätzung wagen. Fische können dir dabei helfen. So kommt die Bachforelle nur bis zur Klasse II vor, die Plötze hingegen lebt auch noch bei Klassifizierungen um die III.

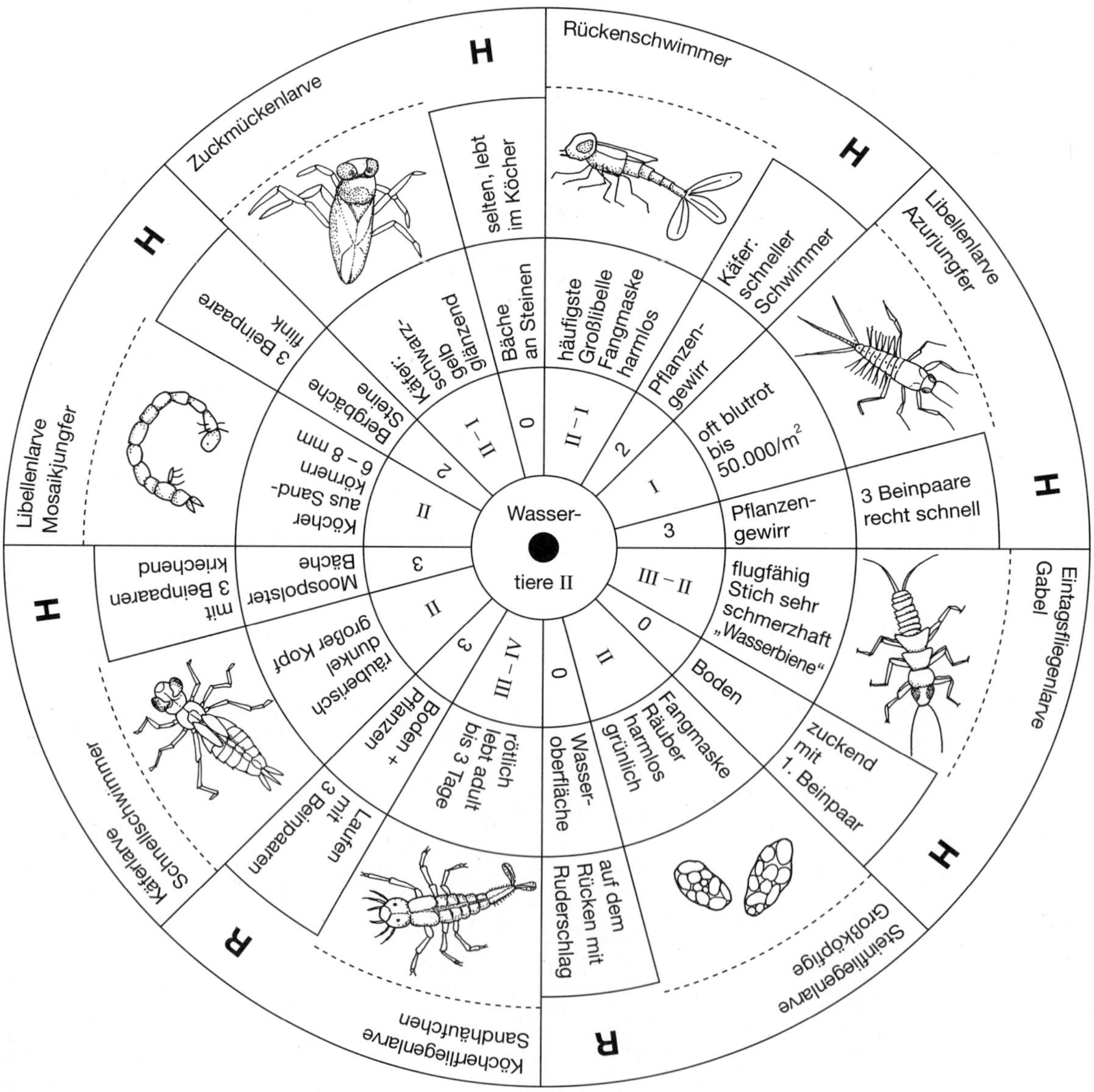




 ISBN 3-12-031050-6

**Umfang:** Spielanleitung, Bastelanleitung, Spielplan, 1 Würfel, 4 Ständer, 4 Lachsspielfiguren, Ereignis- und Fragekarten

**Vorbereitungen:** Spielplan zusammenkleben und auf Karton aufziehen, nach Geschmack bunt malen, vier Ständer basteln, vier Lachse malen, ausschneiden, anmalen (Rückseite nicht vergessen) und einstecken, Ereignis- und Fragekarten ausschneiden und auf der Rückseite mit „E“ bzw. „?“ versehen.

**Spielzeit:** ca. 15 min.
Für 2 bis 4 Spieler
von 8 bis 99 Jahren

**Spielbeginn:** Alle Fische starten an der Quelle. Ereignis- und Fragekarten werden gemischt und getrennt verdeckt gestapelt.

**Spielziel:** Wer zuerst zweimal das Spielfeld umrundet hat, gewinnt. Dazu muss man jedoch genau auf die Quelle kommen.

**Spielverlauf:** Das Spielfeld muss zweimal umrundet werden. Die Karten sorgen für viel Abwechslung. Wer zuerst zweimal das Spielfeld umrundet hat, ist Sieger.

**Karten:** Kommt ein Spieler auf ein „E“, muss er eine Ereigniskarte, bei einem „?“ eine Fragekarte ziehen. Frage falsch beantwortet: stehen bleiben, Frage richtig beantwortet: einmal würfeln.

**Spielregel:** Das jüngste Kind beginnt. Dann geht's im Uhrzeigersinn weiter. Man darf nicht rausschmeißen und bei einer 6 nicht noch Mal würfeln.

**Spielsinn:** Man soll während des Spiels lernen, wie der Lachs wandert, welche Hürden er nehmen muss und wer seine Feinde sind.

**Besonderheiten:** Man darf drei Mal würfeln, wenn eine E-Karte eine bestimmte Zahl zu würfeln vorgibt, außer man steht vor dem Ziel.

**Spielvariante:** Sicher fallen euch bei Bedarf neue Ereignisse und andere Fragen für neue Karten ein.

**Bastelanleitung:** Zuerst bastelst du am besten die vier Ständer für die Fische aus einem Stück Pappe. Natürlich kannst du auch, falls vorhanden, von einem anderen Spiel die Ständer oder einfach herkömmliche Spielfiguren nehmen. Wenn die Ständer fertig sind, kannst du dich an die vier Fische wagen. Ein Beispiel für einen Lachs siehst du unten. Deine müssen ja nicht genauso aussehen, aber Lachse sollten es schon sein.

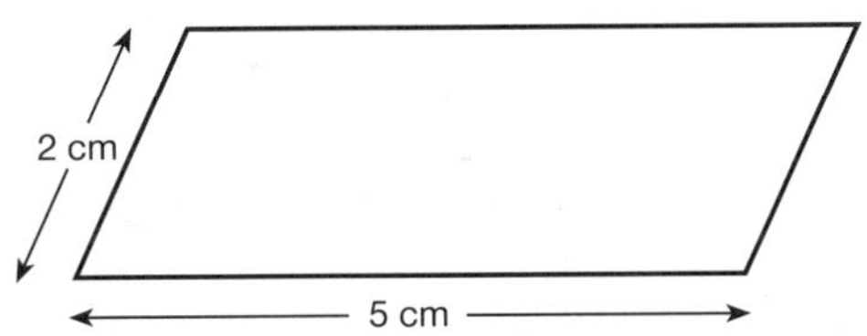


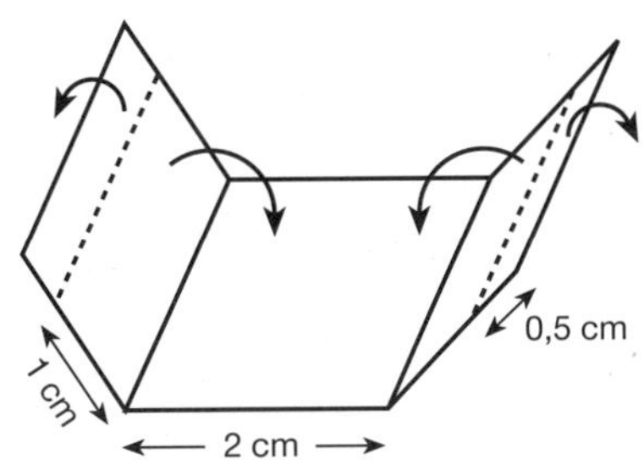


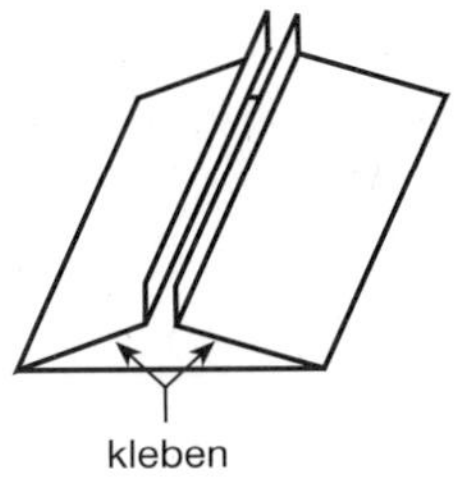


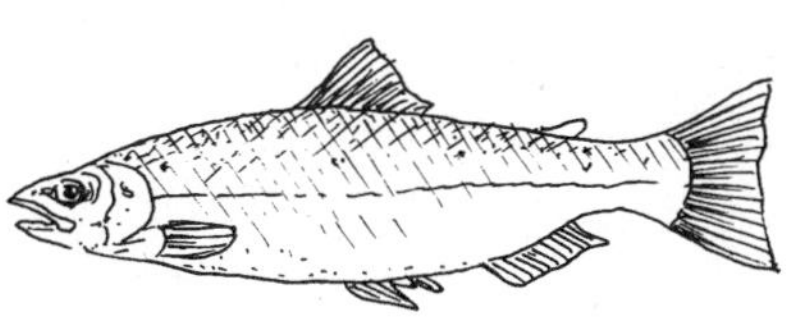




ISBN 3-12-031050-6

Was fressen Lachse?

adult: Plankton, Krebse
Larve: Dottersack

---

Wie schwer können Lachse werden?

Zuchtlachse bis 49 kg

---

Nenne 3 Tiere, denen Lachse als Nahrung dienen.

Bär, Fischotter, Reiher, Hai

---

Wie lange sind Lachse zu den Laichplätzen unterwegs?

ca. 2 Wochen

---

Wovon ernähren sich die kleinen Lachslarven?

Von ihrem Dottersack

---

Warum ist der Weg zum Laichplatz schwerer als der zum Meer?

Strömung!

---

Womit bewältigen Lachse die Wasserfälle?
a) elastische Wirbelsäule und Schwanz
b) hochhangeln mit den starken Bauchflossen

a) ist richtig

---

Wer bringt die Eier zum Laichplatz?
a) Männchen
b) Weibchen
c) beide

b) ist richtig

---

Welchen Lachs gibt es nicht?
a) Blaurückenlachs
b) Fontänenlachs
c) Buckellachs

b) ist richtig

---

Welche Farbe haben Blaurückenlachse?
a) normal silbrig
b) blau
c) rot

c) ist richtig

---

Wie lange lebt der Lachs im Meer?

1 bis 5 Jahre

---

Was ist für Lachse besser?
a) sauberer Fluss, von der Sonne verwöhnt
b) sauberer Bach, von Bäumen beschattet

b) ist richtig

---

Wie lang kann ein Zuchtlachs werden?

1,60 m

---

Wie viele Tonnen Zuchtlachs exportierte Norwegen 1988?

72.000 t (Umsatz 1 Mrd. DM)

---

Wie viele Eier trägt ein Lachsweibchen zum Laichplatz?

ca. 26.000

---

Welche Farbe haben Lachseier?

rosarot, Lachskaviar

---

Haben Lachse manchmal Läuse?

ja, Fischläuse

---

Wie lange ernähren sich die Larven vom Dottersack?

ca. 6 Wochen

---

Beschreibe den Verwandten des Lachses.

Stör, bis 3 m und 300 kg, bedrohte Art, Kaviar

---

Warum wachsen Zuchtlachse so rasant heran?

Eiweiß- und vitaminreiche Nahrung, Antibiotika und Arzneimittel, keine Feinde

---

Welche Gefahren stellen ausgebüchste Zuchtlachse dar?

Übertragung von Krankheiten und Parasiten

---

Welches ist der größte natürliche Feind der Lachse?

warmes Wasser

---

Kann man Lachse an Land züchten?

Intensivzucht in Becken mit Frischwasserversorgung, Überdachung, PC-gesteuert

---

Bei Fischfarmen fällt von 10 kg Futter 1 kg durch die Netze, was bedeutet das?

gefährliche Überdüngung der Fjorde/Meer

---

Das Spiel wurde in seinen Grundzügen von Schülerinnen und Schülern der Jahrgangsstufe 7 des Gymnasiums Neunkirchen entwickelt.




ISBN 3-12-031050-6

| | | |
|---|---|---|
| Du kommst in sehr flaches Wasser. Dort lauern Bären und Wölfe. Ein Wolf erwischt dich am Schwanz. Setze eine Runde aus! | Du verletzt dich an einem spitzen Stein vor einem Wasserfall. Setze 2 Runden aus! | Weil du zu schnell geschwommen bist, sind die anderen Fische nicht hinterher gekommen. Warte auf sie. Setze eine Runde aus! |
| Du gerätst in die Strömung des Wasserfalls. Du darfst noch einmal würfeln! | Ein Kormoran frisst dich. Gehe zurück zum Start! | Du schwimmst gegen eine starke Strömung. Deshalb brauchst du etwas länger. Setze eine Runde aus! |
| Einige Biber haben einen Staudamm errichtet. Du musst eine 1 oder eine 6 würfeln! | Du hast dich verletzt und schwimmst in warmem Wasser. Du wirst von Pilzen befallen. Gehe zum letzten E-Feld zurück! | Du wirst von Haien verfolgt. Da du ihnen entkommen willst, schwimmst du schneller. Rücke 2 Felder vor! |
| Du schwimmst durch Brackwasser. 1 Runde aussetzen! | Die Bäume am Rand des Wassers wurden von Holzfällern gefällt, wodurch die Temperatur des Wassers steigt. Setze 1 Runde aus! | Von dem langen Weg bist du ganz erschöpft. Ruhe dich aus, bis du eine 3 gewürfelt hast! |
| Du hast dir keine ausreichende Fettschicht angefressen. Gehe 7 Felder zurück, höchstens bis zur Quelle! | Der Staudamm der Biber ist weg. Du darfst noch einmal würfeln! | Ein Angler will dich angeln. Du legst deinen Superduperturbo ein, um ihm zu entwischen. Rücke 5 Felder vor! |
| Du wirst von Aalen überfallen und musst dich von dem Schreck erst einmal erholen. Setze 1 Runde aus! | Du bist gegen einen Felsen geschwommen. Würfle eine 4, um weiter zu kommen! | Du wirst von einer Stromschnelle mitgerissen und verlierst die Orientierung. Setze 2 Runden aus! |
| Du schwimmst durch Stromschnellen. Jetzt kannst du deine Kraft unter Beweis stellen. Rücke 3 Felder vor! | Du bist mit besonders viel Schwung den Wasserfall hoch gesprungen. Rücke 5 Felder vor! | Du hast den Fischotter ausgetrickst. Dafür geht's 5 Felder vorwärts! |
| Dein bester Freund klemmt zwischen zwei Steinen. Gehe 3 Felder zurück, damit du ihm helfen kannst! | Deine Reise ist sehr langweilig! Lasse dir einen Fischwitz einfallen. Zur Belohnung darfst du 4 Felder vor! | Du hast dich in Algen verfangen! Die anderen kommen schneller voran. Sie rücken alle 2 Felder vor! |
| Starke Regenfälle lassen das Wasser und damit den Sauerstoffgehalt steigen. Würfle noch einmal! | Eine Firma lässt ihr Abwasser in den Fluss. Du vergiftest dich und musst dich erst mal erholen. Setze 1 Runde aus! | Du gerätst in eine Schleuse, die sich hinter dir schließt. Sie öffnet sich erst, wenn du eine 6 würfelst! |




ISBN 3-12-031050-6

Brackwasser
Meer

 ISBN 3-12-031050-6

1. Bestimme die typischen Watvögel des Wattenmeers.

*Rotschenkel*

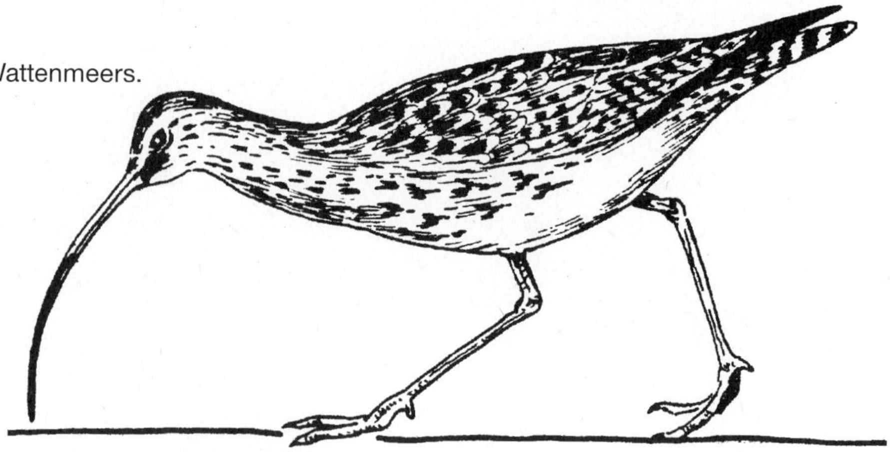

*Großer Brachvogel*

*Knutt*

*Sandregenpfeifer*

*Pfuhlschnepfe*

2. Bestimme die in der typischen Eingrabtiefe des Wattbodens dargestellten wirbellosen Tiere.

*Wattschnecke*
*Herzmuschel*
*Schlickkrebs*
*Plattmuschel*
*Pfeffermuschel*
*Wattwurm*
*Seeringelwurm*

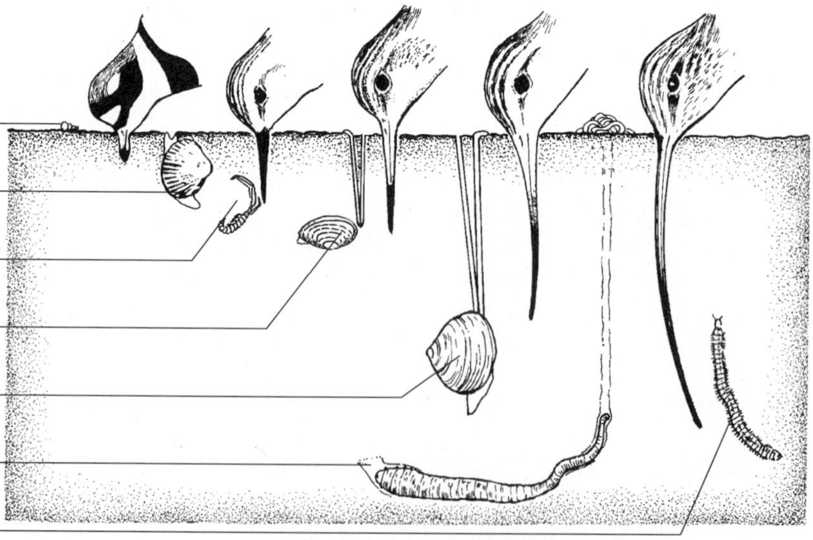

3. Pause mit Hilfe von Kohlepapier die Köpfe und Schnäbel der oben dargestellten Watvögel durch, schneide sie aus und klebe sie zu ihrer bevorzugten Nahrung.




ISBN 3-12-031050-6

1. Bestimme die typischen Watvögel des Wattenmeers.

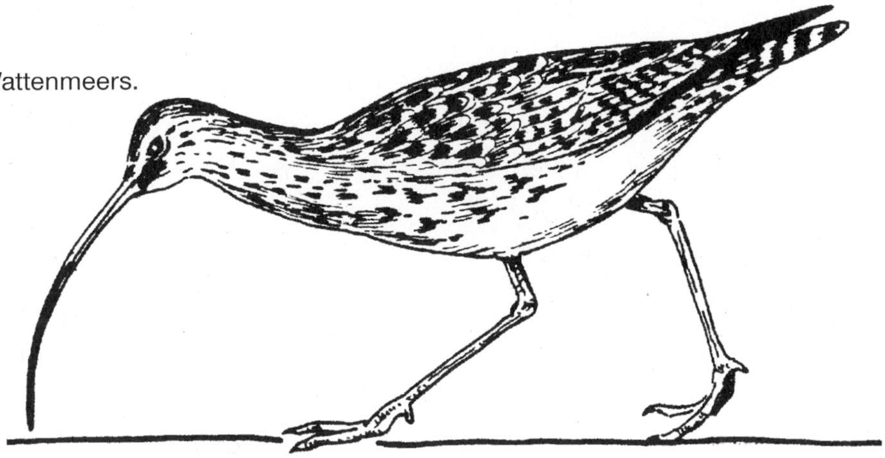

2. Bestimme die in der typischen Eingrabtiefe des Wattbodens dargestellten wirbellosen Tiere.

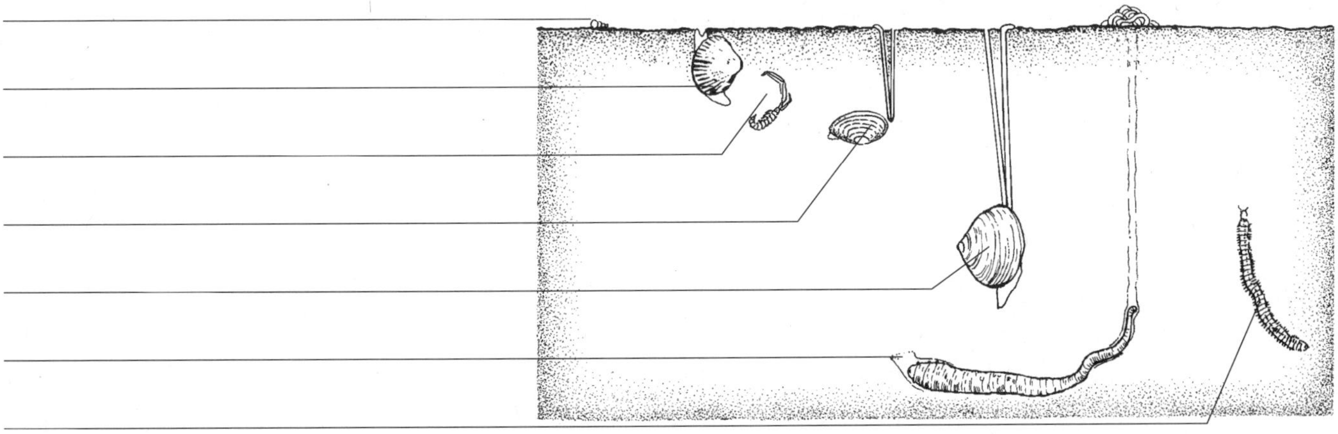

3. Pause mit Hilfe von Kohlepapier die Köpfe und Schnäbel der oben dargestellten Watvögel durch, schneide sie aus und klebe sie zu ihrer bevorzugten Nahrung.




ISBN 3-12-031050-6

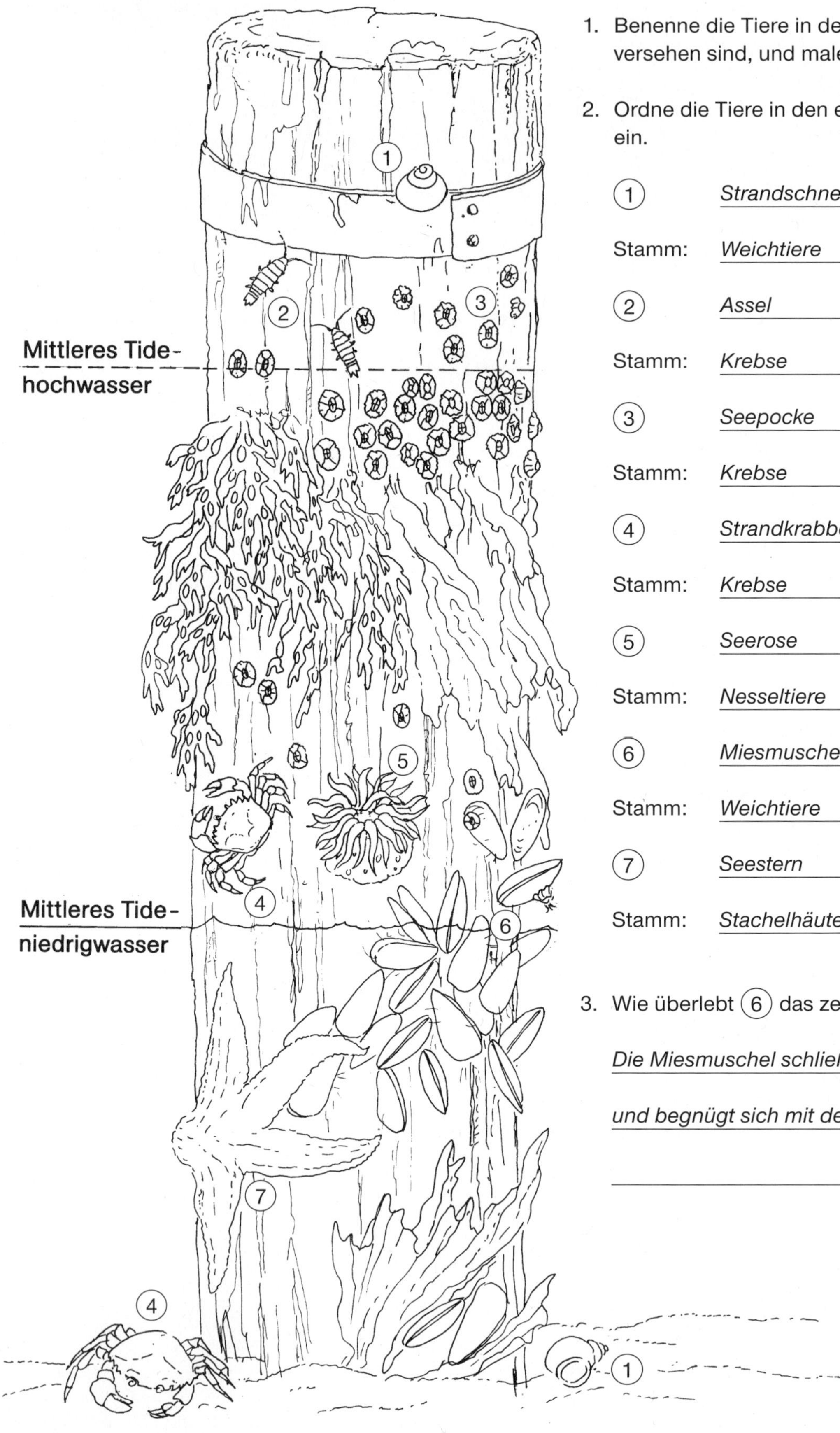


1. Benenne die Tiere in der Abbildung, die mit Zahlen versehen sind, und male sie farbig aus.

2. Ordne die Tiere in den entsprechenden Tierstamm ein.

| | |
|---|---|
| ① | *Strandschnecke* |
| Stamm: | *Weichtiere* |
| ② | *Assel* |
| Stamm: | *Krebse* |
| ③ | *Seepocke* |
| Stamm: | *Krebse* |
| ④ | *Strandkrabbe* |
| Stamm: | *Krebse* |
| ⑤ | *Seerose* |
| Stamm: | *Nesseltiere* |
| ⑥ | *Miesmuschel* |
| Stamm: | *Weichtiere* |
| ⑦ | *Seestern* |
| Stamm: | *Stachelhäuter* |

3. Wie überlebt ⑥ das zeitweilige „Trockenfallen“?

*Die Miesmuschel schließt ihre Klappen hermetisch und begnügt sich mit dem kleinen Sauerstoffvorrat.*




ISBN 3-12-031050-6

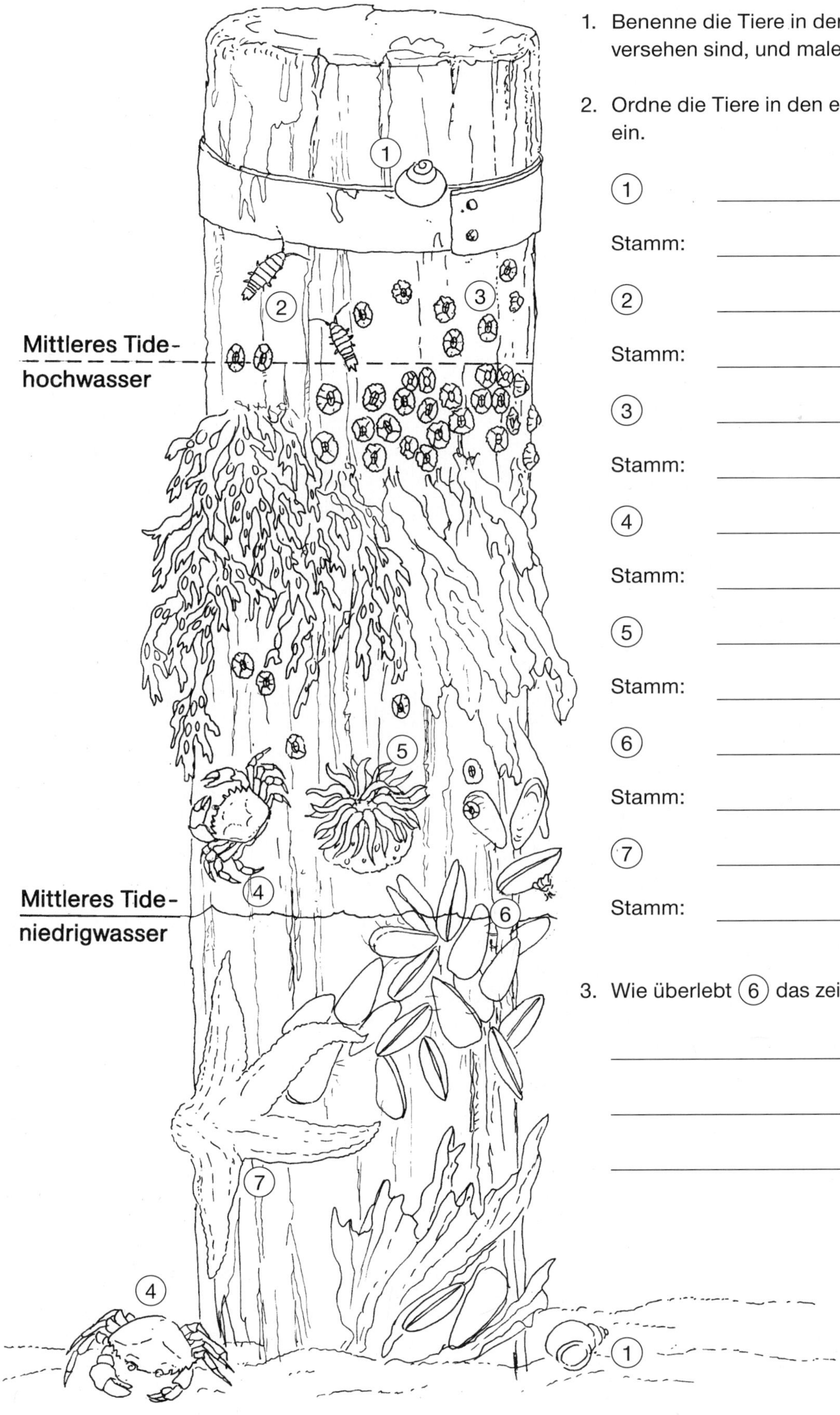


1. Benenne die Tiere in der Abbildung, die mit Zahlen versehen sind, und male sie farbig aus.

2. Ordne die Tiere in den entsprechenden Tierstamm ein.

(1) ______________________

Stamm: ______________________

(2) ______________________

Stamm: ______________________

(3) ______________________

Stamm: ______________________

(4) ______________________

Stamm: ______________________

(5) ______________________

Stamm: ______________________

(6) ______________________

Stamm: ______________________

(7) ______________________

Stamm: ______________________

3. Wie überlebt (6) das zeitweilige „Trockenfallen"?

______________________

______________________

______________________




ISBN 3-12-031050-6

1. Benenne die im Spritzwasserbereich von Felsküsten dargestellten Tiere und male die Algen und Tange farbig aus.

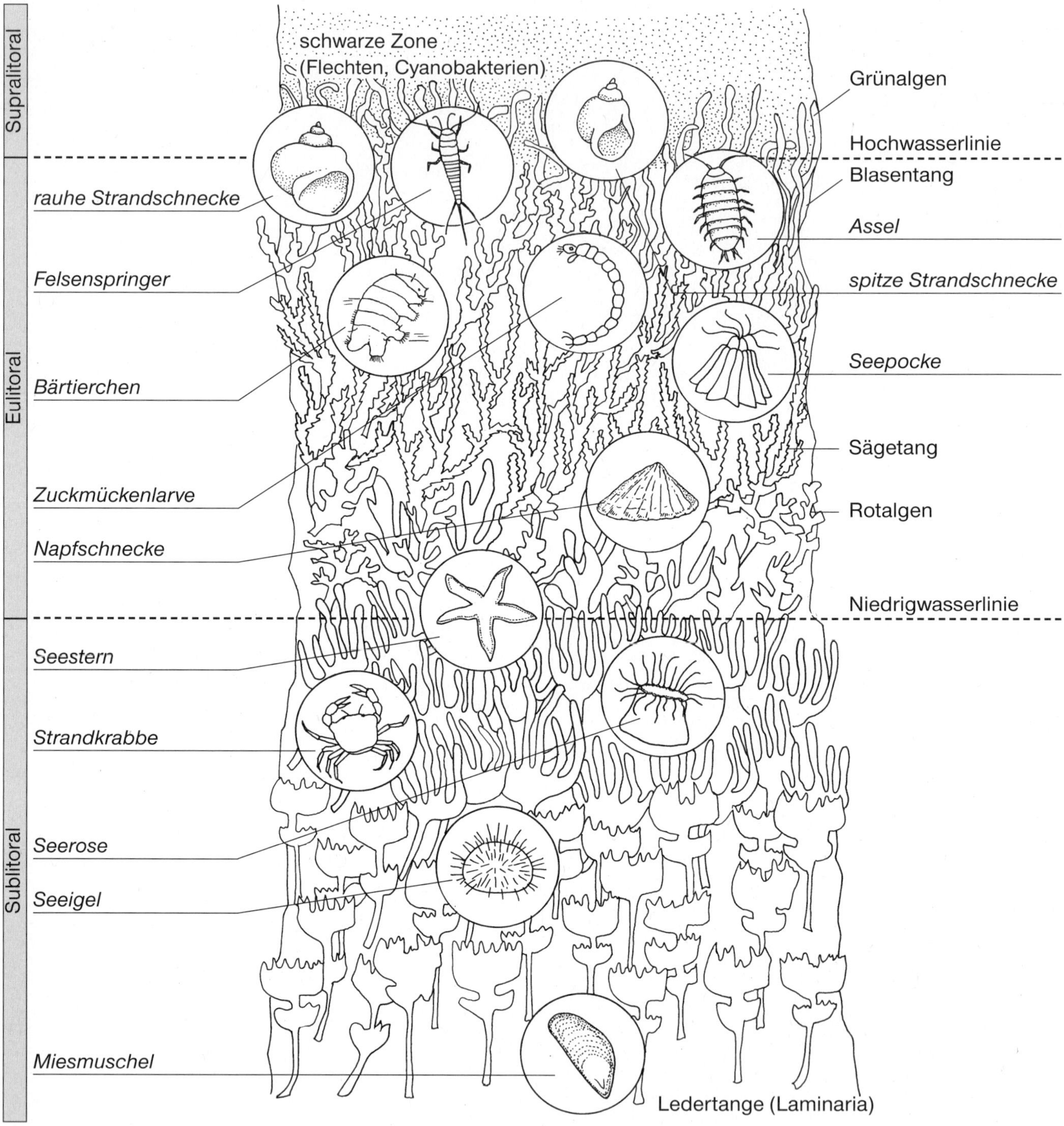


2. Welche der aufgeführten Tiere gehören zum Stamm Stachelhäuter (a) und welche Tiere gehören zu den Krebsen (b)?

a) *Seestern, Seeigel*

b) *Strandkrabbe, Assel, Seepocke*



 ISBN 3-12-031050-6

1. Benenne die im Spritzwasserbereich von Felsküsten dargestellten Tiere und male die Algen und Tange farbig aus.

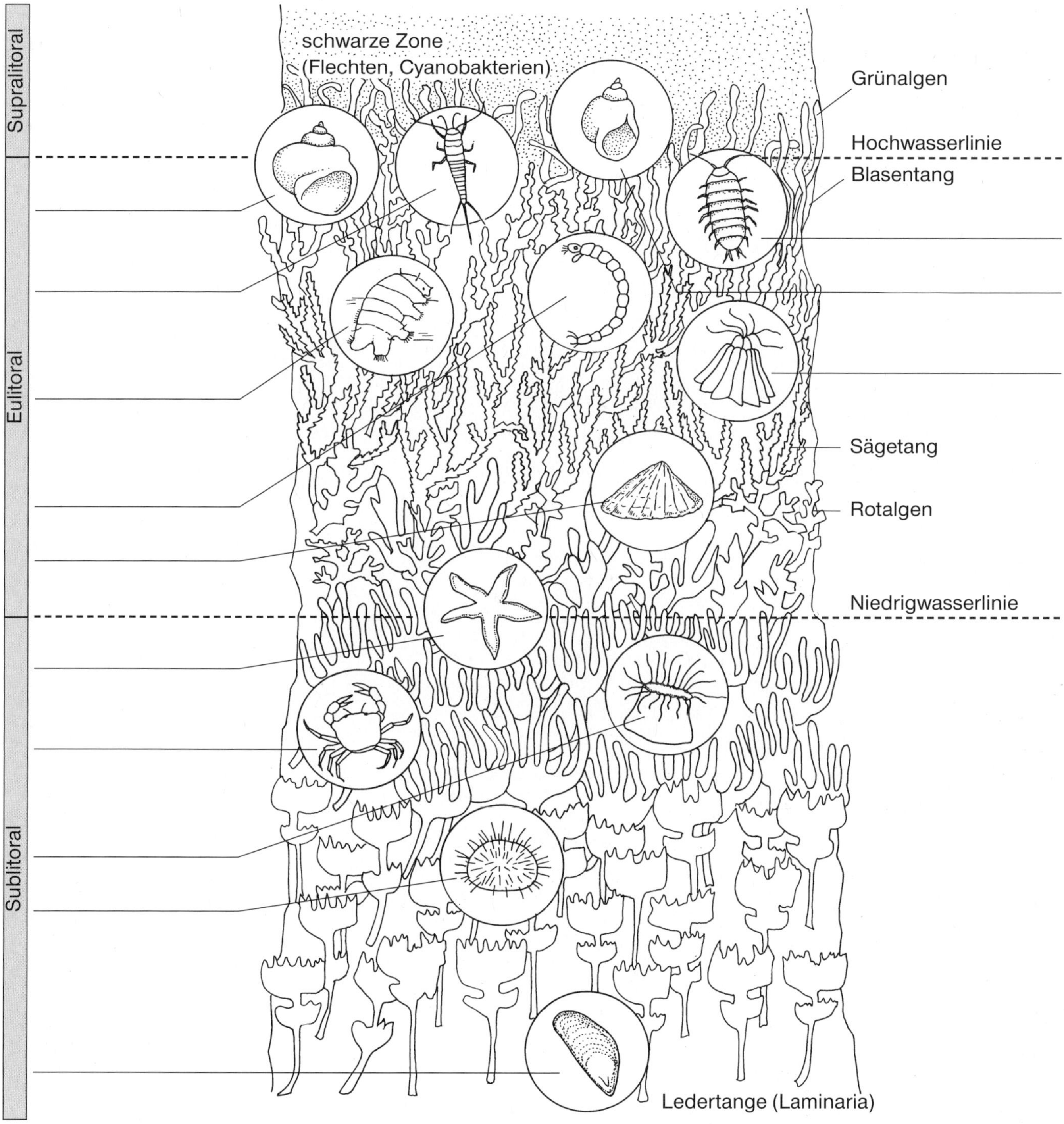


2. Welche der aufgeführten Tiere gehören zum Stamm Stachelhäuter (a) und welche Tiere gehören zu den Krebsen (b)?

a) ____________________

b) ____________________




ISBN 3-12-031050-6

Das Zeichen ⊕ bedeutet eine gleichsinnige Beziehung; man formuliert: je mehr ... desto mehr oder je weniger ... desto weniger.
Das Zeichen ⊖ bedeutet eine ungleichsinnige Beziehung; man formuliert: je mehr ... desto weniger oder je weniger ... desto mehr.

1. Formuliere die Sätze für das angegebene, vereinfachte Beispiel.

2. Setze die korrekten Zeichen ein.

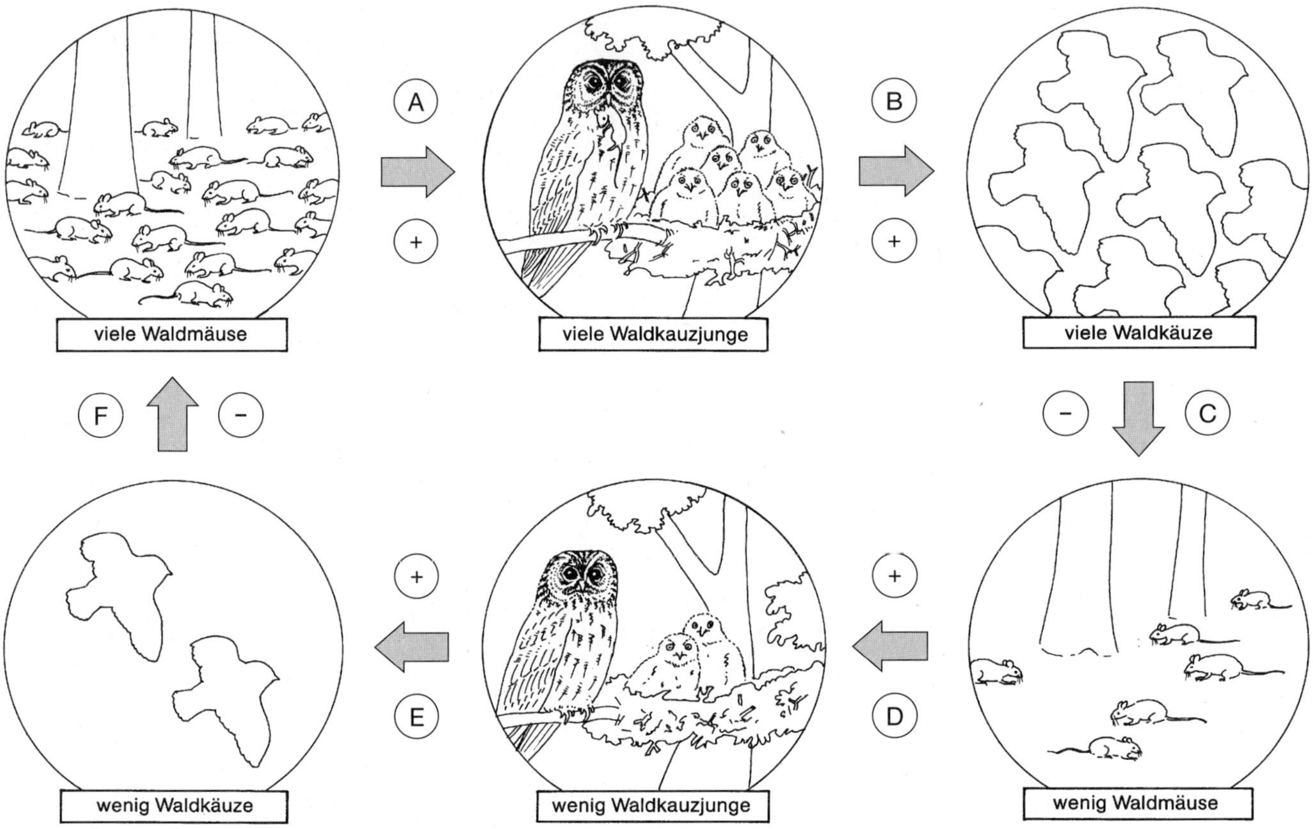


Ⓐ *Je mehr Waldmäuse, desto mehr Waldkauzjunge (können aufgezogen werden).*

Ⓑ *Je mehr Waldkauzjunge (erwachsen werden), desto mehr Waldkäuze.*

Ⓒ *Je mehr Waldkäuze (auf Jagd gehen), desto weniger Waldmäuse (überleben).*

Ⓓ *Je weniger Waldmäuse, desto weniger Waldkauzjunge (können aufgezogen werden).*

Ⓔ *Je weniger Waldkauzjunge (aufgezogen werden), desto weniger Waldkäuze.*

Ⓕ *Je weniger Waldkäuze (jagen), desto mehr Waldmäuse (vermehren sich).*



 ISBN 3-12-031050-6

Das Zeichen ⊕ bedeutet eine gleichsinnige Beziehung; man formuliert: je mehr ... desto mehr oder je weniger ... desto weniger.
Das Zeichen ⊖ bedeutet eine ungleichsinnige Beziehung; man formuliert: je mehr ... desto weniger oder je weniger ... desto mehr.

1. Formuliere die Sätze für das angegebene, vereinfachte Beispiel.

2. Setze die korrekten Zeichen ein.

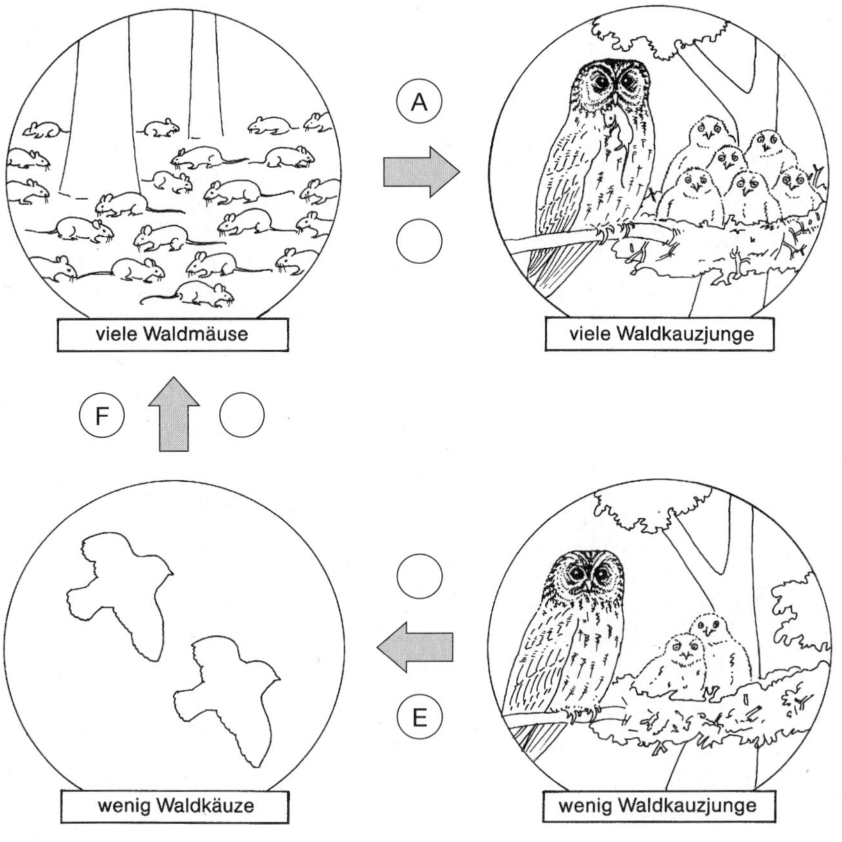


Ⓐ ____________________

Ⓑ ____________________

Ⓒ ____________________

Ⓓ ____________________

Ⓔ ____________________

Ⓕ ____________________



 ISBN 3-12-031050-6

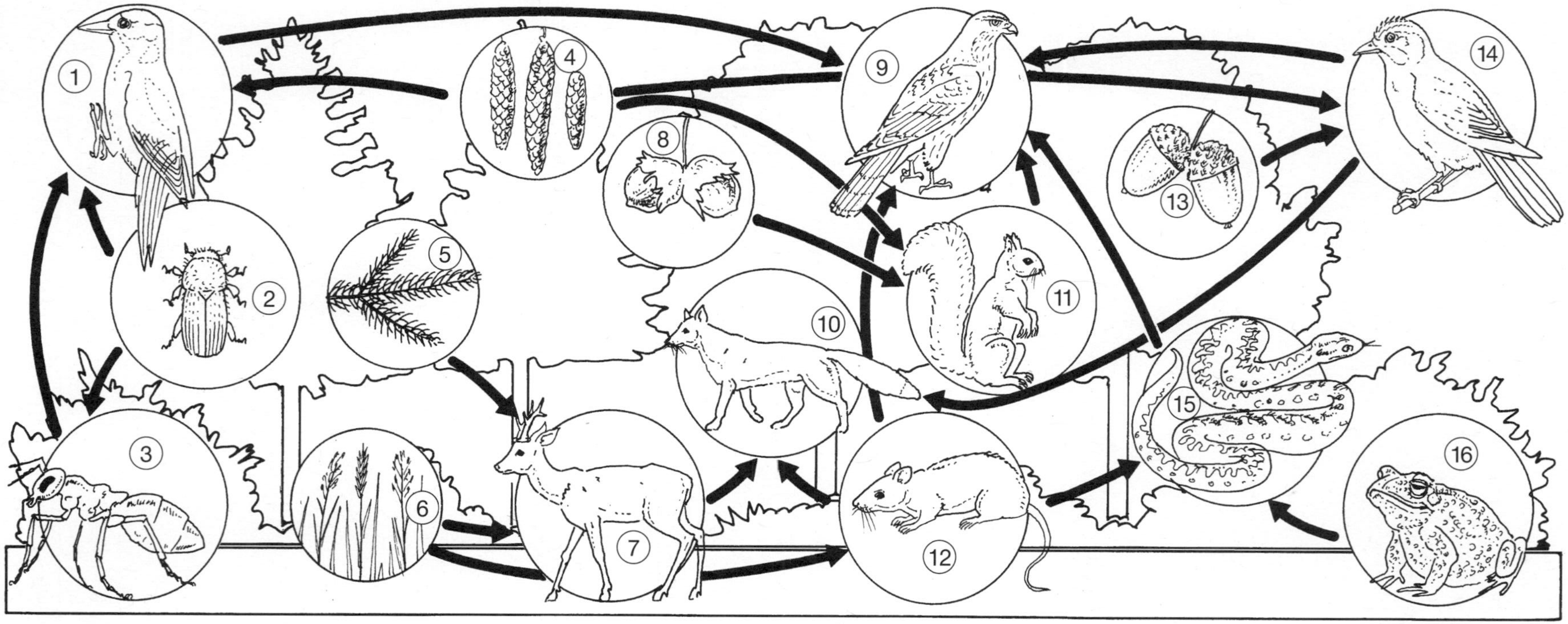


1. Bestimme die Tiere und Pflanzen.

2. Ordne ihnen jeweils die Angabe zu: Produzent (P), Reduzent (R), Konsument I. Ordnung (Pflanzenfresser) (K1), Konsument höherer Ordnung (Fleischfresser) (K2).

3. Stelle durch Pfeile die Nahrungsbeziehungen her.

| | | | |
|---|---|---|---|
| ① *Buntspecht K2* | ⑤ *Fichtenzweig P* | ⑨ *Sperber K2* | ⑬ *Eichel P* |
| ② *Borkenkäfer K1* | ⑥ *Gräser P* | ⑩ *Fuchs K2* | ⑭ *Eichelhäher K1* |
| ③ *Ameise K1, K2* | ⑦ *Reh K1* | ⑪ *Eichhörnchen K1, K2* | ⑮ *Schlange K2* |
| ④ *Fichtenzapfen P* | ⑧ *Haselnuss P* | ⑫ *Maus K1* | ⑯ *Grasfrosch K2* |




ISBN 3-12-031050-6

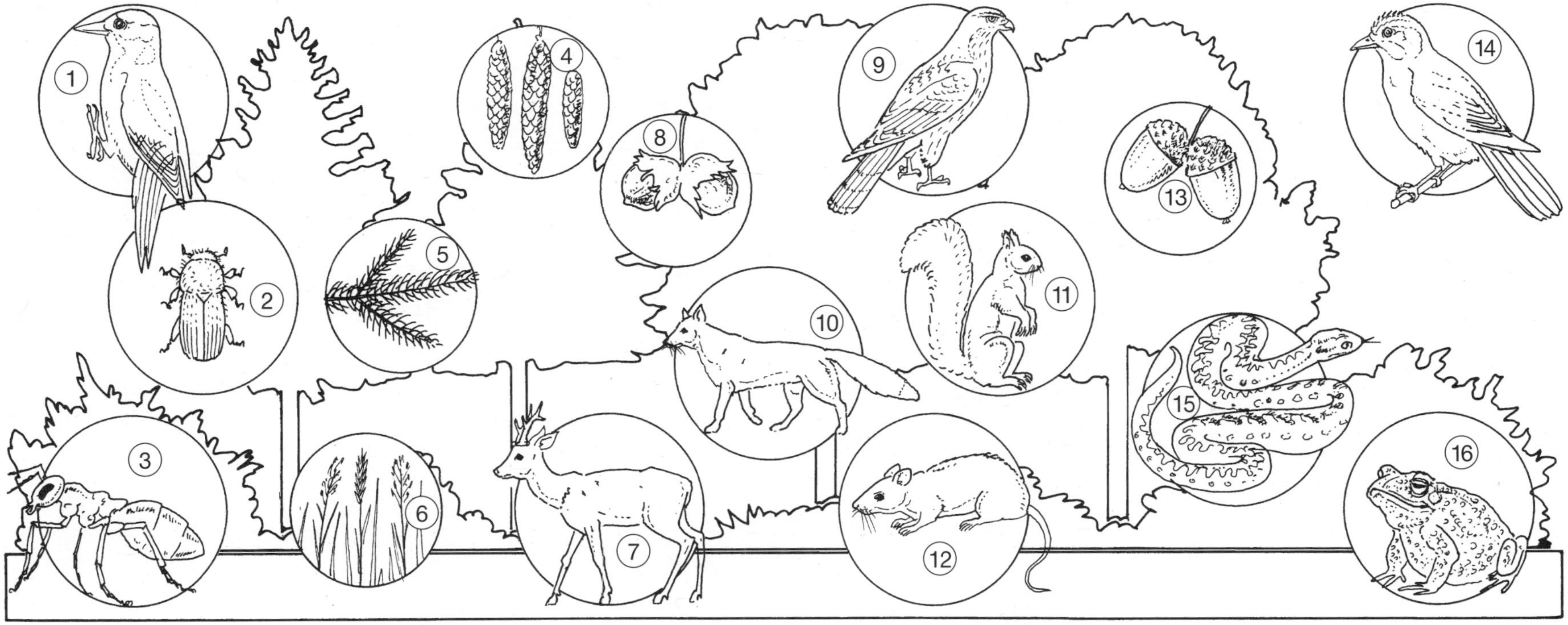


1. Bestimme die Tiere und Pflanzen.
2. Ordne ihnen jeweils die Angabe zu: Produzent (P), Reduzent (R), Konsument I. Ordnung (Pflanzenfresser) (K1), Konsument höherer Ordnung (Fleischfresser) (K2).
3. Stelle durch Pfeile die Nahrungsbeziehungen her.

| | | | |
|---|---|---|---|
| ① ______ | ⑤ ______ | ⑨ ______ | ⑬ ______ |
| ② ______ | ⑥ ______ | ⑩ ______ | ⑭ ______ |
| ③ ______ | ⑦ ______ | ⑪ ______ | ⑮ ______ |
| ④ ______ | ⑧ ______ | ⑫ ______ | ⑯ ______ |




ISBN 3-12-031050-6

1. Klassifiziere die abgebildeten Pilzgruppen und gib die Lebensweise in Bezug auf den Baum an.

a) *Rost- und Mehltaupilze*
*Parasiten*

b) *Flechten (Symbiose aus Alge und Pilz) leben auf Baumrinde*

c) *holzzerstörende Pilze*
*Saprophyten und Parasiten*

d) *Rost- und Brandpilze*
*Parasiten*

e) *Pilze auf Laubstreu*
*Saprophyten*

f) *Mykorrhizapilze*
*Symbionten*

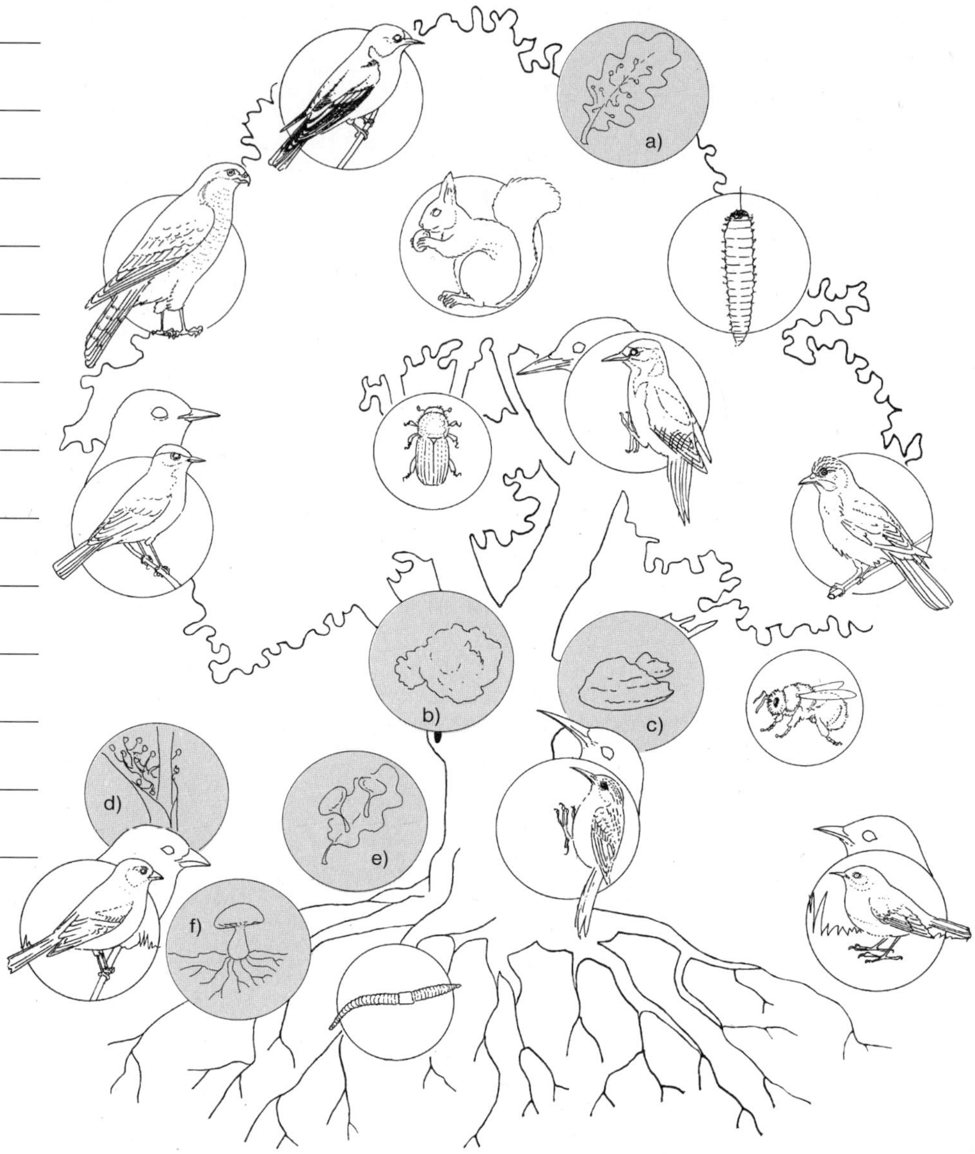


2. Benenne die abgebildeten Tiere und gib kurz an, inwieweit sie den Baum als Lebensraum nutzen.

*Buntspecht lebt von Insekten unter der Borke und meißelt Nisthöhlen in dicke Stämme; Eichelhäher baut Nester in der Krone und frisst z.B. Eicheln; Sperber und Trauerfliegenschnäpper nutzen den Baum als Abflugwarte, um Kleintiere bzw. Insekten zu jagen; Eichenwicklerraupe frisst Blätter; Eichhörnchen baut Kobel in Bäumen und lebt von pflanzlicher Kost; Baumläufer sammelt Insekten aus Ritzen der Borke; Buchfink und Rotkehlchen leben am Waldboden, der Buchfink sammelt Körner, das Rotkehlchen Weichtiere usw.; Borkenkäfer lebt in der Borke; Regenwurm lebt in der Erde (Mulm); Hummel sammelt Wachs, Pollen, Harz; Mönchsgrasmücke lebt von Insekten rund um den Baum.*



 ISBN 3-12-031050-6

1. Klassifiziere die abgebildeten Pilzgruppen und gib die Lebensweise in Bezug auf den Baum an.

a) ______________________________

______________________________

b) ______________________________

______________________________

______________________________

c) ______________________________

______________________________

______________________________

d) ______________________________

______________________________

e) ______________________________

______________________________

f) ______________________________

______________________________

2. Benenne die abgebildeten Tiere und gib kurz an inwieweit sie den Baum als Lebensraum nutzen.

______________________________

______________________________

______________________________

______________________________

______________________________

______________________________

______________________________



 ISBN 3-12-031050-6

1. Das Miniökosystem Moospolster kannst du vor Ort, z.B. an einem alten Baum, mit der Lupe untersuchen und dabei die Tiere identifizieren, die dort leben. Längere Beobachtungen geben dir aber auch die Möglichkeit, die Nahrungsbeziehungen der Tiere genauer zu erforschen. Dazu setzt du kleine Moospolster vorsichtig auf Agarplatten und verschließt die Petrischale mit einem Paraffinband. Wenn du dieses Miniterrarium an einem schattigen, aber hellen Platz aufstellst, kannst du über Wochen und Monate von Zeit zu Zeit die Tiere mit der Stereolupe beobachten. In aller Ruhe kannst du die Tiere zeichnen, bestimmen und ihre Nahrungsbeziehungen herausbekommen.

2. Bestimme die Tiere in der Abbildung.

A *Blattwespenlarve*
B *Springschwanz*
C *Doppelschwanz*
D *Doppelfüßer*
E *Milbe*
F *Bärtierchen*

3. Benenne die Lebewesen und gib ihre Nahrungsbeziehungen durch Pfeile an.

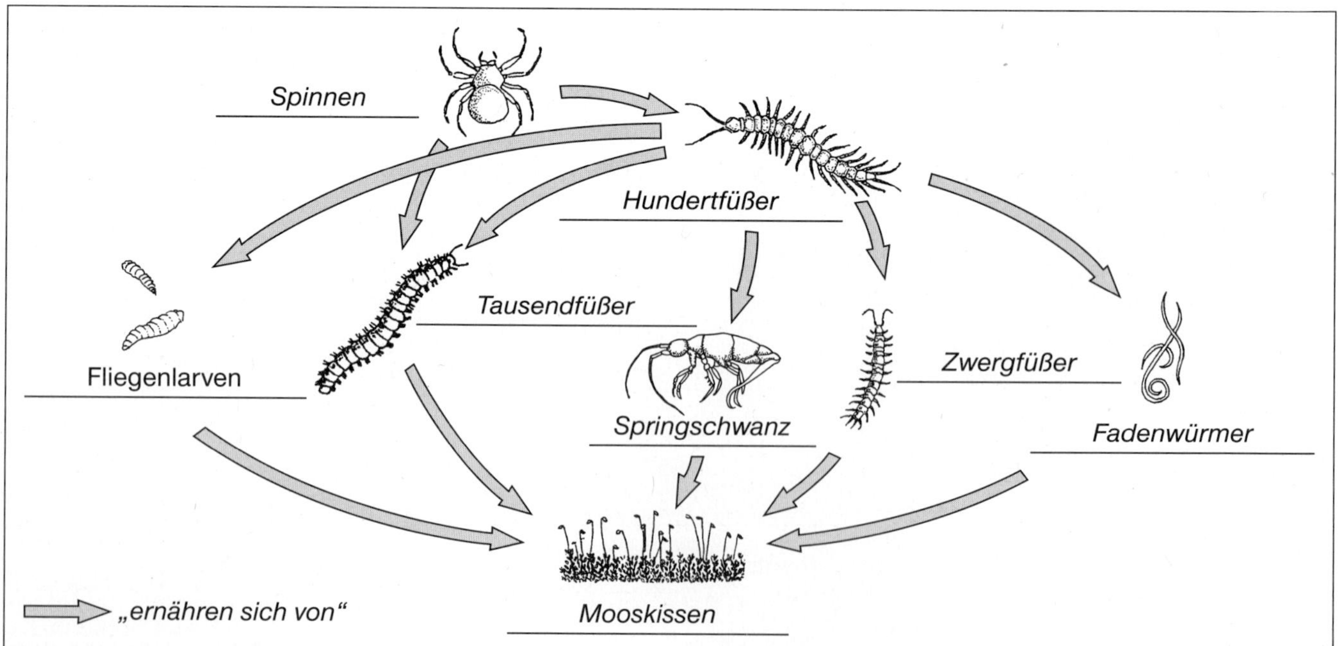





ISBN 3-12-031050-6

1. Das Miniökosystem Moospolster kannst du vor Ort, z.B. an einem alten Baum, mit der Lupe untersuchen und dabei die Tiere identifizieren, die dort leben. Längere Beobachtungen geben dir aber auch die Möglichkeit, die Nahrungsbeziehungen der Tiere genauer zu erforschen. Dazu setzt du kleine Moospolster vorsichtig auf Agarplatten und verschließt die Petrischale mit einem Paraffinband. Wenn du dieses Miniterrarium an einem schattigen, aber hellen Platz aufstellst, kannst du über Wochen und Monate von Zeit zu Zeit die Tiere mit der Stereolupe beobachten. In aller Ruhe kannst du die Tiere zeichnen, bestimmen und ihre Nahrungsbeziehungen herausbekommen.

2. Bestimme die Tiere in der Abbildung.

A ____________________ B ____________________

C ____________________ D ____________________

E ____________________ F ____________________

3. Benenne die Lebewesen und gib ihre Nahrungsbeziehungen durch Pfeile an.

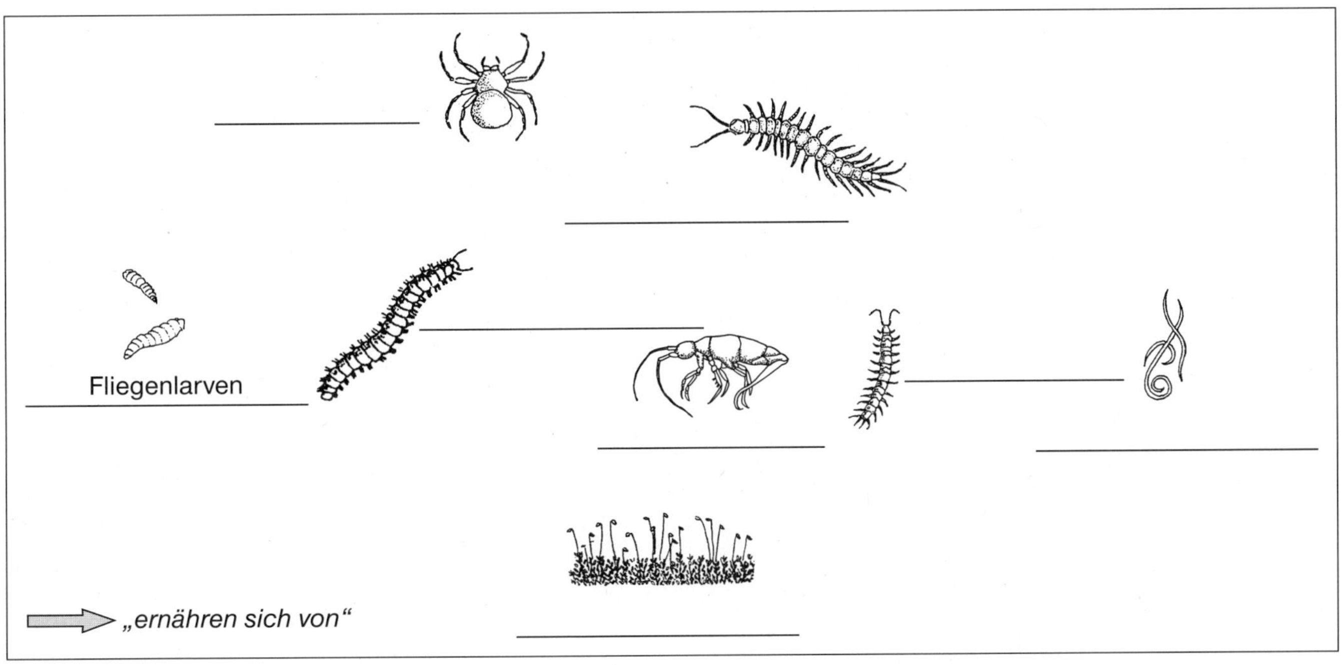





ISBN 3-12-031050-6

1. Was versteht man unter einer Biozönose? *Lebensgemeinschaft*

2. Wie unterscheidet sich die Biozönose „Baumstumpf“ von anderen Biozönosen, z.B. der Wiese? Überlege, was im Laufe von vielen Jahren mit den genannten Biozönosen passiert.

   *Der Baumstumpf wird total zerstört, Selbstzerstörung der Biozönose (negative Sukzession). Ohne menschlichen Eingriff verbuscht die Wiese und wird später zum Wald (Klimax). Das System wird zunehmend komplexer (positive Sukzession).*

3. Kennst du noch eine weitere Biozönose, die das gleiche Schicksal erleidet wie der Baumstumpf?

   *Tierleiche*

4. Untersuche einen älteren Baumstumpf. Schneide die Baumstumpfvorlage aus und klebe sie mitten in dein Heft. Wenn du nun Tiere an dem realen Baumstumpf bestimmst, dann zeichne sie um den Stumpf in deinem Heft herum und gib an, in welchen Bereichen sie sich befanden (Mulm, Holz usw.).

**Musterlösung:**

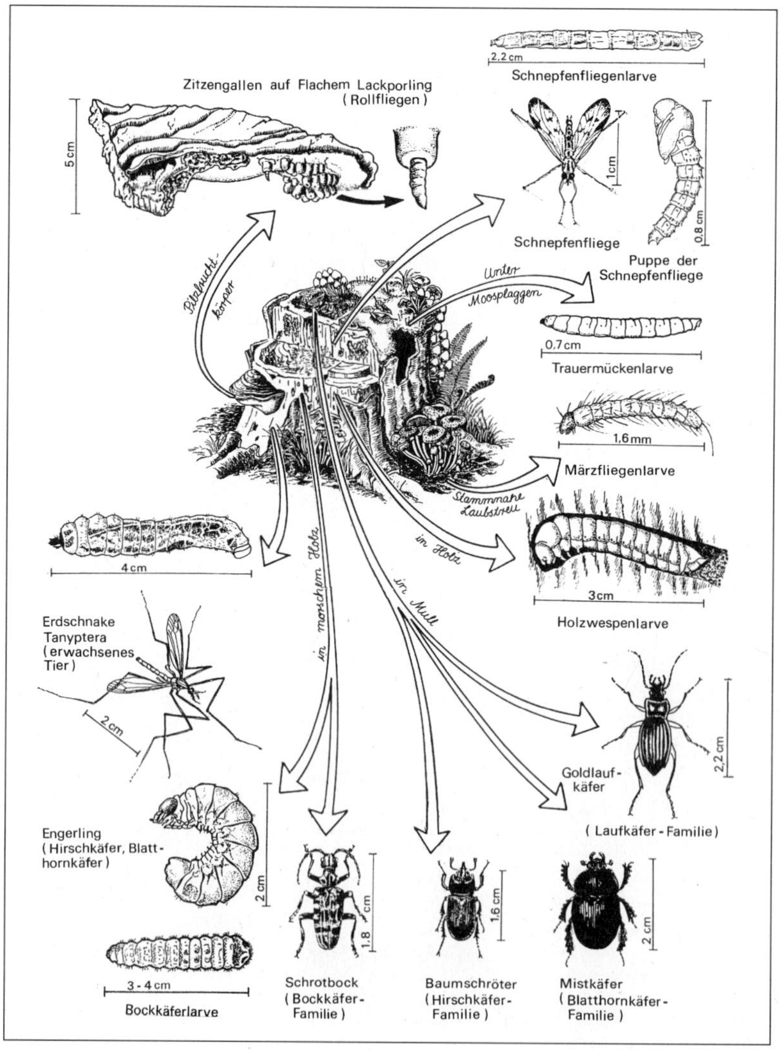




 ISBN 3-12-031050-6

1. Was versteht man unter einer Biozönose? ______________________________

2. Wie unterscheidet sich die Biozönose „Baumstumpf“ von anderen Biozönosen, z.B. der Wiese? Überlege, was im Laufe von vielen Jahren mit den genannten Biozönosen passiert.

______________________________

______________________________

______________________________

______________________________

3. Kennst du noch eine weitere Biozönose, die das gleiche Schicksal erleidet wie der Baumstumpf?

______________________________

4. Untersuche einen älteren Baumstumpf. Schneide die Baumstumpfvorlage aus und klebe sie mitten in dein Heft. Wenn du nun Tiere an dem realen Baumstumpf bestimmst, dann zeichne sie um den Stumpf in deinem Heft herum und gib an, in welchen Bereichen sie sich befanden (Mulm, Holz usw.).

ISBN 3-12-031050-6

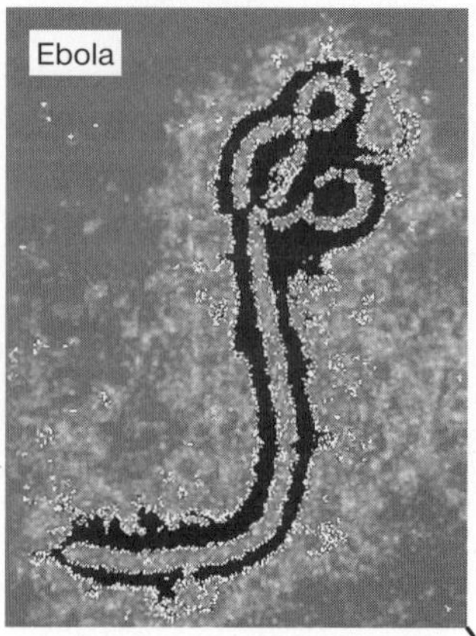


**Information:**
Es mussten nicht erst Filme wie „Outbreak" oder „12 Monkeys" produziert werden, um auf gefährliche Viren aufmerksam zu machen, deren Wirte vermutlich im Regenwald leben und die den (ansonsten ungewöhnlichen) Artensprung zum Menschen schaffen. Fast jede Zeitung hat in jüngster Zeit von den „Killerviren" berichtet.

1. Von einigen „Regenwaldviren" hast du sicher schon gehört, erkundige dich und benenne sie.
   *Ebola, Machupo, Chikungunya, Lassa, Dengue, Marburg*
2. Wie sieht das Krankheitsbild von Ebolaviren aus?
   *90% letal in max. 10 Tagen, Verflüssigung der Unterhaut, Zunge und Rachen schälen sich, Adern platzen, inneres Verbluten, keine Hilfe derzeit*
3. Warum hielten sich die bisherigen Epidemien noch stets in gewissen Grenzen?
   *Zahl der Kontaktpersonen bei schnellem Verlauf zu gering, Übertragung meist nur durch intimen Kontakt und Blut (vgl. HIV), Ebola (Zaire) Tröpfcheninfektion*
4. Warum sprechen einige Forscher von „Der Rache des Regenwaldes"?
   *Veränderung und Öffnung der Lebensräume der Wirte im Regenwald durch Abholzung, Straßen- und Siedlungsbau, weltweiten Tierhandel, Aufheizen der Erdatmosphäre und Ferntourismus*

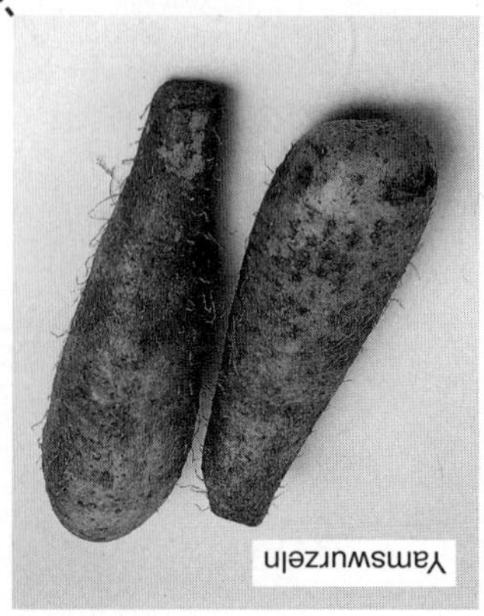


1. Niemand wird ernsthaft der weiteren Abholzung der Regenwälder das Wort reden, aber den Regenwald überhaupt nicht zu nutzen, diese Ansicht wird von kaum jemandem vertreten.
   Nenne einige Regenwaldprodukte außer Holz.
   *Früchte (Kakao, Ananas, Sternfrucht), Nüsse (Muskat- und Paranuss), Gewürze (Zimt, Nelken, Ingwer), Gummi (Kautschuk, Latex)*
2. Erläutere die Bezeichnungen „Erbgutreserve Regenwald" und „Apotheke Regenwald".
   *Genetische Ressourcen, d.h. unzählige Pflanzen und Tiere sind noch nicht bekannt, könnten aber mit ihrem Erbgut im Kampf gegen Krankheiten der Kulturformen durch Einkreuzung helfen, ständig neue Gift- und Heilpflanzen versprechen Wirkung gegen Krankheiten bis hin zu Krebs oder gar Aids.*
3. Nenne einige Pflanzen und ihre Wirkung.
   *Yamswurzeln – Stärke, gegen Rheuma, Grundstoff für Antibabypillen, Chinarinde mit Chinin gegen Malaria, Kalabarbohnenextrakt gegen Grünen Star und Bluthochdruck, Guarana als Erfrischungsgetränk, Hydnocarpussamenöl gegen Lepra*




ISBN 3-12-031050-6

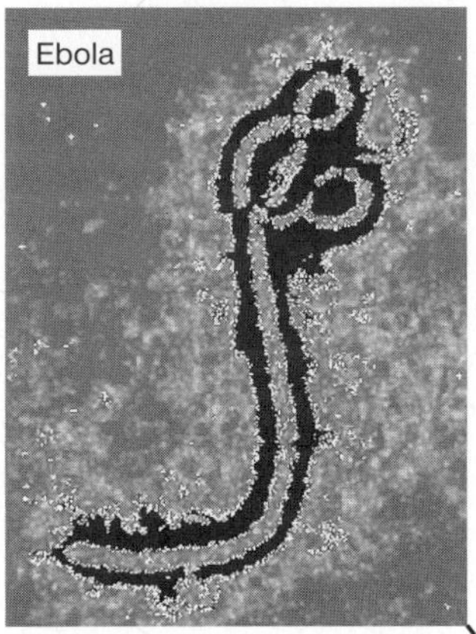
Ebola

**Information:**
Es mussten nicht erst Filme wie „Outbreak“ oder „12 Monkeys“ produziert werden, um auf gefährliche Viren aufmerksam zu machen, deren Wirte vermutlich im Regenwald leben und die den (ansonsten ungewöhnlichen) Artensprung zum Menschen schaffen. Fast jede Zeitung hat in jüngster Zeit von den „Killerviren“ berichtet.

1. Von einigen „Regenwaldviren“ hast du sicher schon gehört, erkundige dich und benenne sie.

2. Wie sieht das Krankheitsbild von Ebolaviren aus?

3. Warum hielten sich die bisherigen Epidemien noch stets in gewissen Grenzen?

4. Warum sprechen einige Forscher von „Der Rache des Regenwaldes“?

Yamswurzeln

1. Niemand wird ernsthaft der weiteren Abholzung der Regenwälder das Wort reden, aber den Regenwald überhaupt nicht zu nutzen, diese Ansicht wird von kaum jemandem vertreten.
Nenne einige Regenwaldprodukte außer Holz.

2. Erläutere die Bezeichnungen „Erbgutreserve Regenwald“ und „Apotheke Regenwald“.

3. Nenne einige Pflanzen und ihre Wirkung.



 ISBN 3-12-031050-6

Die Regeln für das Spiel Memory kennst du sicher. Von jedem Kästchen benötigst du zwei Exemplare, klebe die Kärtchen vor dem Ausschneiden auf einen dünnen Karton, koloriere die Tiere, schneide aus und schon kann es losgehen. Die Zahl deiner Kartenpaare solltest du stufenweise erhöhen, zunächst kannst du ja nur mit Tieren eines bestimmten Regenwaldes spielen.
Du lernst natürlich auch eine Menge, wenn du z.B. die Tiere des Regenwaldes in Afrika mit denen in Südostasien vergleichst: Stellvertreter lassen sich finden, Nahrungsketten und -netze lassen sich erstellen, die Tiere können auch nach Wipfel- bis Bodenleben oder auch nach ihrer systematischen Zugehörigkeit sortiert werden. Spannend wird es, wenn du versuchst, mit Hilfe von Tierlexika Steckbriefe zu den Tieren zu erstellen, dabei wirst du so manches Unglaubliche erfahren.

Fingertier
Madagaskar

Sifaka
Madagaskar

Vari
Madagaskar

Indri
Madagaskar

Mausmaki
Madagaskar

Streifentanrek
Madagaskar

Fossa-Katze
Madagaskar

Vasapapagei
Madagaskar

Chamäleon
Madagaskar




ISBN 3-12-031050-6

Spitzhörnchen
Sumatra

Koboldmaki
Sumatra

Roter Langur
Sumatra

Siamang
Sumatra

Orang-Utan
Sumatra

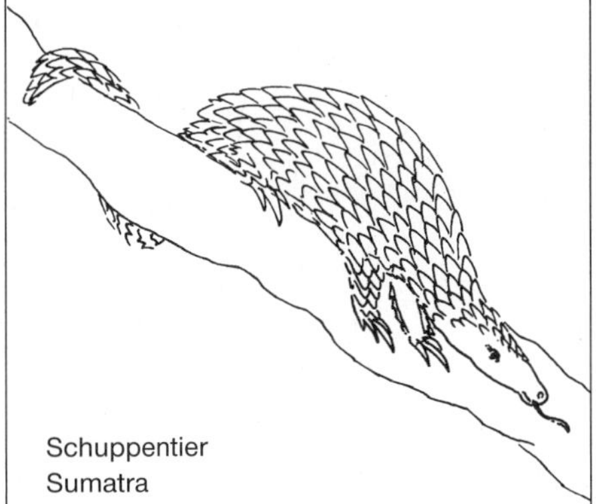
Schuppentier
Sumatra

Malaienbär
Sumatra

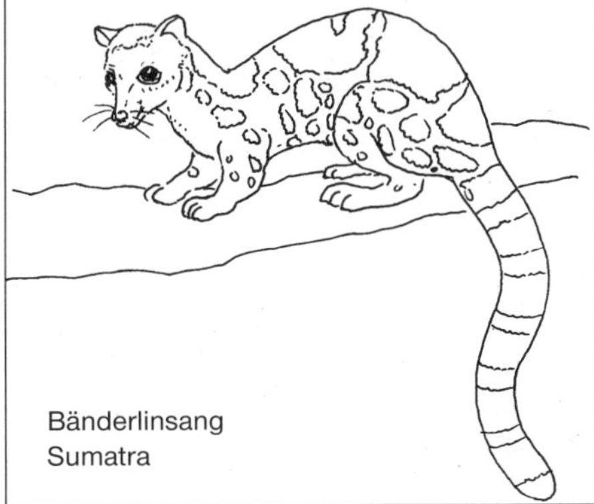
Bänderlinsang
Sumatra

Nebelparder
Sumatra

Sumatra-Tiger
Sumatra

Schabrackentapir
Sumatra

Sumatra-Nashorn
Sumatra




ISBN 3-12-031050-6

Kleinkantschil
Sumatra

Muntjak
Sumatra

Malaienadler
Sumatra

Argusfasan
Sumatra

Bankivahuhn
Sumatra

Doppelhornvogel
Sumatra

Neunfarbenpitta
Sumatra

Bindenwaran
Sumatra

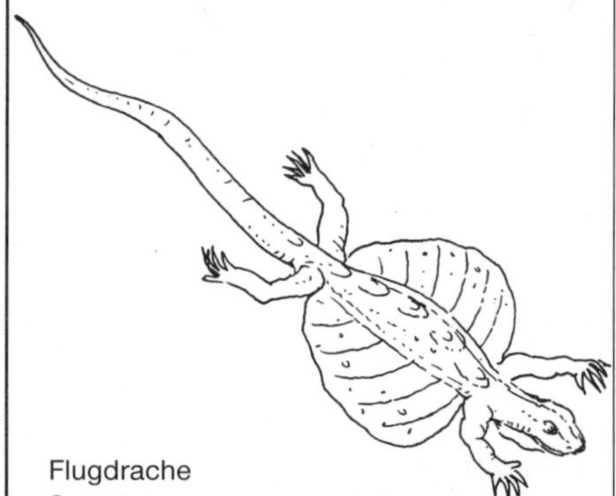
Flugdrache
Sumatra

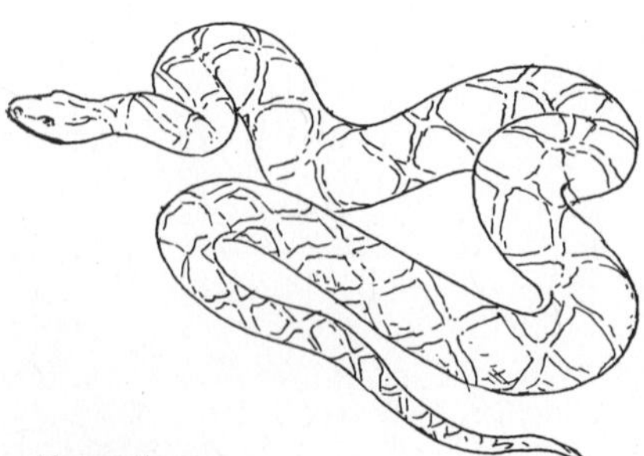
Netzpython
Sumatra

Flugfrosch
Sumatra

Vogelfalter
Sumatra




ISBN 3-12-031050-6

Langschnabeligel
Neuguinea

Tüpfelkuskus
Neuguinea

Baumkänguru
Neuguinea

Urwalddingo
Neuguinea

Kasuar
Neuguinea

Krontaube
Neuguinea

Arakakadu
Neuguinea

Hüttengärtner
Neuguinea

Großer Paradiesvogel
Neuguinea

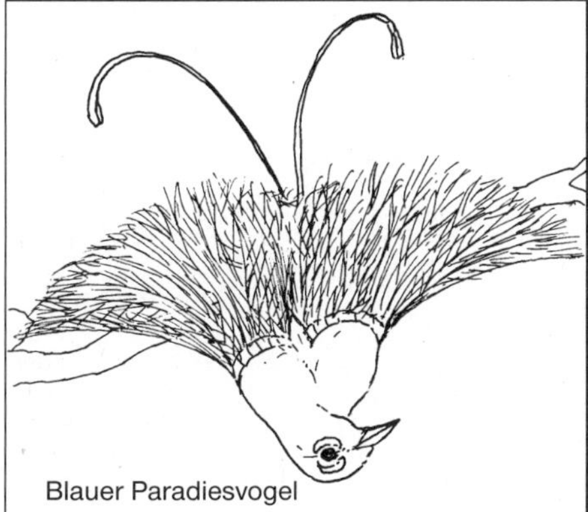
Blauer Paradiesvogel
Neuguinea

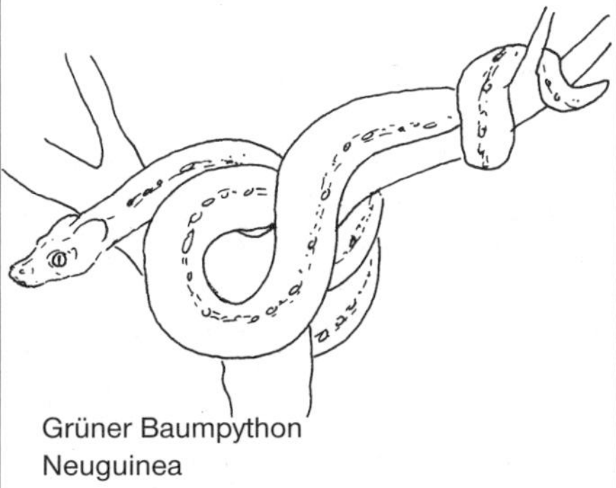
Grüner Baumpython
Neuguinea

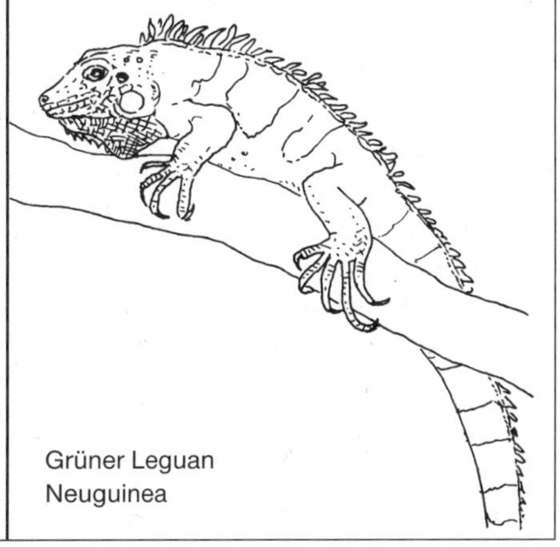
Grüner Leguan
Neuguinea




ISBN 3-12-031050-6

Vieraugenbeutelratte
Amazonas

Roter Brüllaffe
Amazonas

Kapuzineraffe
Amazonas

Nachtaffe
Amazonas

Klammeraffe
Amazonas

Totenkopfäffchen
Amazonas

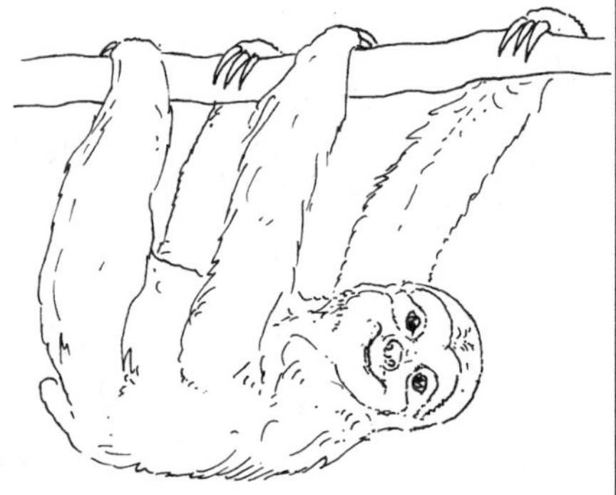
Dreizehenfaultier
Amazonas

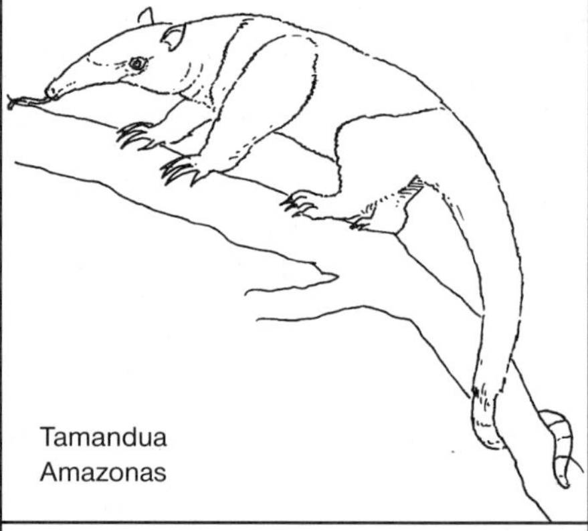
Tamandua
Amazonas

Capybara
Amazonas

Waldhund
Amazonas

Nasenbär
Amazonas

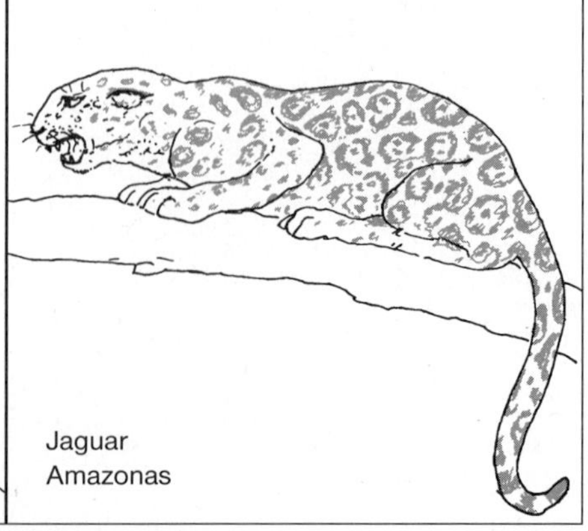
Jaguar
Amazonas



 ISBN 3-12-031050-6

Tapir
Amazonas

Pekari
Amazonas

Roter Sichler
Amazonas

Harpyie
Amazonas

Hokko
Amazonas

Trompetervogel
Amazonas

Amazone
Amazonas

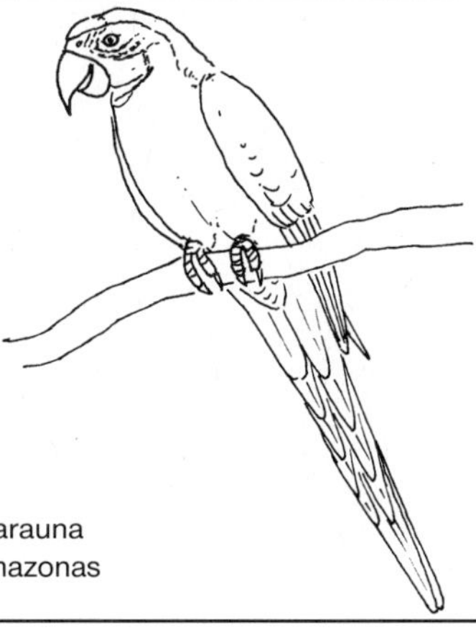
Ararauna
Amazonas

Kolibris
Amazonas

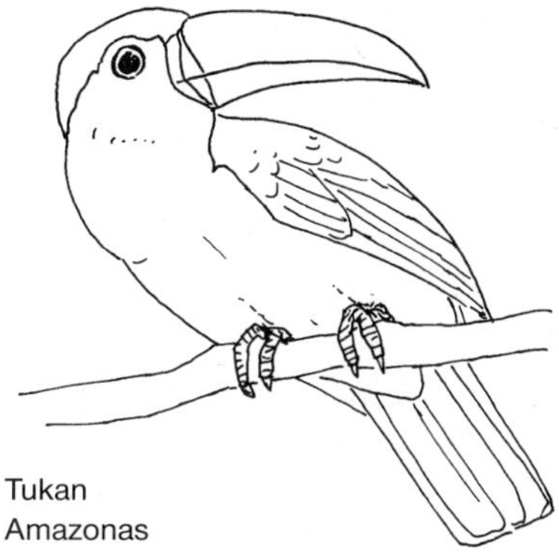
Tukan
Amazonas

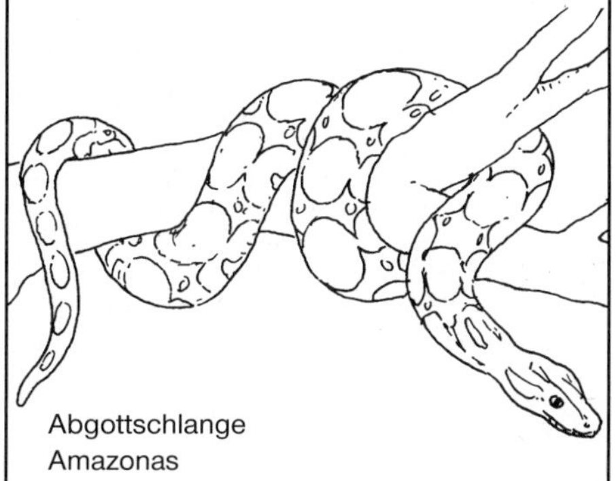
Abgottschlange
Amazonas

Kaiman
Amazonas




ISBN 3-12-031050-6

Potto
Afrika

Zwerggalago
Afrika

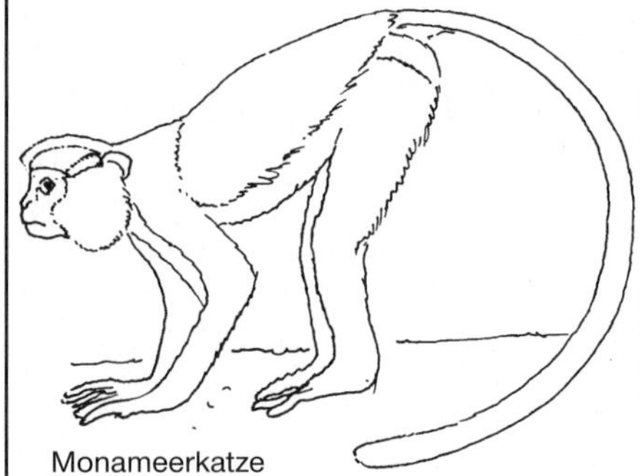
Monameerkatze
Afrika

Guereza
Afrika

Schimpanse
Afrika

Weißbauch-Schuppentier
Afrika

Dornschwanzhörnchen
Afrika

Leopard
Afrika

Baumschliefer
Afrika

Pinselohrschwein
Afrika

Hirschferkel
Afrika

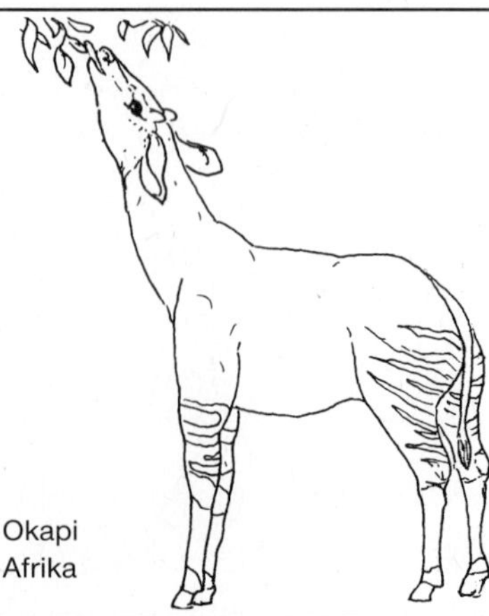
Okapi
Afrika



 ISBN 3-12-031050-6

Gelbrückenducker
Afrika

Kronenadler
Afrika

Kongopfau
Afrika

Graupapagei
Afrika

Riesenturako
Afrika

Palmhornvogel
Afrika

Pitta
Afrika

Nektarvögel
Afrika

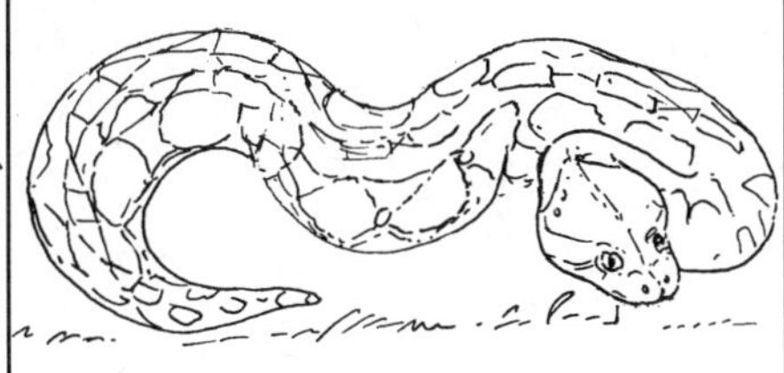
Gabunviper
Afrika

Grünnatter
Afrika

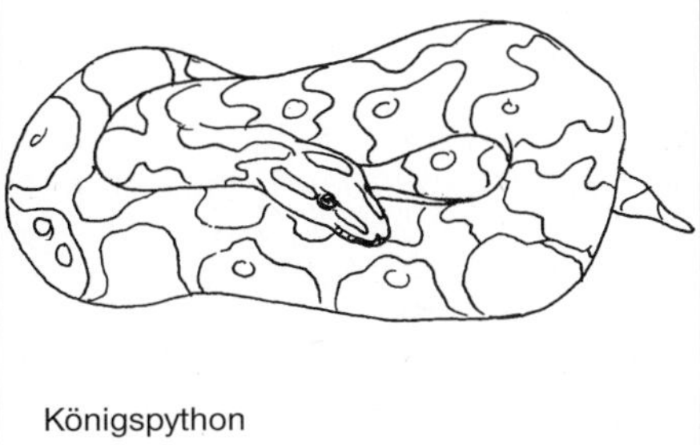
Königspython
Afrika

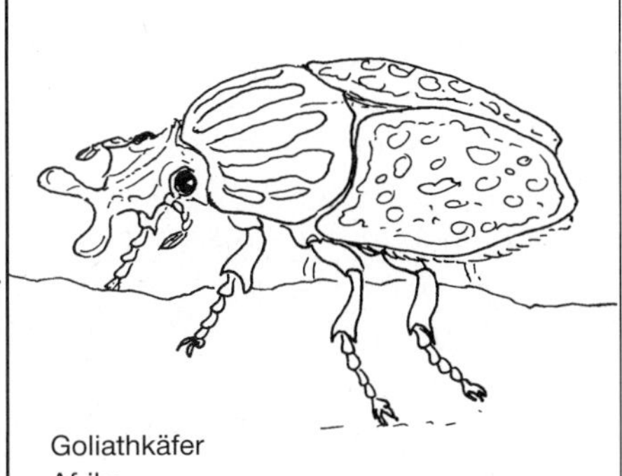
Goliathkäfer
Afrika




ISBN 3-12-031050-6

**Information:**
Faultiere leben heute nur noch in Mittel- und Südamerika. Ihre Verwandten, die Riesenfaultiere, die auf dem Boden lebten, sind in der Eiszeit ausgestorben (Megatherium, elefantengroß). Die heute noch lebenden fünf Arten sind strikte Baumbewohner. Sie gehören zu den Nebengelenktieren (Verwandtschaft zu den Gürteltieren) und gliedern sich in die Dreifinger- und die Zweifingerfaultiere. So hat das Unau zwei Sichelkrallen an den Händen, das Ai hat drei Sichelkrallen vorne. Ais sind extreme Nahrungsspezialisten, Unaus sind nicht so wählerisch in ihrer pflanzlichen Kost. Ais haben neun Halswirbel und ein Stummelschwänzchen. Alle Faultiere besitzen symbiontische Algen in ihrem Fell. Letzteres hat den Fellstrich gegenüber allen anderen Säugern anders herum, d.h., der Haarscheitel ist nicht auf dem Rücken, sondern auf dem Bauch. Ihre Feinde sind große Katzen und der Mensch.

1. Ordne die abgebildeten Faultiere systematisch zu.

*Dreifingerfaultier, Ai* *Zweifingerfaultier, Unau*

2. Welche Vorteile hat die Symbiose der Faultiere?

*Algen leben geschützt in feuchtwarmem Klima, Faultier schimmert grün – Tarnung*

3. Warum sind Faultiere so „faul", bewegen sich also bestenfalls in Zeitlupe?

*Es besteht keine Notwendigkeit für eine schnellere Fortbewegung. Nahrung wächst ihnen ins Maul; Tarnung vor ihren stark optisch orientierten Feinden, Tarnfarbe durch Algen*

4. Warum verläuft der Fellstrich bei Faultieren anders herum?

*Regen und tropfende Nässe laufen bei der ständigen Hangelhaltung besser ab.*

5. Warum haben Ais neun Halswirbel entwickelt?

*Sie können nun, ohne ihre Haltung aufzugeben, den Kopf um 180° drehen und nach vorne schauen.*



 ISBN 3-12-031050-6

**Information:**
Faultiere leben heute nur noch in Mittel- und Südamerika. Ihre Verwandten, die Riesenfaultiere, die auf dem Boden lebten, sind in der Eiszeit ausgestorben (Megatherium, elefantengroß). Die heute noch lebenden fünf Arten sind strikte Baumbewohner. Sie gehören zu den Nebengelenktieren (Verwandtschaft zu den Gürteltieren) und gliedern sich in die Dreifinger- und die Zweifingerfaultiere. So hat das Unau zwei Sichelkrallen an den Händen, das Ai hat drei Sichelkrallen vorne. Ais sind extreme Nahrungsspezialisten, Unaus sind nicht so wählerisch in ihrer pflanzlichen Kost. Ais haben neun Halswirbel und ein Stummelschwänzchen. Alle Faultiere besitzen symbiontische Algen in ihrem Fell. Letzteres hat den Fellstrich gegenüber allen anderen Säugern anders herum, d.h., der Haarscheitel ist nicht auf dem Rücken, sondern auf dem Bauch. Ihre Feinde sind große Katzen und der Mensch.

1. Ordne die abgebildeten Faultiere systematisch zu.

____________________ ____________________

2. Welche Vorteile hat die Symbiose der Faultiere?

3. Warum sind Faultiere so „faul“, bewegen sich also bestenfalls in Zeitlupe?

4. Warum verläuft der Fellstrich bei Faultieren anders herum?

5. Warum haben Ais neun Halswirbel entwickelt?




ISBN 3-12-031050-6

1. Beschrifte den Stockwerkbau des Regenwaldes.

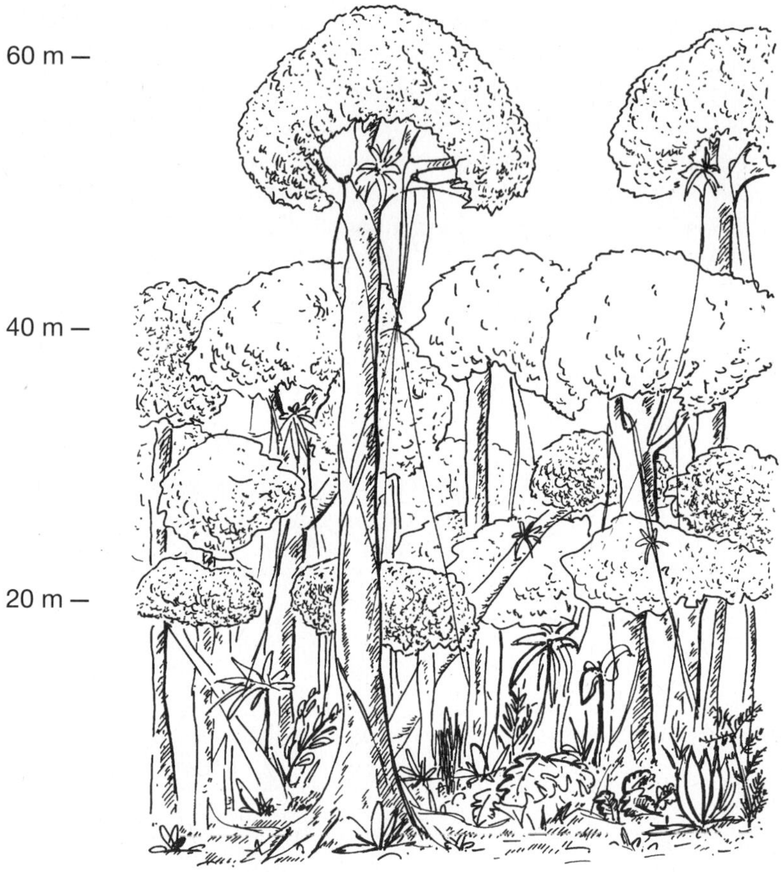


*Kronen der herausragenden Baumriesen*

*Obere Kronenregion*

*Untere Kronenregion*

*Unteres Stockwerk*

*Bodenschicht*

2. Benenne den Aufbau der europäischen Wälder.

   *Baumschicht, Strauchschicht, Kräuter/Gräser, Moose, Wurzelschicht*

3. Aufsitzerpflanzen (Aerophyten) halten sich mit ihren Wurzeln an Baumästen und in Astgabeln fest. Male die Aero- oder Epiphyten in der Regenwaldskizze farbig aus. Bromelien sind auch bei uns als Zimmerpflanzen verbreitet. Worauf muss man bei der Pflege dieser Pflanzen unbedingt achten?

   *Gießwasser muss in die Blattrosette, die Wurzeln haben nur noch Haltefunktion und faulen, wenn die Erde zu nass wird.*

4. Tarzans Lianen sind nur im Film geeignet, um sich von Baum zu Baum zu schwingen. In Wirklichkeit verholzen die bis zu 400 m langen Geschöpfe sehr stark und sind die größte Gefahr für Holzfäller. Alle Lianen wurzeln am Boden, wie erreichen sie das Licht?

   *Rankende Formen erwischen junge Bäume und wachsen mit in die Höhe, schlingende Formen wachsen an den Bäumen empor.*

5. Welche Schlingpflanzen gibt es bei uns? *Bohne, Hopfen*




ISBN 3-12-031050-6

1. Beschrifte den Stockwerkbau des Regenwaldes.

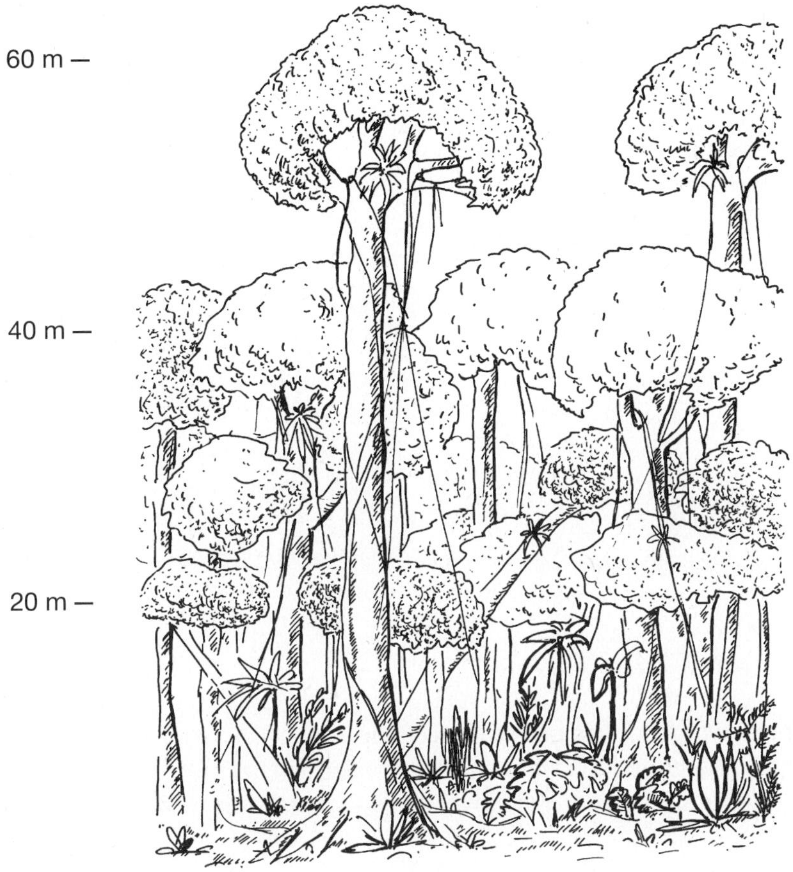


2. Benenne den Aufbau der europäischen Wälder.

3. Aufsitzerpflanzen (Aerophyten) halten sich mit ihren Wurzeln an Baumästen und in Astgabeln fest. Male die Aero- oder Epiphyten in der Regenwaldskizze farbig aus. Bromelien sind auch bei uns als Zimmerpflanzen verbreitet. Worauf muss man bei der Pflege dieser Pflanzen unbedingt achten?

4. Tarzans Lianen sind nur im Film geeignet, um sich von Baum zu Baum zu schwingen. In Wirklichkeit verholzen die bis zu 400 m langen Geschöpfe sehr stark und sind die größte Gefahr für Holzfäller. Alle Lianen wurzeln am Boden, wie erreichen sie das Licht?

5. Welche Schlingpflanzen gibt es bei uns?




ISBN 3-12-031050-6

1. Nimm deinen Atlas zur Hand und zeichne in die Weltkarte die großen Regenwaldgebiete der Welt ein.

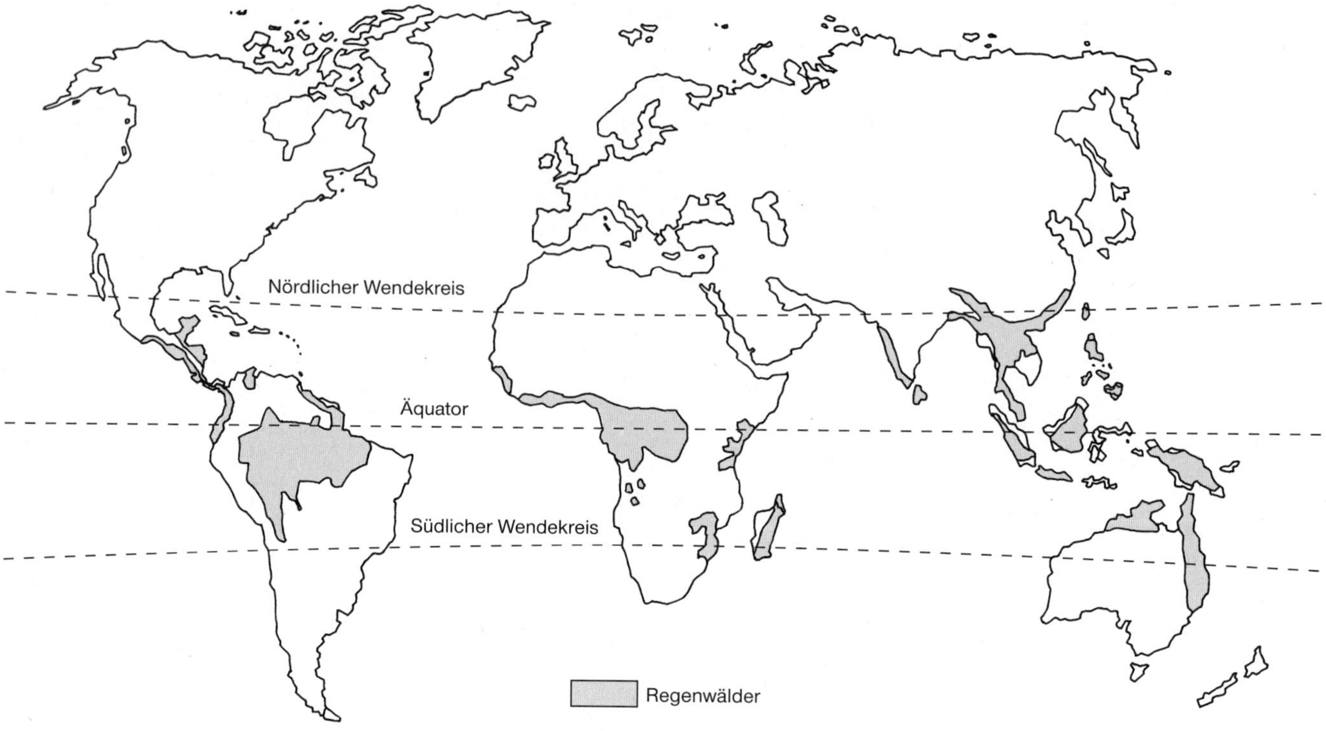


Papier ist geduldig; du solltest dir darüber klar werden, dass bereits weite Teile der von dir eingezeichneten Flächen unwiderruflich zerstört sind. Trotz aller Bemühungen werden auch heute noch in jeder Minute ca. 40 ha. (50 Fußballplätze) Regenwald vernichtet. Über die Hälfte aller Regenwälder liegen im Staatsgebiet von Brasilien, Zaire und Indonesien.

2. Benenne die Hauptexportländer von Tropenholz in Asien und Afrika.

*Malaysia, Philippinen, Indonesien, Papua Neuguinea, Elfenbeinküste, Kamerun, Gabun, Liberia*

3. Der Hauptabnehmer für Tropenholz ist mit einem 50%igen Anteil Japan, demzufolge werden dort Jahr für Jahr rund 15 Mio m$^3$ Holz verarbeitet. Woher bezieht Deutschland sein Tropenholz?

*Kamerun und Elfenbeinküste*

4. Fachleute unterscheiden viele Formen von Regenwald, charakterisiere kurz die drei wesentlichen Typen.

***Tieflandregenwald:** klassischer Regenwald, 26°C, 80% Luftfeuchtigkeit, Niederschläge mind. 1,8 m/Jahr, äquatornah*

***Gebirgsregenwald:** tropische Gebirge 1800 m bis 3500 m, hohe Luftfeuchtigkeit meist als Nebel, nachts wird der Gefrierpunkt erreicht*

***Halbimmergrüner Regenwald:** Jahreszeiten stärker ausgeprägt, Trockenzeit mit teilweisem Laubfall, in der Nähe der Wendekreise*




ISBN 3-12-031050-6

1. Nimm deinen Atlas zur Hand und zeichne in die Weltkarte die großen Regenwaldgebiete der Welt ein.

Papier ist geduldig; du solltest dir darüber klar werden, dass bereits weite Teile der von dir eingezeichneten Flächen unwiderruflich zerstört sind. Trotz aller Bemühungen werden auch heute noch in jeder Minute ca. 40 ha. (50 Fußballplätze) Regenwald vernichtet. Über die Hälfte aller Regenwälder liegen im Staatsgebiet von Brasilien, Zaire und Indonesien.

2. Benenne die Hauptexportländer von Tropenholz in Asien und Afrika.

3. Der Hauptabnehmer für Tropenholz ist mit einem 50%igen Anteil Japan, demzufolge werden dort Jahr für Jahr rund 15 Mio $m^3$ Holz verarbeitet. Woher bezieht Deutschland sein Tropenholz?

4. Fachleute unterscheiden viele Formen von Regenwald, charakterisiere kurz die drei wesentlichen Typen.



 ISBN 3-12-031050-6

1. Beschrifte den Kohlenstoffkreislauf im tropischen Regenwald (A).

A

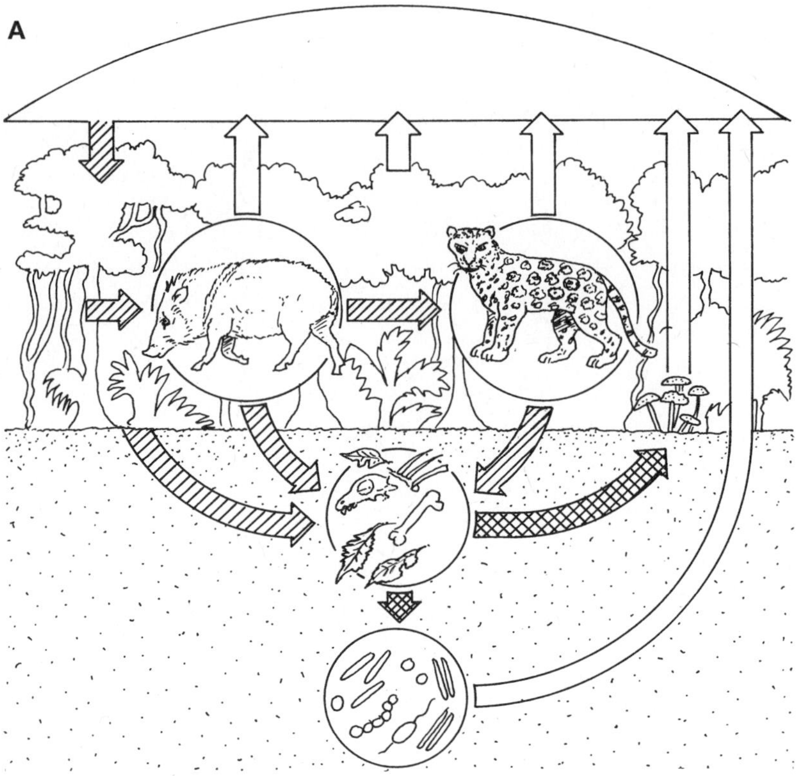

▨ *Bindung des Kohlenstoffs durch Produzenten und Weitergabe organischer Verbindungen an die Konsumenten*

▩ *Teilabbau der organischen Substanz durch Saprophyten*

□ *Vollständiger Abbau der organischen Substanz zu Kohlenstoffdioxid*

2. Betrachte die Skizzen B und C. Kannst du nun erklären, dass abgeholzter Regenwald unwiderruflich verloren ist? Sogenannte Sekundärwälder brauchen mehrere Hundert Jahre zum Aufwuchs und sind sehr artenverschieden und artenarm zum entsprechenden Primärwald.

*Rund 90% der Nährstoffvorräte stecken beim Regenwald in der lebenden Biomasse. Es gibt kaum Humus und die Erde ist nährstoffarm. In unseren Wäldern wird durch die Winterkälte nur ein Teil der Substanz umgebaut. Es gibt Laubstreu, viel Humus und viele Nährstoffe im Boden.*

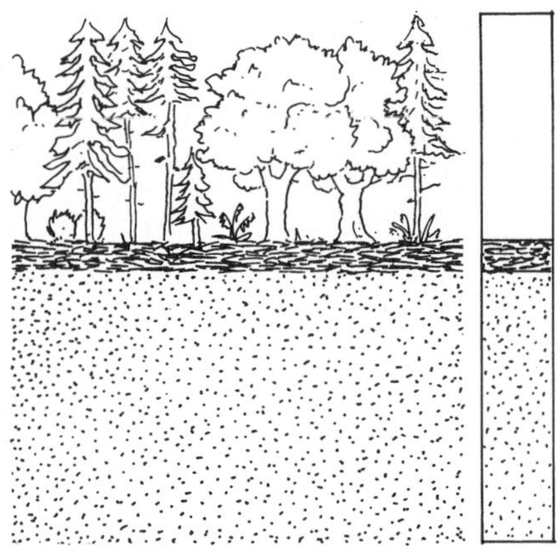

B

3. Erkläre, was nach dem Abholzen von Regenwald geschieht.

*Die Biomasse fehlt und kann nicht mehr rund 75% der Niederschläge verdunsten, der freie Boden kann die Wassermassen nicht aufnehmen: Die dünne Nährstoffschicht wird weggespült (erodiert), Versteppung droht.*

C






ISBN 3-12-031050-6

1. Beschrifte den Kohlenstoffkreislauf im tropischen Regenwald (A).

A

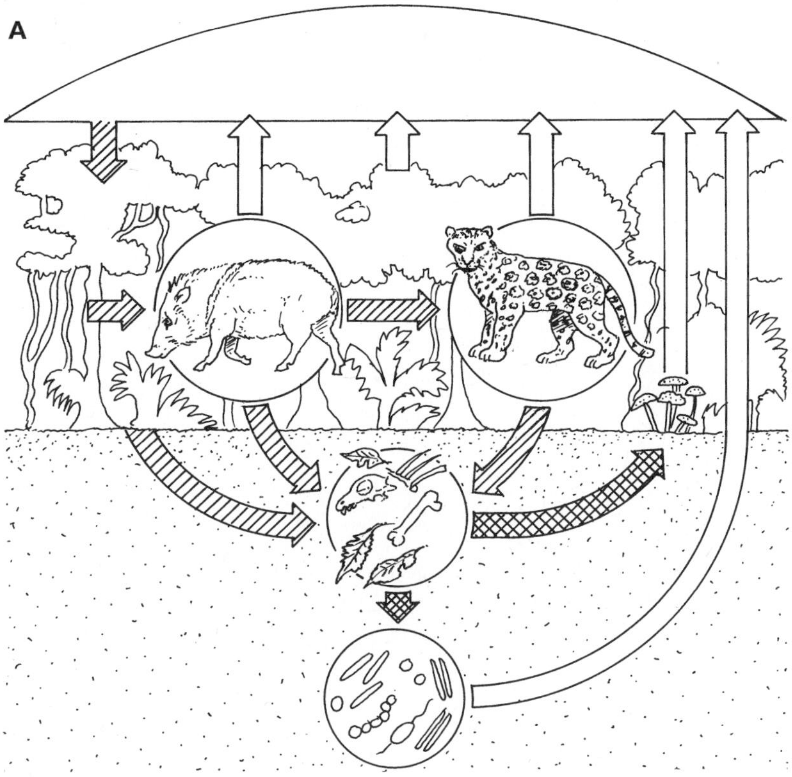

2. Betrachte die Skizzen B und C. Kannst du nun erklären, dass abgeholzter Regenwald unwiderruflich verloren ist? Sogenannte Sekundärwälder brauchen mehrere Hundert Jahre zum Aufwuchs und sind sehr artenverschieden und artenarm zum entsprechenden Primärwald.

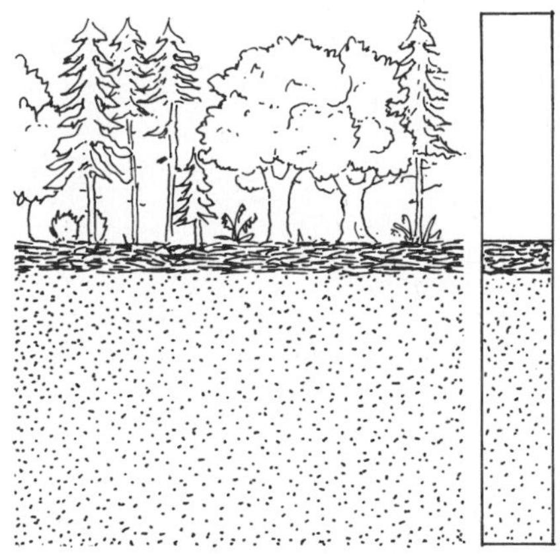

B

3. Erkläre, was nach dem Abholzen von Regenwald geschieht.

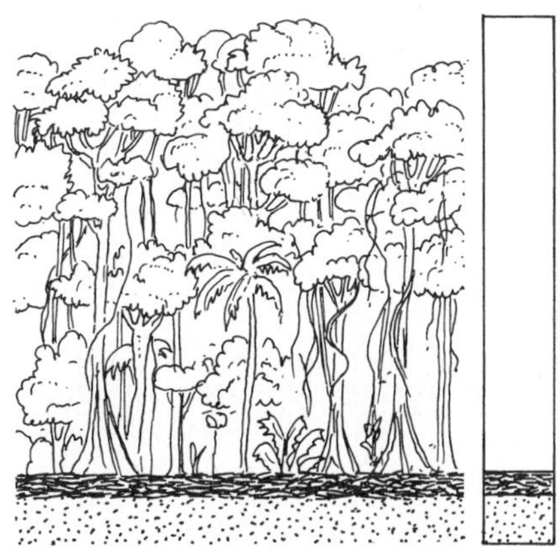

C

ISBN 3-12-031050-6

1. Welche Probleme müssen Mangrovenpflanzen bewältigen?

*Schwankender Salzgehalt, Überflutung (Sauerstoffproblem), Standsicherheit, Blitzbewurzelung und Verankerung der Keimlinge, Strömungen*

2. Beschrifte die Abbildung.

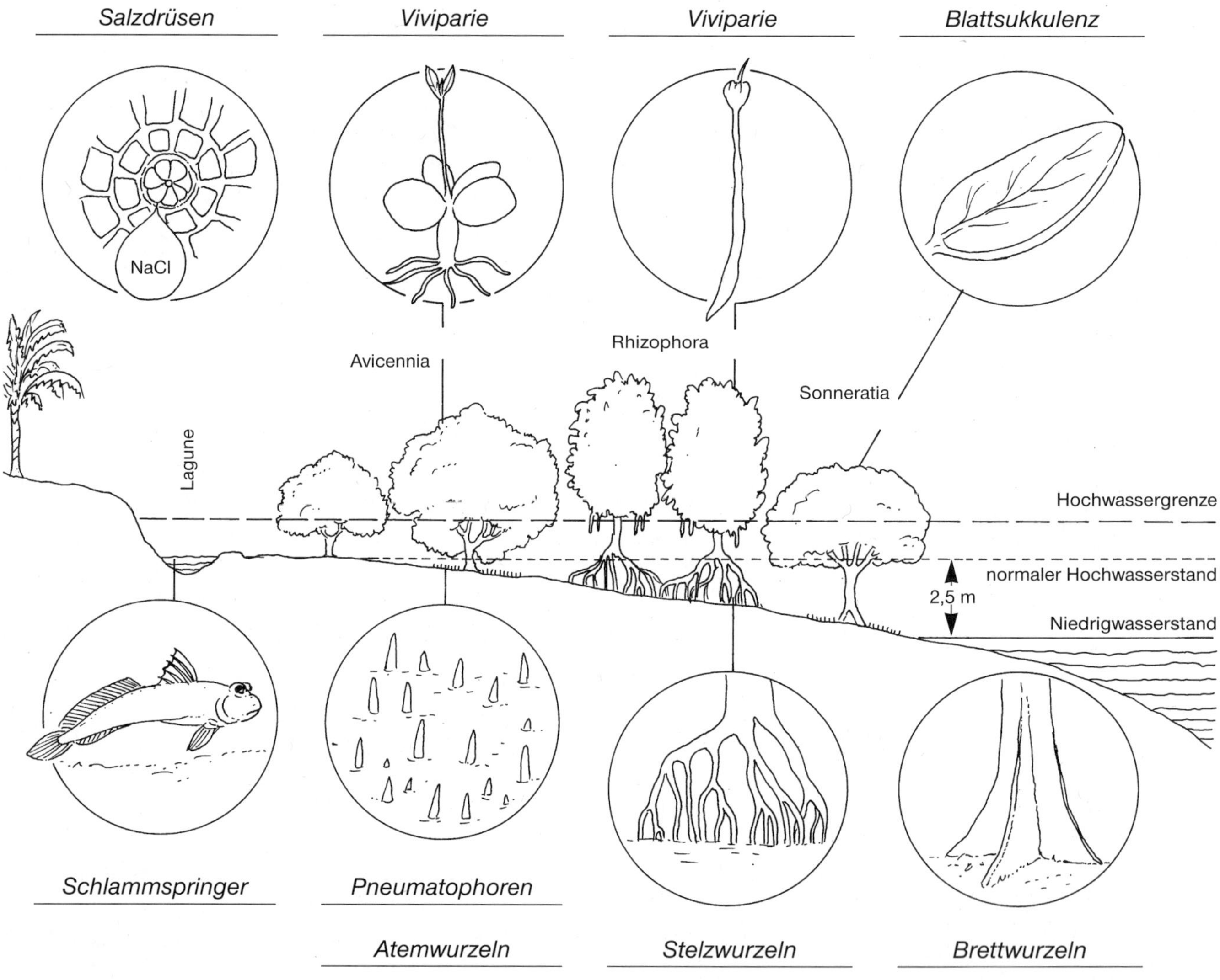


3. Als man an den Küsten Australiens große Teile der Mangroven abholzte für Siedlungsflächen, Yachthäfen, Holzkohle und Bauholz (resistent gegen Termiten und den Schiffsbohrwurm), gingen die Erträge der Krabben- und Fischfänger drastisch zurück. Versuche, einen Zusammenhang zwischen den Ereignissen zu finden.

*Die Mangroven sind Nahrungsquelle, Brutrevier, Versteck und damit Lebensraum für zahlreiche Lebewesen, insbesondere Krebse und viele Fischarten.*




ISBN 3-12-031050-6

1. Welche Probleme müssen Mangrovenpflanzen bewältigen?

______________________________________________

______________________________________________

2. Beschrifte die Abbildung.

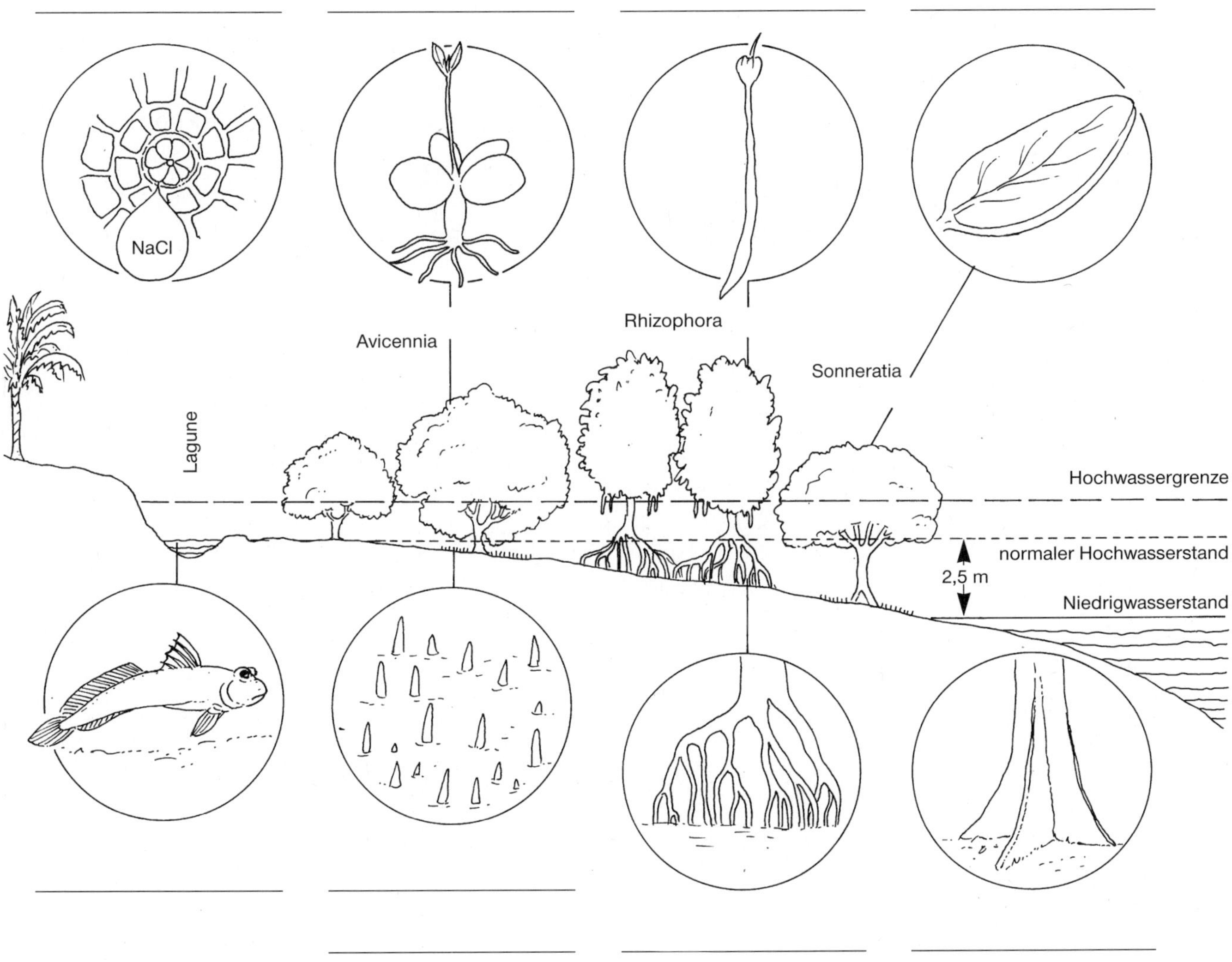


3. Als man an den Küsten Australiens große Teile der Mangroven abholzte für Siedlungsflächen, Yachthäfen, Holzkohle und Bauholz (resistent gegen Termiten und den Schiffsbohrwurm), gingen die Erträge der Krabben- und Fischfänger drastisch zurück. Versuche, einen Zusammenhang zwischen den Ereignissen zu finden.

______________________________________________

______________________________________________




ISBN 3-12-031050-6

1. Zum Schutz einer typischen Kulturpflanze wie dem Kohl stehen zahlreiche Schädlingsbekämpfungsmaßnahmen mit mehr oder weniger großer Erfolgsaussicht zur Verfügung.
Ordne die folgenden Begriffe unter die vorgegebenen Kategorien ein:
Förderung von Nützlingen, Insektizide, Netze, Absammeln, Sortenwahl, Herbizide, Fungizide, Selbstvernichtungsverfahren, Fruchtfolge, Bodenpflege, Warntöne, Fallen, Mikrobiologische Verfahren, Düngung, Biotechnische Verfahren, Leimringe, Standortwahl.

**Physikalische Verfahren**

*Fallen*

*Warntöne*

*Absammeln*

*Leimringe*

*Netze*

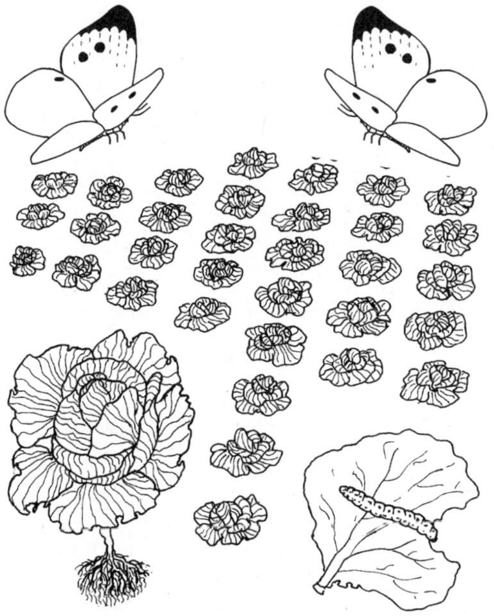

**Kulturtechnische Verfahren**

*Bodenpflege*

*Düngung*

*Standortwahl*

*Sortenwahl*

*Fruchtfolge*

**Chemische Verfahren**

*Herbizide*

*Fungizide*

*Insektizide*

**Biologische Verfahren**

*Förderung von Nützlingen*

*Selbstvernichtungsverfahren*

*Mikrobiologische Verfahren*

*Biotechnische Verfahren*

2. Überlege, welche Verfahren im Hausgarten einfach anwendbar sind.

*Kulturtechnische und einige physikalische Verfahren, aber auch biotechnische Verfahren und die Förderung von Nützlingen.*

3. Bei den biotechnischen Verfahren kennt man die Wirkung von „Repellentien" und „Attraktantien", informiere dich darüber.

*Repellentien: Abschreckmittel, z. B. Geruch, Geschmack, Aussehen, Lärm*

*Attraktantien: Lockstoffe, z. B. Farben, chemische Stoffe (Pheromone)*




ISBN 3-12-031050-6

1. Zum Schutz einer typischen Kulturpflanze wie dem Kohl stehen zahlreiche Schädlingsbekämpfungsmaßnahmen mit mehr oder weniger großer Erfolgsaussicht zur Verfügung.
Ordne die folgenden Begriffe unter die vorgegebenen Kategorien ein:
Förderung von Nützlingen, Insektizide, Netze, Absammeln, Sortenwahl, Herbizide, Fungizide, Selbstvernichtungsverfahren, Fruchtfolge, Bodenpflege, Warntöne, Fallen, Mikrobiologische Verfahren, Düngung, Biotechnische Verfahren, Leimringe, Standortwahl.

**Physikalische Verfahren**

**Kulturtechnische Verfahren**

**Chemische Verfahren**

**Biologische Verfahren**

2. Überlege, welche Verfahren im Hausgarten einfach anwendbar sind.

3. Bei den biotechnischen Verfahren kennt man die Wirkung von „Repellentien“ und „Attraktantien“, informiere dich darüber.



ISBN 3-12-031050-6

Entwicklung des Kohlweißlings im Verlauf eines Jahres

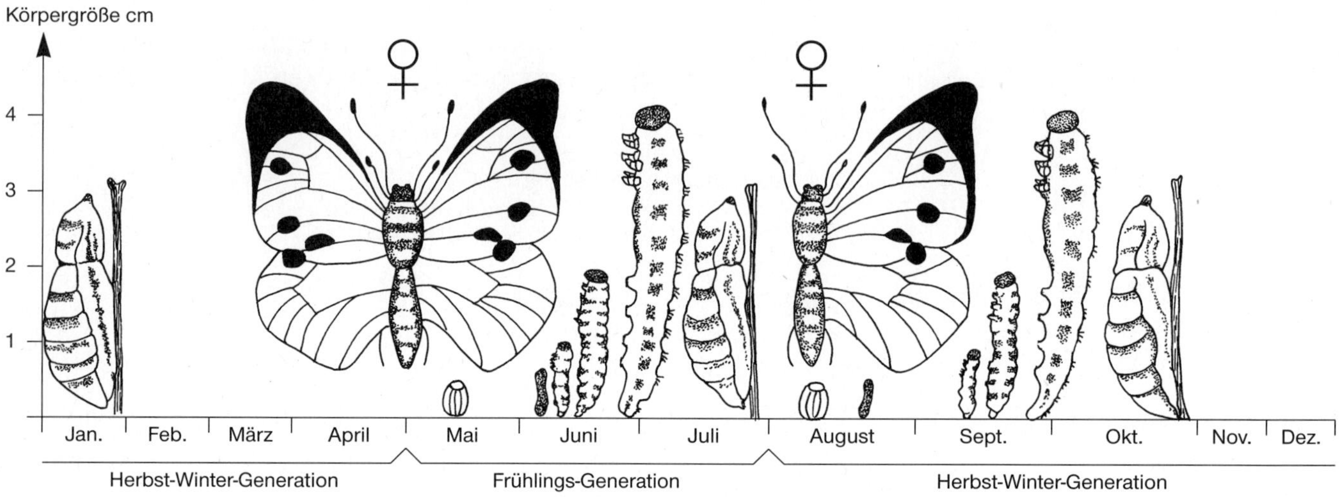


1. Gib an, welche Schädlingsbekämpfungsverfahren in welchem Zeitraum geeignet sind.

*Die Frühlingsgeneration spielt nur eine untergeordnete Rolle, zumal die Eier auf wildwachsenden Kreuzblütlern wie Wiesenschaumkraut und Ackersenf abgelegt werden. Mischkultur mit Tomaten schützt vor dem Anflug der Weibchen; Nachführung der Kohlraupen-Schlupfwespe, sie parasitiert die Jungraupen, ihre Larven fressen die Raupen von innen auf; Spritzen mit Bacillus thuringiensis, die Darmwände der Raupen lösen sich auf; alle Methoden haben keine weitere bekannte Nebenwirkung.*

2. Benenne die Organe der Raupe.

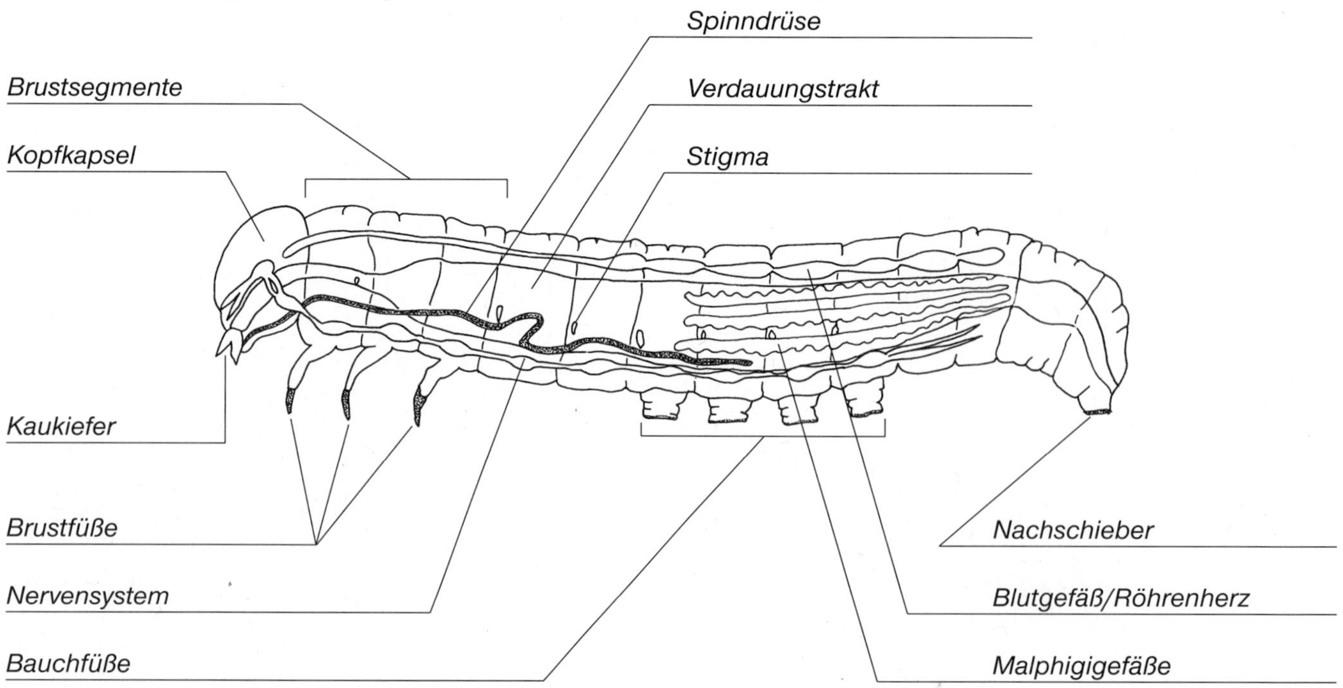





ISBN 3-12-031050-6

Entwicklung des Kohlweißlings im Verlauf eines Jahres

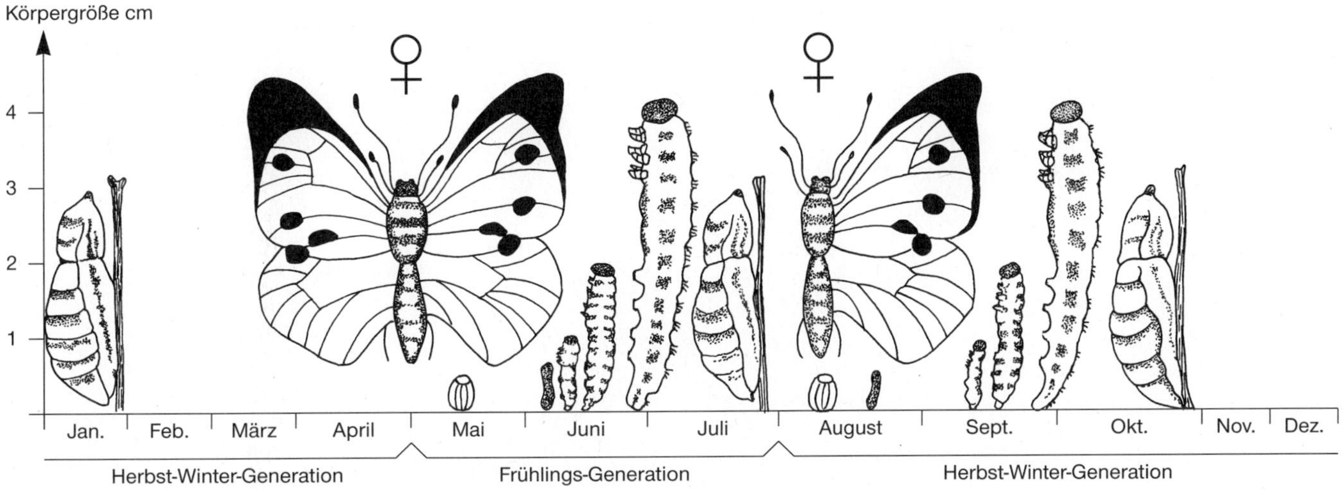


1. Gib an, welche Schädlingsbekämpfungsverfahren in welchem Zeitraum geeignet sind.

2. Benenne die Organe der Raupe.

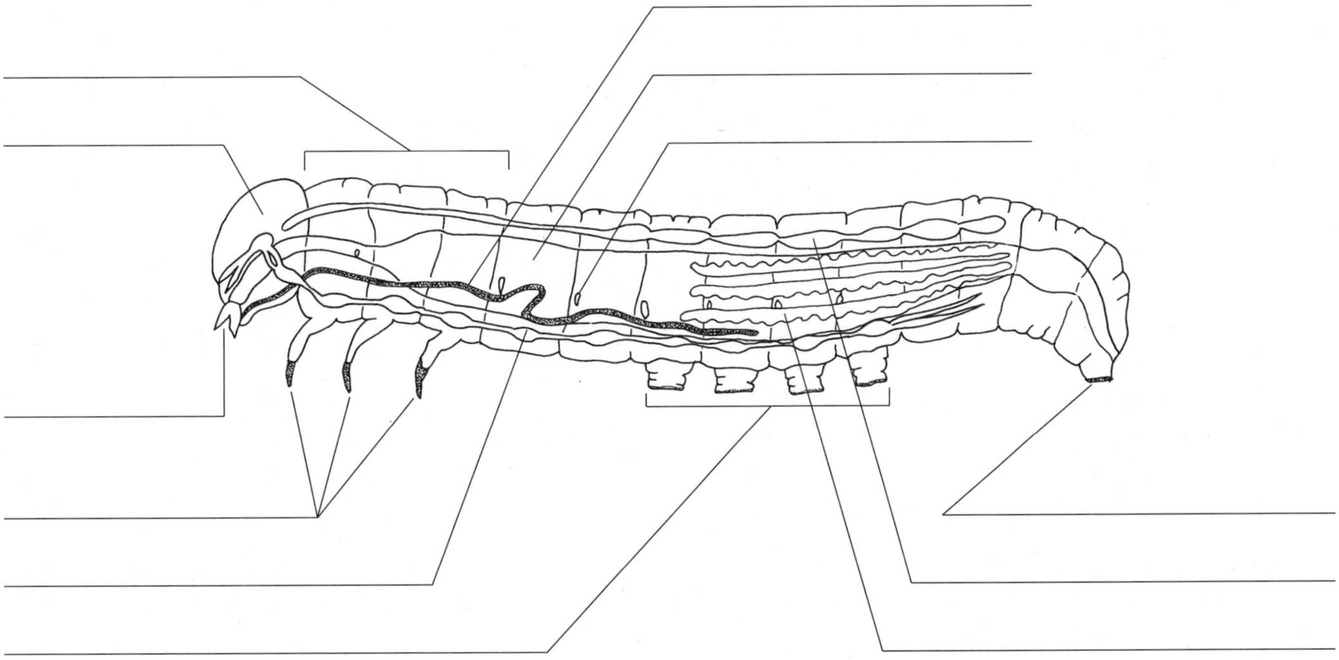




ISBN 3-12-031050-6

1. Nenne einige Vogel-Beispiele.
   Neuntöter, Rotkopfwürger, Wiedehopf, Raubwürger, Steinkauz, Buntspecht, Grünspecht, Wendehals, Kleiber und Meisen.

2. Musterlösung
   Zehrwespe *(Prospaltella perniciosis)* - Blaumeise *(Parus caeruleus)* - Apfelwickler *(Carpocapsa pomonella)* - Apfelblütenstecher *(Anthonomus pomorum)* - San-José-Schildlaus *(Quadraspidiotus perniciosus)* - Biene *(Apis spec.)* - Wespe *(Vespa germanica)* - Nistkasten - Apfelbaum

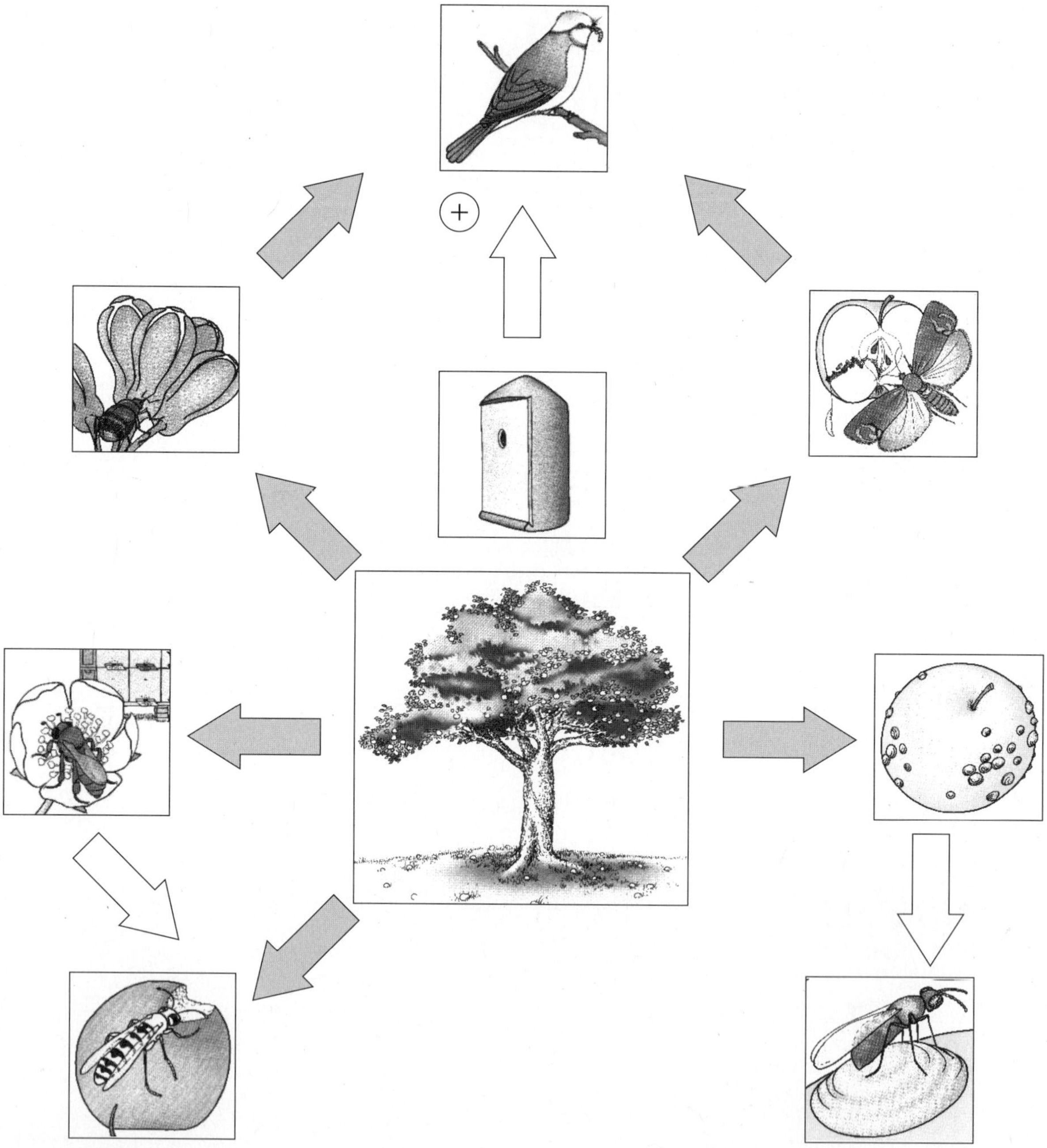


Es bietet sich an, praktische Untersuchungen über die Jahreszeiten am Apfelbaum durchzuführen. Sicher können auch die Auswirkungen verschiedener Schädlingsbekämpfungen diskutiert und Strategien entwickelt werden zur Förderung einer gewissen Komplexität des Lebensraums „Apfelbaum".




ISBN 3-12-031050-6

1. Streuobstwiesen mit ihren hochstämmigen Apfel- und Birnbäumen sind selbst in den Randlagen der Ortschaften selten geworden. Obstplantagen mit niedrigen, stark beschnittenen und meist gespritzten Baumsorten haben ihren Platz eingenommen, z.T. selbst im Hausgarten. Die alten Hochstammformen der Streuobstwiesen waren Lebensraum für viele Vögel, die heute z.T. in den „Roten Listen" stehen.
   Nenne einige Vogel-Beispiele.

   ______________________________________________

   ______________________________________________

2. Da du kaum Gelegenheit haben wirst, den Lebensraum „Apfelbaum" auf einer Streuobstwiese zu untersuchen, sind im Folgenden die Organismen dargestellt, die du gegebenenfalls an einem Apfelbaum im Hausgarten oder auf dem Schulgelände wiederfinden und untersuchen kannst.
   Schneide die Teile aus, und klebe sie in deinem Heft zu einem Schema der Beziehungen zusammen und beschrifte die „Teilnehmer" dieser Lebensgemeinschaft.

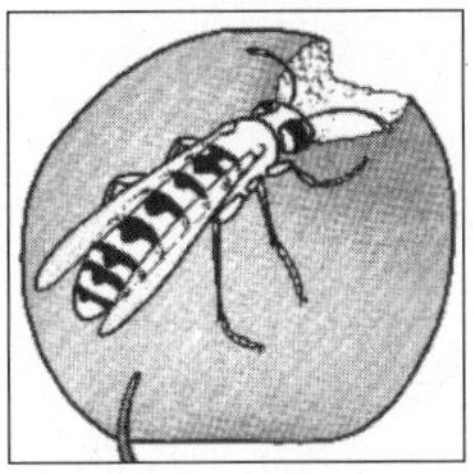
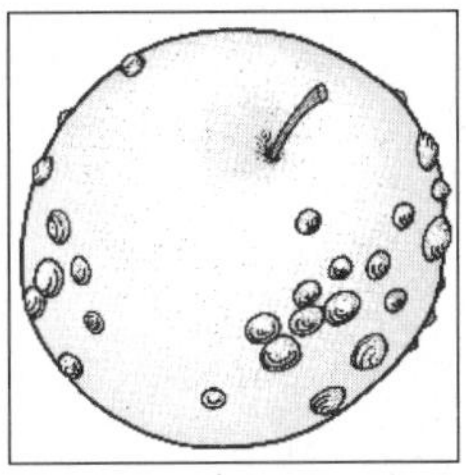

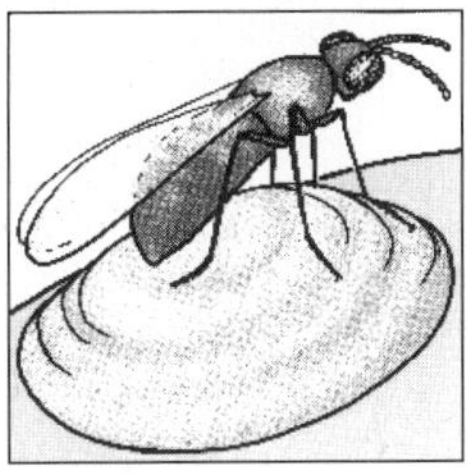
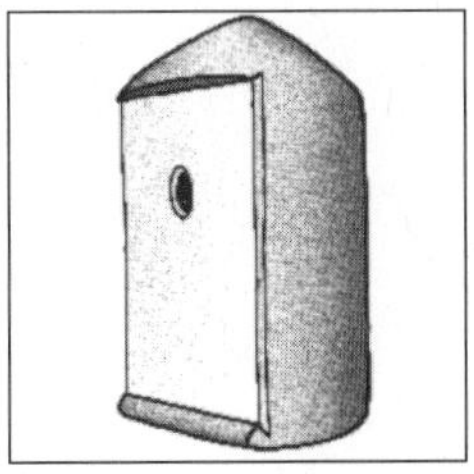

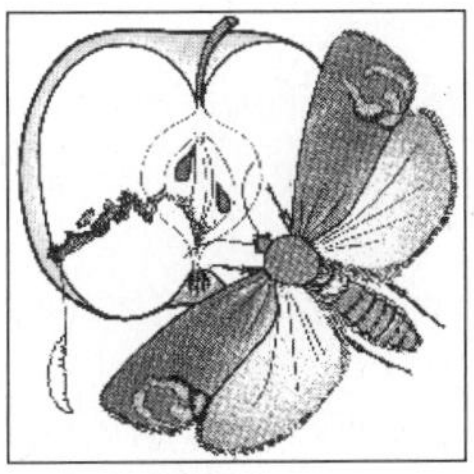



 ISBN 3-12-031050-6

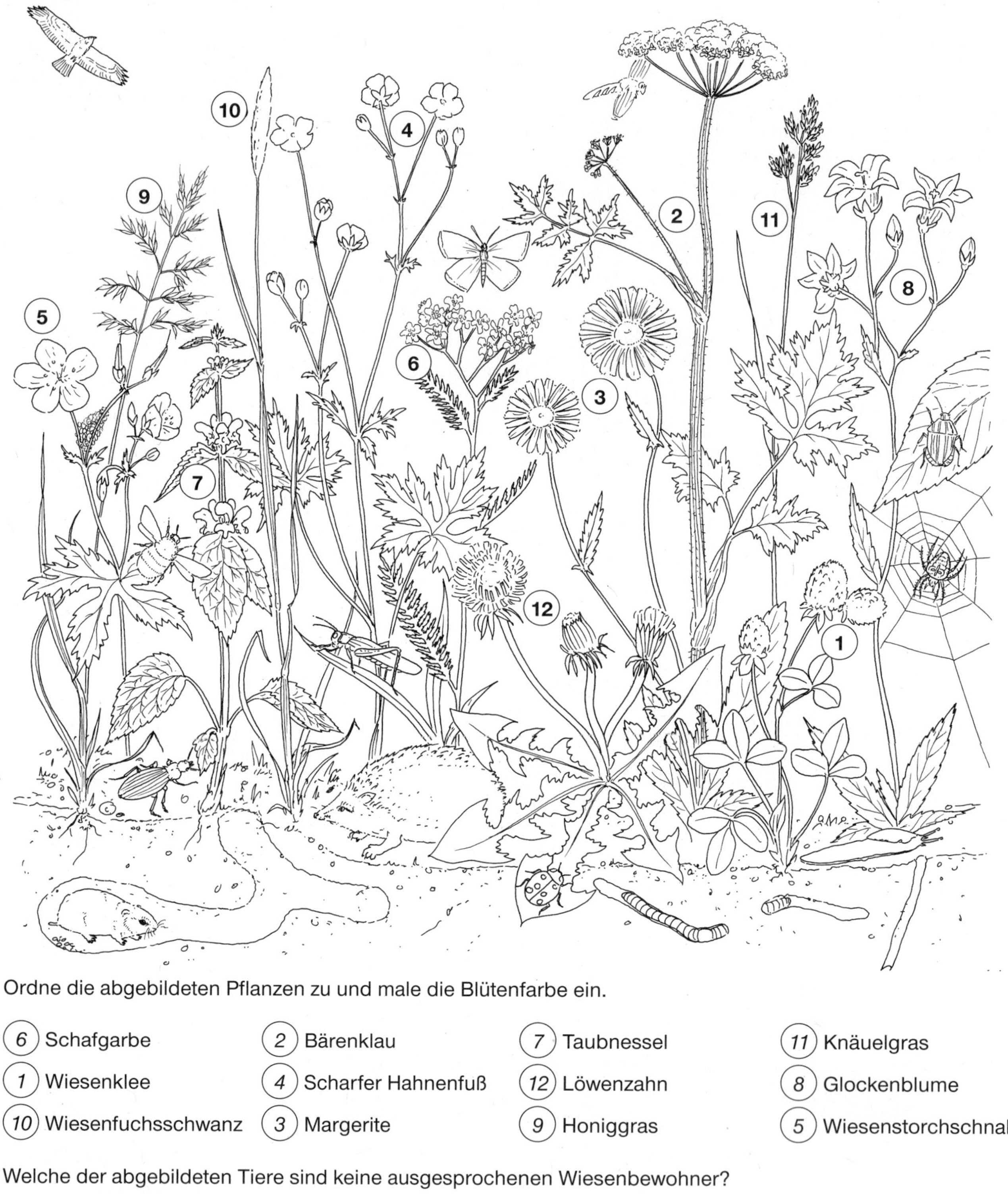


1. Ordne die abgebildeten Pflanzen zu und male die Blütenfarbe ein.

| | | | |
|---|---|---|---|
| (*6*) Schafgarbe | (*2*) Bärenklau | (*7*) Taubnessel | (*11*) Knäuelgras |
| (*1*) Wiesenklee | (*4*) Scharfer Hahnenfuß | (*12*) Löwenzahn | (*8*) Glockenblume |
| (*10*) Wiesenfuchsschwanz | (*3*) Margerite | (*9*) Honiggras | (*5*) Wiesenstorchschnabel |

2. Welche der abgebildeten Tiere sind keine ausgesprochenen Wiesenbewohner?

*Mäusebussard, Igel*

3. Ab Mitte Mai kann man an Wiesenpflanzen Schaumgebilde wie Spucke beobachten (in der Abb. am Wiesenstorchschnabel). Informiere dich über dieses auch als „Kuckucksspeichel“ bezeichnete Phänomen.

*Es sind die Kinderstuben der Schaumzikaden. Ihre Larven sind in dem Schaum gut vor Fressfeinden und Austrocknung geschützt.*



 ISBN 3-12-031050-6

1. Ordne die abgebildeten Pflanzen zu und male die Blütenfarbe ein.

| | | | |
|---|---|---|---|
| ◯ Schafgarbe | ◯ Bärenklau | ◯ Taubnessel | ◯ Knäuelgras |
| ◯ Wiesenklee | ◯ Scharfer Hahnenfuß | ◯ Löwenzahn | ◯ Glockenblume |
| ◯ Wiesenfuchsschwanz | ◯ Margerite | ◯ Honiggras | ◯ Wiesenstorchschnabel |

2. Welche der abgebildeten Tiere sind keine ausgesprochenen Wiesenbewohner?

______________________________________________

3. Ab Mitte Mai kann man an Wiesenpflanzen Schaumgebilde wie Spucke beobachten (in der Abb. am Wiesenstorchschnabel). Informiere dich über dieses auch als „Kuckucksspeichel" bezeichnete Phänomen.

______________________________________________

______________________________________________

______________________________________________




ISBN 3-12-031050-6

**Musterlösungen:**

Schneide jeweils die Teile der oberen bzw. unteren Arbeitsblatthälfte aus und montiere sie in deinem Heft unter den Überschriften:

1. Vergleich der Artenvielfalt von Rasen und Wiese

**Wir vergleichen:**

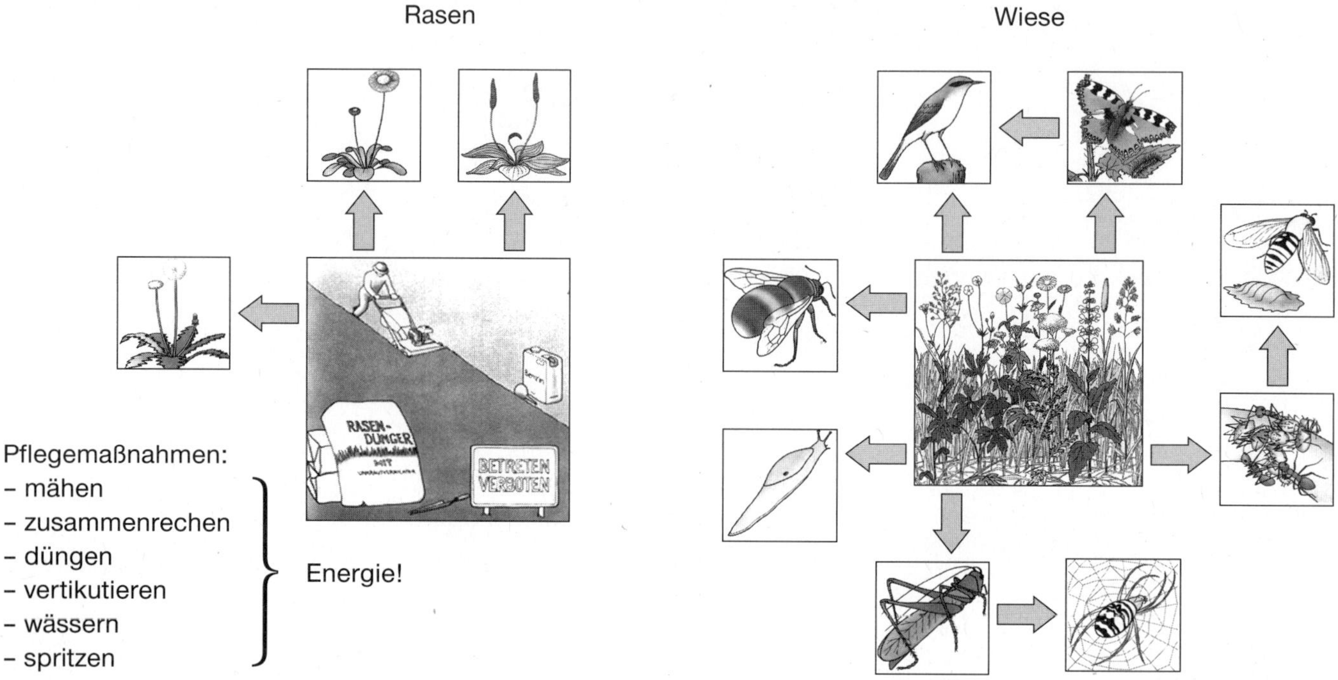


2. Vergleich von Tümpel und Hecke als Lebensraum für Tiere

**Tümpel und Hecke als Lebensraum**

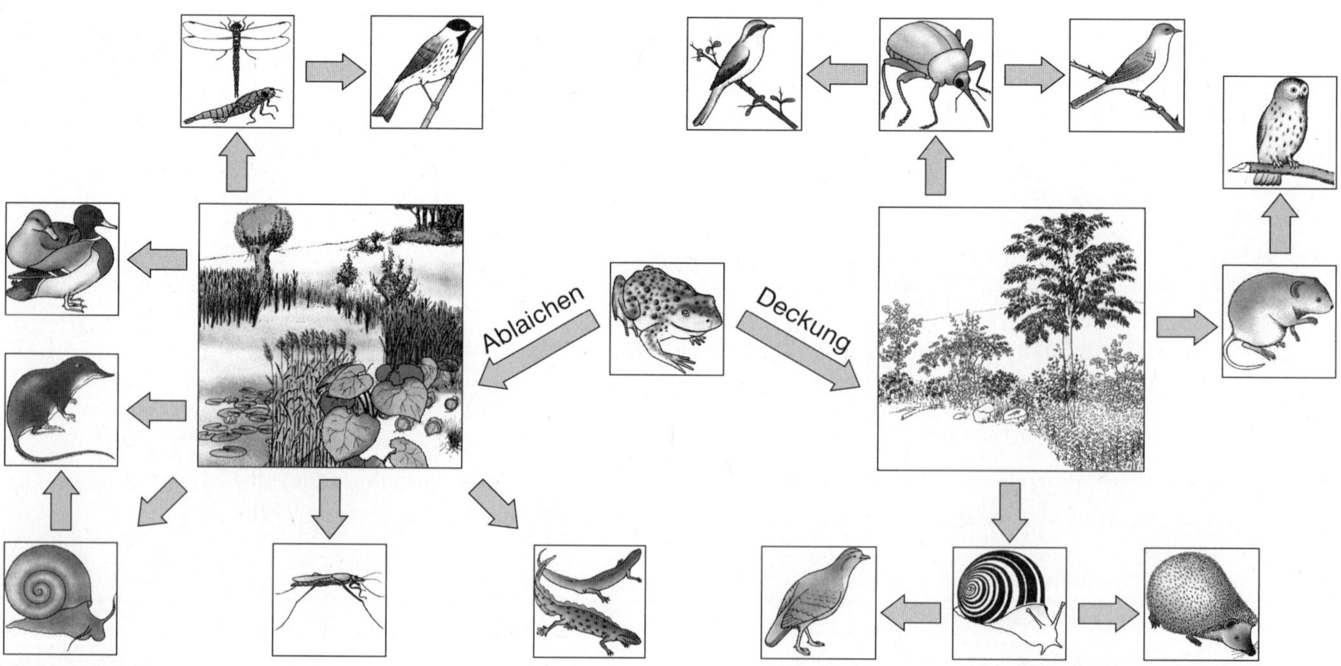





ISBN 3-12-031050-6

Schneide jeweils die Teile der oberen bzw. unteren Arbeitsblatthälfte aus und montiere sie in deinem Heft unter den Überschriften:

1. Vergleich der Artenvielfalt von Rasen und Wiese

2. Vergleich von Tümpel und Hecke als Lebensraum für Tiere

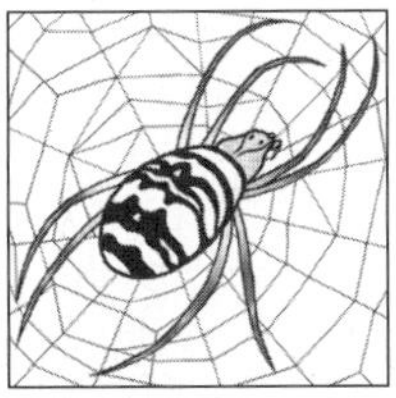

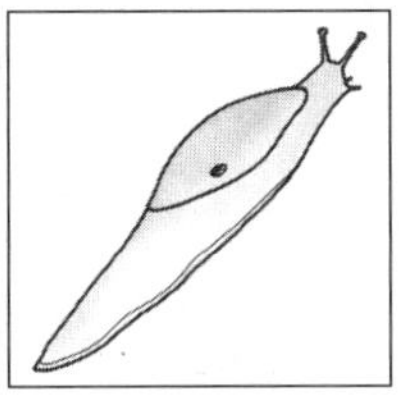

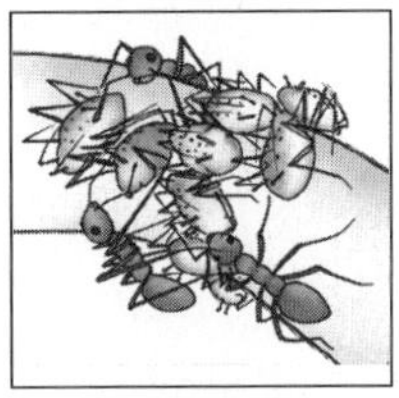

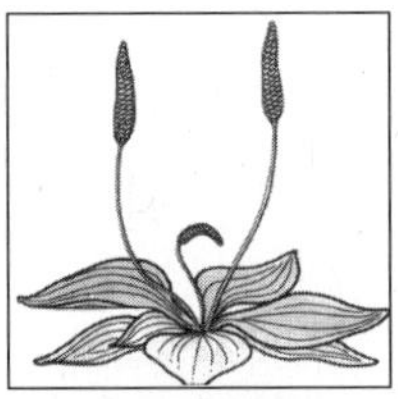

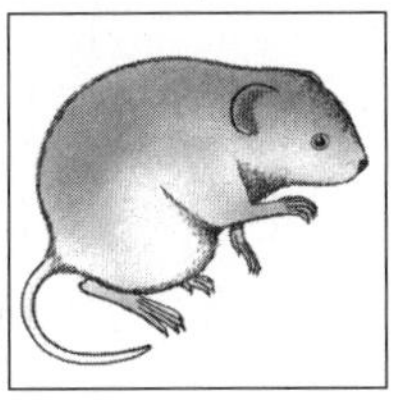

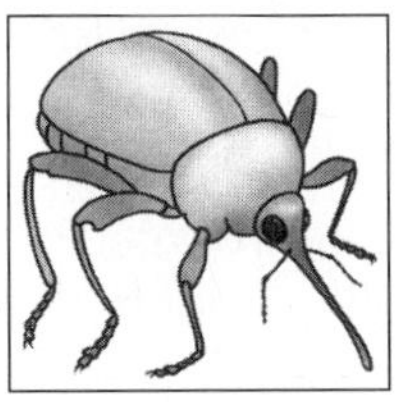
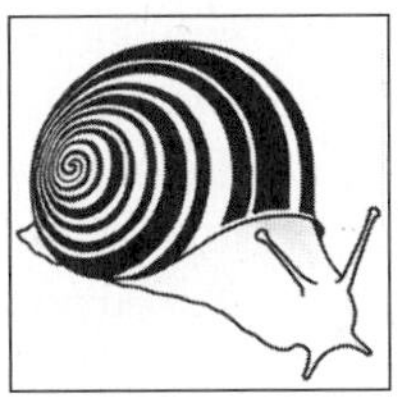
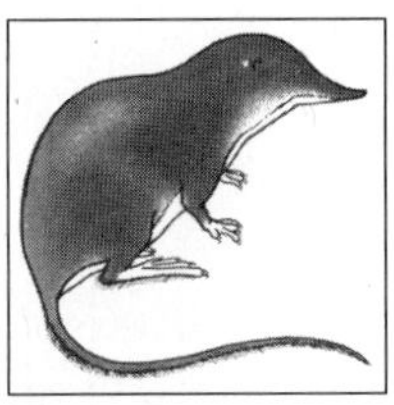

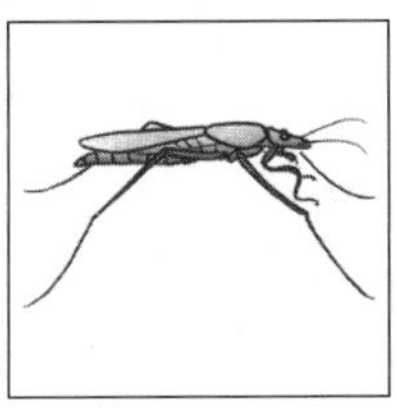
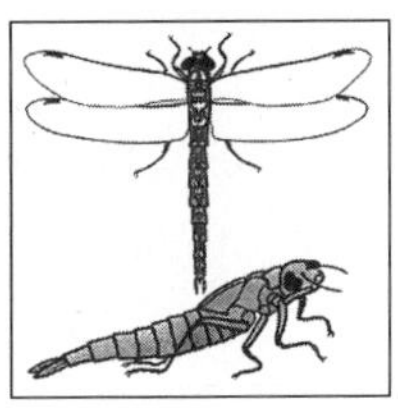




ISBN 3-12-031050-6

# Steckbrief

Gesucht werden wegen ihrer Gefährdung und damit schon Seltenheit die folgenden Pflanzen. Vor dem direkten Umgang mit ihnen wird allerdings dringend gewarnt. Viele von ihnen sind giftig (☠), fast alle stehen unter ganzjährigem Naturschutz (N) und bei allen wäre Sammeln, Zerstören, Pflücken oder Ausgraben zum z.B. Herbarisieren oder „in den Garten pflanzen" schwerer und strafbarer Frevel. Für eine erfolgreiche Suche müssen die Steckbriefe noch vervollständigt werden. Dein Biologiebuch oder Bestimmungsbücher helfen dir sicher weiter.

| | |
|---|---|
| Name | Kornrade, KornRade, Rade; Agrostemma githago L. |
| Familie | *Nelkengewächse, Caryophyllaceae* |
| Ansprüche | trocken, leicht sauer, lehmig-sandig, warme Lagen |
| Standort | *Acker, in Roggen und Gerste* |
| Biologie | 50 bis 100 cm, Bestäuber: Bienen und Schmetterlinge, winterannuell, Organe und Samen mit Saponinen |
| Besonderheiten | *Organe und Samen mit Saponinen ☠, früher häufig Vergiftungen durch Kornradesamen im Getreide* |
| Gefährdung | Herbizide, modernste Saatgutreinigung, Tiefpflügen bis zum äußersten Ackerrand, sehr selten |
| Hilfe | nur durch Ackerreservate, traditioneller Anbau ohne Herbizide, Ackerrandstreifenprogramme (NRW) |

| | |
|---|---|
| Name | Feld- oder Acker-Rittersporn, Consolida regalis L. |
| Familie | *Hahnenfußgewächse, Ranunculaceae* |
| Ansprüche | *kalk- und wärmeliebend, tiefe und warme Lagen* |
| Standort | Acker, in Wintergetreide |
| Biologie | *20 bis 50 cm, Bestäuber: Hummeln und Schmetterlinge, winter- oder sommerannuell* |
| Besonderheiten | schwach giftig, früher Heilpflanze (☠) |
| Gefährdung | Herbizide, modernste Saatgutreinigung, Tiefpflügen bis zum äußersten Ackerrand, zurückgehend |
| Hilfe | nur durch Ackerreservate, traditioneller Anbau ohne Herbizide, Ackerrandstreifenprogramme (NRW) |

| | |
|---|---|
| Name | Sommer-Adonisröschen, Adonis aestivalis L. |
| Familie | Hahnenfußgewächse, Ranunculaceae |
| Ansprüche | trockene bis steinige Kalkäcker, sommerwarme Lagen |
| Standort | Acker, in Wintergetreide |
| Biologie | 20 bis 60 cm, Bestäuber: Bienen, winter- und sommerannuell, oft mit Rittersporn vergesellschaftet |
| Besonderheiten | *mit Herzglykosiden ☠, selten blassgelb* |
| Gefährdung | Herbizide, Saatgutreinigung, Randpflügung – vielerorts bereits ausgestorben |
| Hilfe | *Ackerreservate, Freilichtmuseen als Refugien* |




ISBN 3-12-031050-6

# Steckbrief

Gesucht werden wegen ihrer Gefährdung und damit schon Seltenheit die folgenden Pflanzen. Vor dem direkten Umgang mit ihnen wird allerdings dringend gewarnt. Viele von ihnen sind giftig (☠), fast alle stehen unter ganzjährigem Naturschutz (N) und bei allen wäre Sammeln, Zerstören, Pflücken oder Ausgraben zum z.B. Herbarisieren oder „in den Garten pflanzen" schwerer und strafbarer Frevel. Für eine erfolgreiche Suche müssen die Steckbriefe noch vervollständigt werden. Dein Biologiebuch oder Bestimmungsbücher helfen dir sicher weiter.

| | |
|---|---|
| Name | Kornrade, KornRade, Rade; Agrostemma githago L. |
| Familie | ________________ |
| Ansprüche | trocken, leicht sauer, lehmig-sandig, warme Lagen |
| Standort | ________________ |
| Biologie | 50 bis 100 cm, Bestäuber: Bienen und Schmetterlinge, winterannuell, Organe und Samen mit Saponinen |
| Besonderheiten | ________________<br>________________ |
| Gefährdung | Herbizide, modernste Saatgutreinigung, Tiefpflügen bis zum äußersten Ackerrand, sehr selten |
| Hilfe | nur durch Ackerreservate, traditioneller Anbau ohne Herbizide, Ackerrandstreifenprogramme (NRW) |

| | |
|---|---|
| Name | Feld- oder Acker-Rittersporn, Consolida regalis L. |
| Familie | ________________ |
| Ansprüche | ________________ |
| Standort | Acker, in Wintergetreide |
| Biologie | ________________<br>________________ |
| Besonderheiten | schwach giftig, früher Heilpflanze (☠) |
| Gefährdung | Herbizide, modernste Saatgutreinigung, Tiefpflügen bis zum äußersten Ackerrand, zurückgehend |
| Hilfe | nur durch Ackerreservate, traditioneller Anbau ohne Herbizide, Ackerrandstreifenprogramme (NRW) |

| | |
|---|---|
| Name | Sommer-Adonisröschen, Adonis aestivalis L. |
| Familie | Hahnenfußgewächse, Ranunculaceae |
| Ansprüche | trockene bis steinige Kalkäcker, sommerwarme Lagen |
| Standort | Acker, in Wintergetreide |
| Biologie | 20 bis 60 cm, Bestäuber: Bienen, winter- und sommerannuell, oft mit Rittersporn vergesellschaftet |
| Besonderheiten | ________________ |
| Gefährdung | Herbizide, Saatgutreinigung, Randpflügung – vielerorts bereits ausgestorben |
| Hilfe | ________________ |




ISBN 3-12-031050-6

# Steckbrief

Gesucht werden wegen ihrer Gefährdung und damit schon Seltenheit die folgenden Pflanzen. Vor dem direkten Umgang mit ihnen wird allerdings dringend gewarnt. Viele von ihnen sind giftig (☠), fast alle stehen unter ganzjährigem Naturschutz (N) und bei allen wäre Sammeln, Zerstören, Pflücken oder Ausgraben zum z.B. Herbarisieren oder „in den Garten pflanzen" schwerer und strafbarer Frevel. Für eine erfolgreiche Suche müssen die Steckbriefe noch vervollständigt werden. Dein Biologiebuch oder Bestimmungsbücher helfen dir sicher weiter.

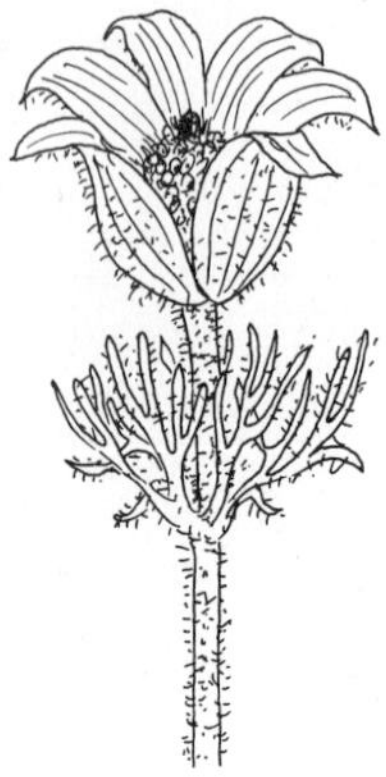

| | |
|---|---|
| Name | *Küchenschelle, Kuhschelle, Pulsatilla vulgaris L.* |
| Familie | Hahnenfußgewächse, Ranunculaceae |
| Ansprüche | auf kalkhaltigen, aber auch saurem Gestein, Wärme |
| Standort | Trockenrasen, Felsfluren |
| Biologie | 5 bis 40 cm, Bestäuber: Bienen<br>behaarter Nussfrüchtchenschopf |
| Besonderheiten | ☠, stark behaart, alte Heilpflanze, Blume des Jahres 1996 |
| Gefährdung | Pflücken, Ausgraben, Zerstörung der Standorte, selten (N) |
| Hilfe | *Unterbindung landschaftsschädigender Freizeitaktivitäten wie wildes Campen und Motocross* |

| | |
|---|---|
| Name | Bienen-Ragwurz, Bienen-Orchis, Ophrys apifera |
| Familie | *Knabenkrautgewächse, Orchidaceae* |
| Ansprüche | trockene, warme Kalkböden |
| Standort | Trockenrasen, Gebüsche, Magerwiesen |
| Biologie | 15 bis 40 cm, Bestäuber: selbst und Bienen |
| Besonderheiten | Lippe ähnelt in Form, Farbe und Größe einer Biene |
| Gefährdung | *Pflücken, Ausgraben, Veränderung und Zerstörung der Standorte, sehr selten (N)* |
| Hilfe | vgl. Küchenschelle, Rücknahme von Aufforstungen und Verbuschung, extensive Beweidung |

| | |
|---|---|
| Name | Fransen-Enzian, Gentianella ciliata |
| Familie | *Enziangewächse, Gentianaceae* |
| Ansprüche | trocken, steinig |
| Standort | *Trockenrasen, Steilböschungen, bis 2400 m* |
| Biologie | 5 bis 25 cm, ausdauernd, Bestäuber: Hummeln, auch Bienen und Schmetterlinge |
| Gefährdung | Pflücken, Ausgraben, Steinbrüche, Feriendörfer, Umwandlung in Intensivgrünland, selten (N) |
| Hilfe | *Standortsicherung, Aufklärung über und Kontrolle von Sammelverboten* |




ISBN 3-12-031050-6

# Steckbrief

Gesucht werden wegen ihrer Gefährdung und damit schon Seltenheit die folgenden Pflanzen. Vor dem direkten Umgang mit ihnen wird allerdings dringend gewarnt. Viele von ihnen sind giftig (☠), fast alle stehen unter ganzjährigem Naturschutz (N) und bei allen wäre Sammeln, Zerstören, Pflücken oder Ausgraben zum z.B. Herbarisieren oder „in den Garten pflanzen" schwerer und strafbarer Frevel. Für eine erfolgreiche Suche müssen die Steckbriefe noch vervollständigt werden. Dein Biologiebuch oder Bestimmungsbücher helfen dir sicher weiter.

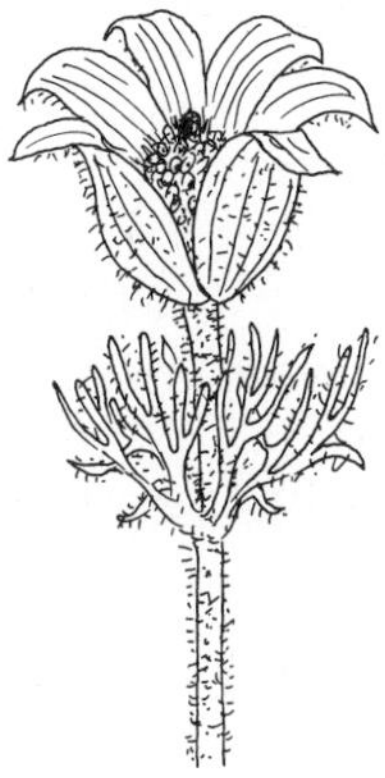

| | |
|---|---|
| Name | ______________________ |
| Familie | Hahnenfußgewächse, Ranunculaceae |
| Ansprüche | auf kalkhaltigen, aber auch saurem Gestein, Wärme |
| Standort | Trockenrasen, Felsfluren |
| Biologie | 5 bis 40 cm, Bestäuber: Bienen<br>behaarter Nussfrüchtchenschopf |
| Besonderheiten | ☠, stark behaart, alte Heilpflanze, Blume des Jahres 1996 |
| Gefährdung | Pflücken, Ausgraben, Zerstörung der Standorte, selten (N) |
| Hilfe | ______________________<br>______________________ |

| | |
|---|---|
| Name | Bienen-Ragwurz, Bienen-Orchis, Ophrys apifera |
| Familie | ______________________ |
| Ansprüche | trockene, warme Kalkböden |
| Standort | Trockenrasen, Gebüsche, Magerwiesen |
| Biologie | 15 bis 40 cm, Bestäuber: selbst und Bienen |
| Besonderheiten | Lippe ähnelt in Form, Farbe und Größe einer Biene |
| Gefährdung | ______________________<br>______________________ |
| Hilfe | vgl. Küchenschelle, Rücknahme von Aufforstungen und Verbuschung, extensive Beweidung |

| | |
|---|---|
| Name | Fransen-Enzian, Gentianella ciliata |
| Familie | ______________________ |
| Ansprüche | trocken, steinig |
| Standort | ______________________ |
| Biologie | 5 bis 25 cm, ausdauernd, Bestäuber: Hummeln, auch Bienen und Schmetterlinge |
| Gefährdung | Pflücken, Ausgraben, Steinbrüche, Feriendörfer, Umwandlung in Intensivgrünland, selten (N) |
| Hilfe | ______________________<br>______________________ |




ISBN 3-12-031050-6

**Information:**
Seit sich die Landwirtschaft unter dem Einfluss geänderter Anforderungen und Technisierungen gewandelt hat, verfällt die uralte Kultur der Kopfbäume. Das Schneiteln der Bäume obliegt heute häufig dem ehrenamtlichen Naturschutz. Was wie Baumfrevel aussieht, ist in Wirklichkeit die lebensnotwendige Pflege eines Kunstproduktes, welches ansonsten ungeschnitten und kopflastig dem nächsten Sturm oder einfach der Schwerkraft zum Opfer fällt. Der Rückgang von Grünland und klassischer Feldflur zusammen mit der Flurbereinigung macht die alten, mulmreichen und z.T. ausgehöhlten Baumveteranen zu Rückzugsgebieten für viele Tiere und auch aufsitzende Pflanzen.

1. Benenne einige Tierarten, die besonders auf den Lebensraum Kopfbaum (+ Feldflur) angewiesen sind.

*Feldsperling*

*Moschusbock*

*Bachstelze*

*Steinkauz*

*Abendpfauenauge*

*Gartenrotschwanz*

*Hornissen*

*Hohltaube*

*Weidenblattwespe*

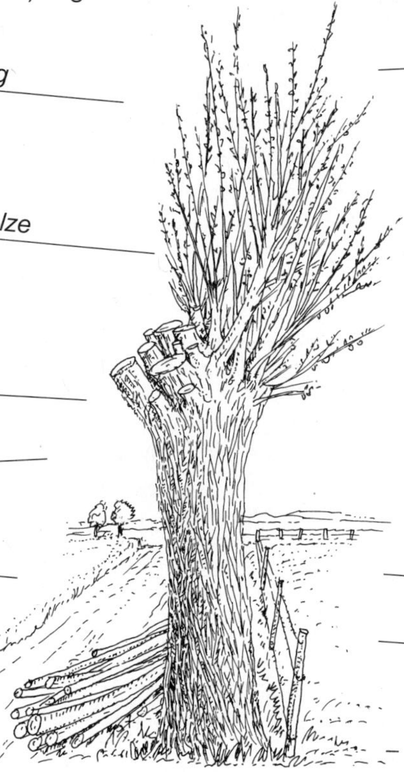

2. Welchen Nutzen zog man früher aus den Kopfbäumen? Nenne einige Nutzungsarten.

*Bohnenstangen*

*Zaunpfähle*

*Besen- und Schaufelstiele*

*Holzschuhe*

*Flechtmaterial für*

*Körbe (Korbweide)*

*Brennholz*

*Ästchen (in der „Laube")*

*(getrocknet) Viehfutter*

*Reisigpakete*

*für Backofen*

3. Welche Baumarten lassen sich als Kopfbäume kultivieren?

*Reine Splintholzbäume wie Weiden (Silber- und Bruchweide) und Pappeln sowie Eschen, Erlen, aber auch*

*Eiche, Ulme, Ahorn, Platane*

4. Wie kommt es, dass bei der zweigeschlechtlich-zweihäusigen Weide häufig ganze Alleen nur aus männlichen bzw. weiblichen Exemplaren bestehen?

*Anpflanzung vegetativ aus 3 m langen und 2 bis 4 Jahre alten Steckhölzern, oft nur aus dem Schneiteln eines*

*Baumes*




ISBN 3-12-031050-6

**Information:**
Seit sich die Landwirtschaft unter dem Einfluss geänderter Anforderungen und Technisierungen gewandelt hat, verfällt die uralte Kultur der Kopfbäume. Das Schneiteln der Bäume obliegt heute häufig dem ehrenamtlichen Naturschutz. Was wie Baumfrevel aussieht, ist in Wirklichkeit die lebensnotwendige Pflege eines Kunstproduktes, welches ansonsten ungeschnitten und kopflastig dem nächsten Sturm oder einfach der Schwerkraft zum Opfer fällt. Der Rückgang von Grünland und klassischer Feldflur zusammen mit der Flurbereinigung macht die alten, mulmreichen und z.T. ausgehöhlten Baumveteranen zu Rückzugsgebieten für viele Tiere und auch aufsitzende Pflanzen.

1. Benenne einige Tierarten, die besonders auf den Lebensraum Kopfbaum (+ Feldflur) angewiesen sind.

2. Welchen Nutzen zog man früher aus den Kopfbäumen? Nenne einige Nutzungsarten.

3. Welche Baumarten lassen sich als Kopfbäume kultivieren?

4. Wie kommt es, dass bei der zweigeschlechtlich-zweihäusigen Weide häufig ganze Alleen nur aus männlichen bzw. weiblichen Exemplaren bestehen?



 ISBN 3-12-031050-6

1. Ordne den Tieren mögliche Winterquartiere zu.

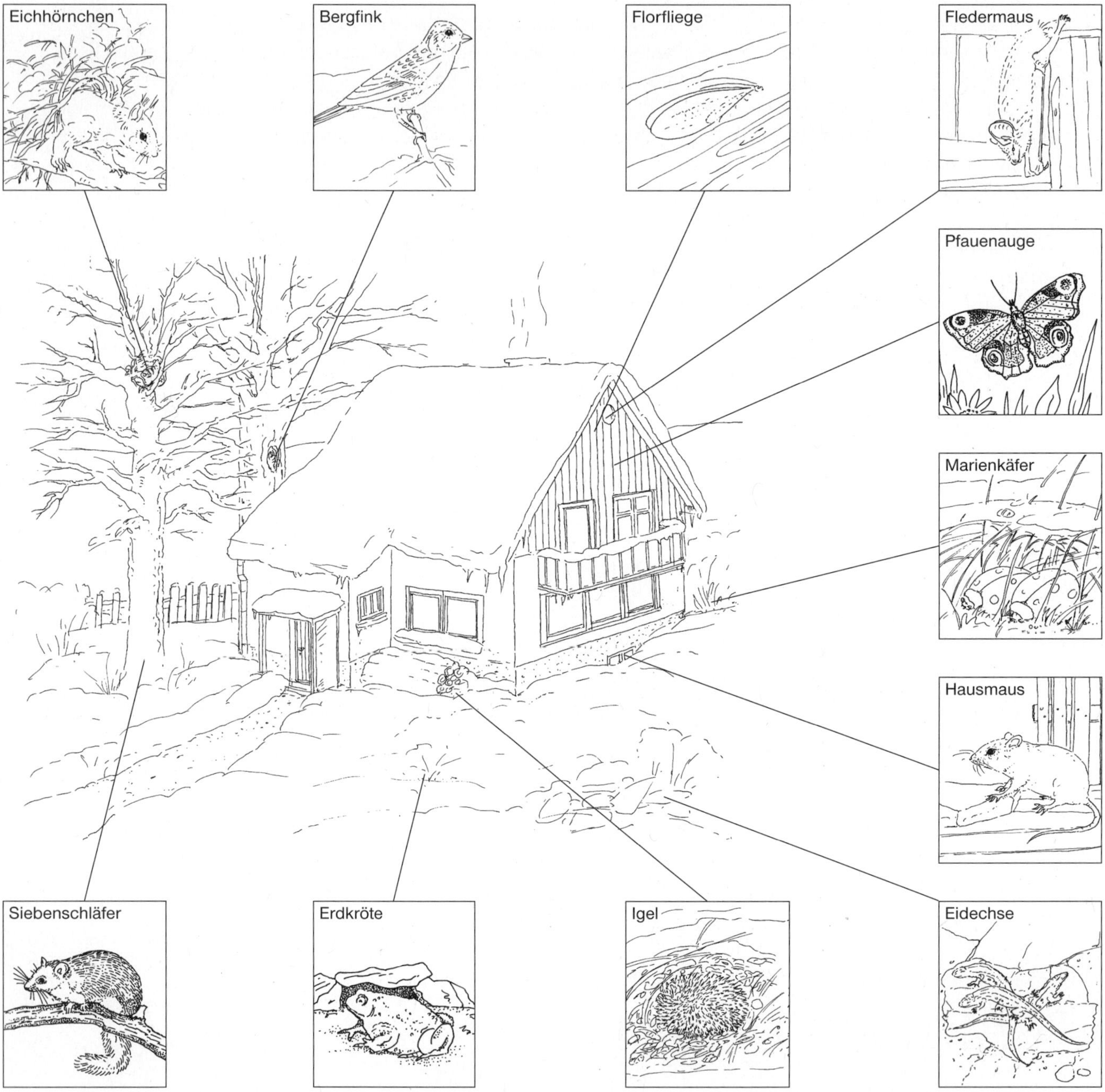


2. Warum darf man Tiere, insbesondere Fledermaus, Siebenschläfer und Igel, nicht in ihren Winterquartieren stören?

*Diese Tiere halten einen richtigen Winterschlaf. Sie haben ihre Körpertemperatur und alle Lebensvorgänge stark verringert. Weckt man sie unnötig auf, so reichen oft ihre Energiereserven nicht, um nach erneutem Schlaf wieder aufzuwachen oder den Rest des Winters aktiv zu überleben.*





ISBN 3-12-031050-6

1. Ordne den Tieren mögliche Winterquartiere zu.

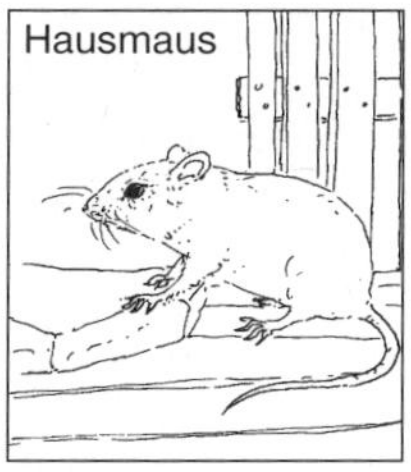

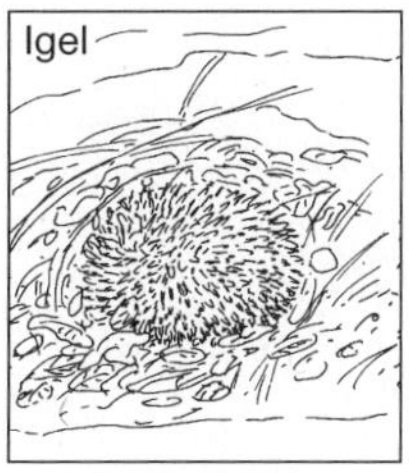


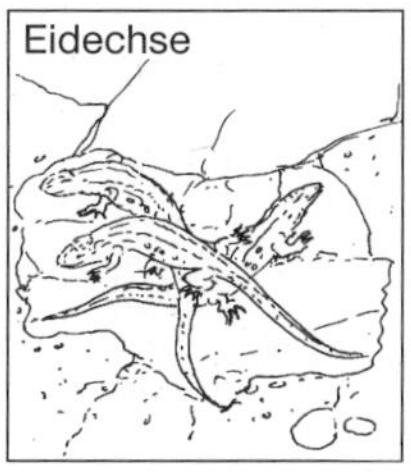


2. Warum darf man Tiere, insbesondere Fledermaus, Siebenschläfer und Igel, nicht in ihren Winterquartieren stören?



 ISBN 3-12-031050-6

1. Dem offenen Stofffluss in unserer Konsum- und Wegwerfgesellschaft kann ein Komposthaufen nachhaltig entgegenwirken. Betrachte die Grafik und skizziere in deinem Heft eine Alternative (Kreislaufwirtschaft).

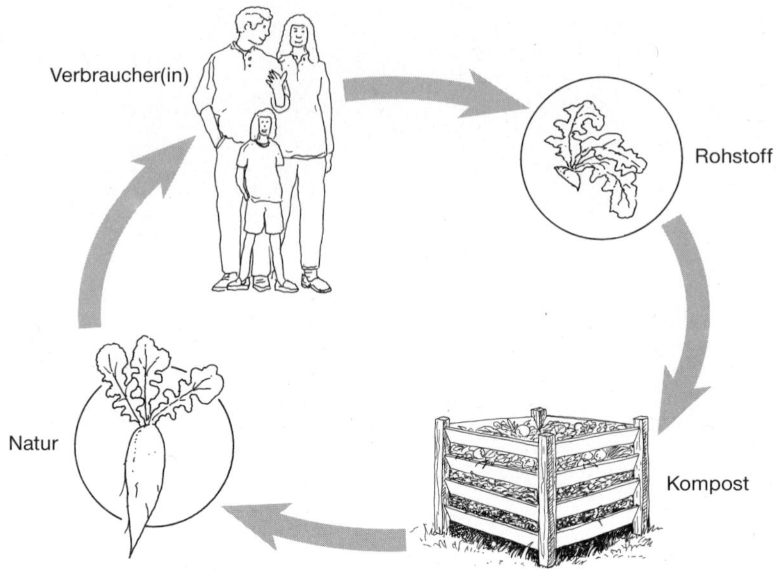


2. Gib alle üblichen Stoffe an, die dem Kompost zugeführt werden dürfen. Alternativ kannst du in deinem Heft auch eine entsprechende Skizze entwerfen.

 ISBN 3-12-031050-6

1. Dem offenen Stofffluss in unserer Konsum- und Wegwerfgesellschaft kann ein Komposthaufen nachhaltig entgegenwirken. Betrachte die Grafik und skizziere in deinem Heft eine Alternative (Kreislaufwirtschaft).

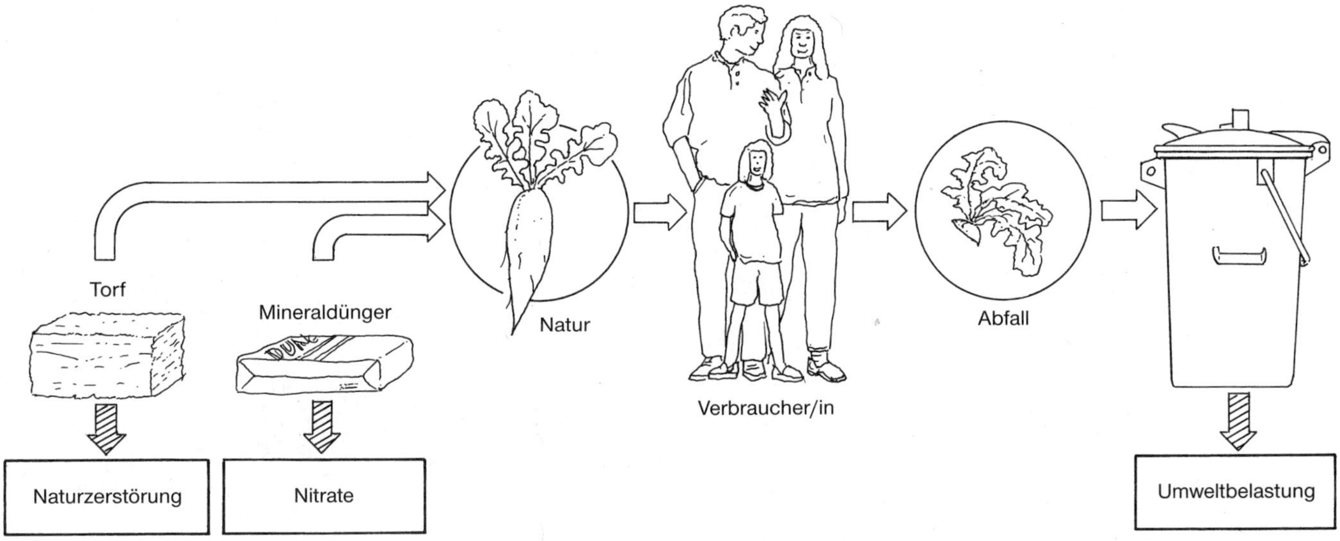


2. Gib alle üblichen Stoffe an, die dem Kompost zugeführt werden dürfen. Alternativ kannst du in deinem Heft auch eine entsprechende Skizze entwerfen.

ISBN 3-12-031050-6

1. Bestimme die dargestellten Tiere und ordne ihnen Buchstaben zu:
   P für Pflanzenfresser, A für Allesfresser und R für Räuber.

2. Untersuche Proben von Gartenmulch auf weißem Papier. Kreuze die Tiere an, die du finden kannst. Vielleicht kannst du deine Ausbeute auch mit Proben aus Streuschichten vergleichen. Nadelwaldstreu, Laubwaldstreu oder Mischwaldstreu sind denkbar. Wo sind die meisten, wo die wenigsten Tierarten zu finden?

| | | | | |
|---|---|---|---|---|
| 1 Laubschnecke 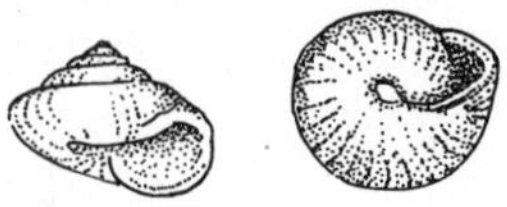 P | 2 Kellerassel 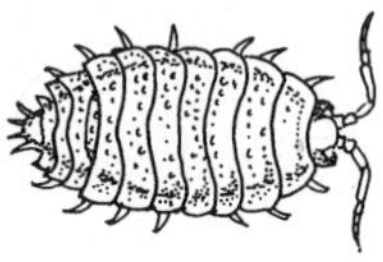 A | 3 Erdläufer 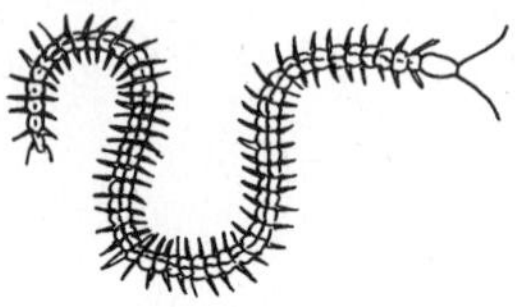 R | 4 Regenwurm 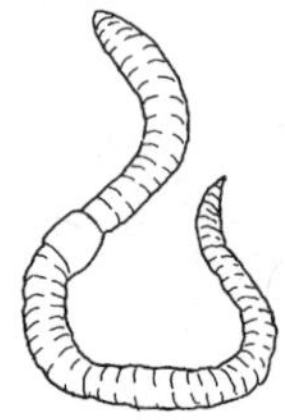 P | 5 Ohrwurm 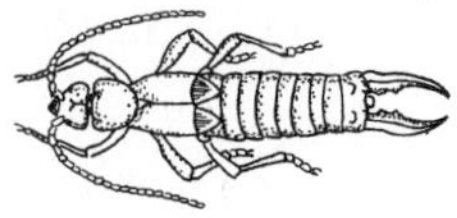 A |
| 6 Steinläufer 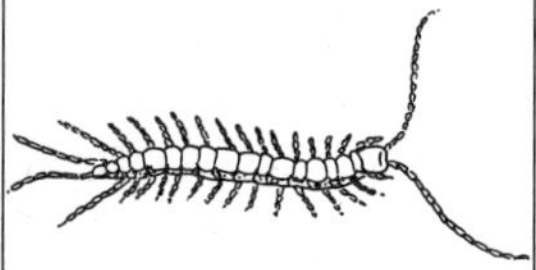 R | 7 Fadenwurm Enchyträe  P | 8 Bodenspinne 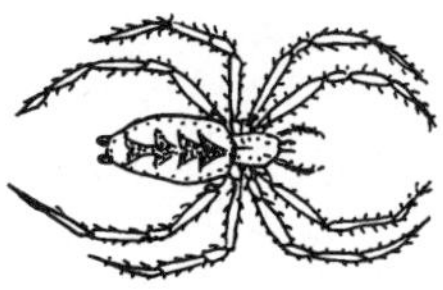 R | 9 Saftkugler 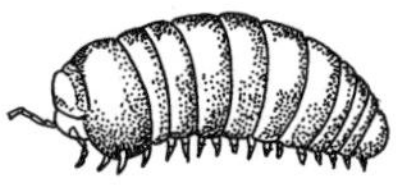 P | 10 Bremsenlarve  R |
| 11 Doppelschwanz 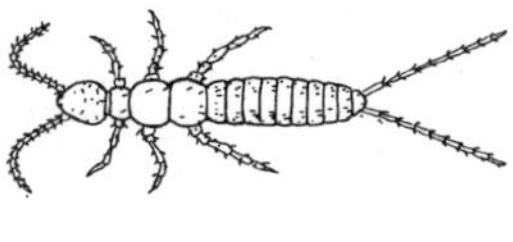 P | 12 Pinselfüßer 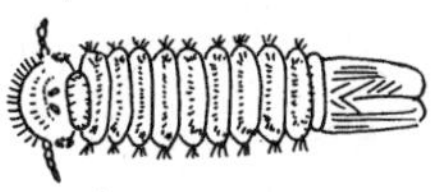 P | 13 Springschwanz 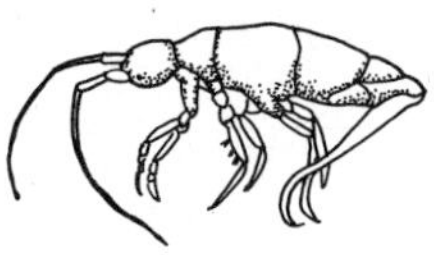 P | 14 Milbe 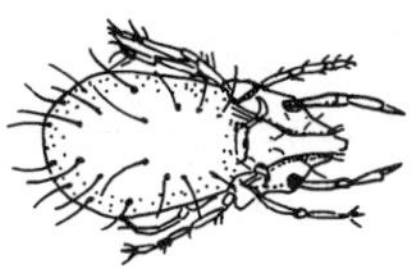 P | 15 Schnurfüßer  P |
| 16 Felsenspringer 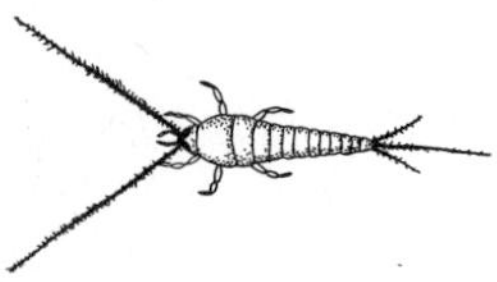 P | 17 Brettkanker 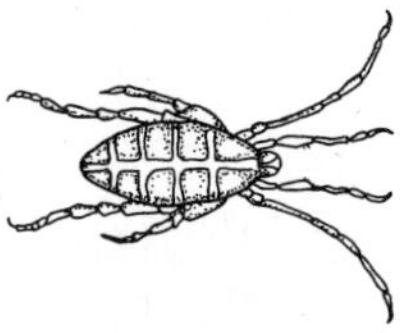 P | 18 Skorpionsfliegenlarve  P | 19 Drahtwurm  P | 20 Leuchtkäferlarve 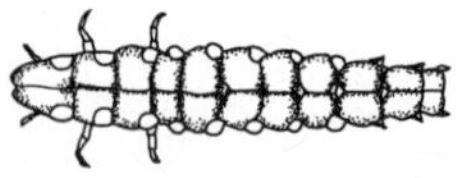 R |




ISBN 3-12-031050-6

# Tiere der Mulchschicht

1. Bestimme die dargestellten Tiere und ordne ihnen Buchstaben zu:
   P für Pflanzenfresser, A für Allesfresser und R für Räuber.

2. Untersuche Proben von Gartenmulch auf weißem Papier. Kreuze die Tiere an, die du finden kannst. Vielleicht kannst du deine Ausbeute auch mit Proben aus Streuschichten vergleichen. Nadelwaldstreu, Laubwaldstreu oder Mischwaldstreu sind denkbar. Wo sind die meisten, wo die wenigsten Tierarten zu finden?

| | | | | |
|---|---|---|---|---|
| 1 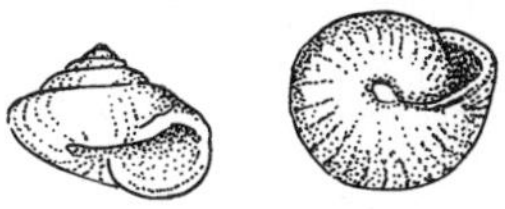 | 2 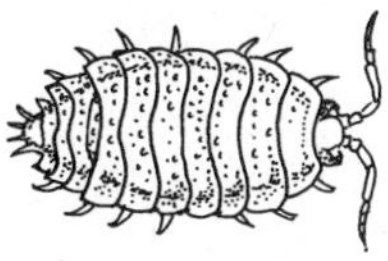 | 3 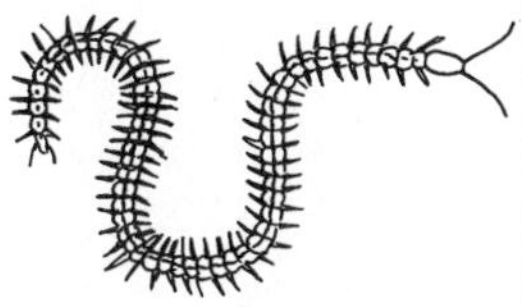 | 4 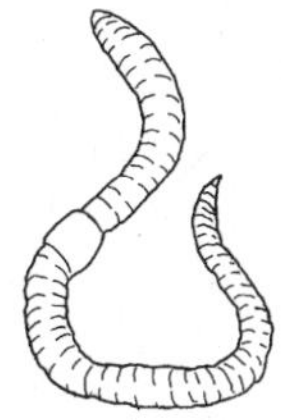 | 5 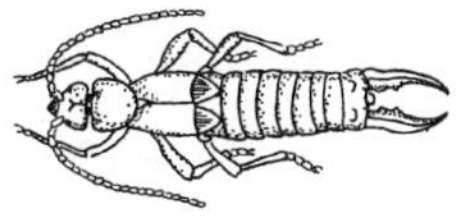 |
| 6 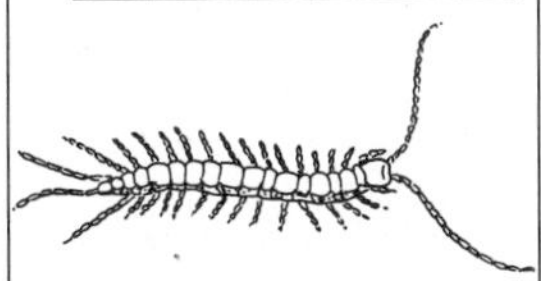 | 7  | 8 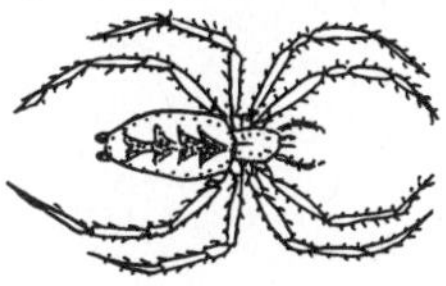 | 9 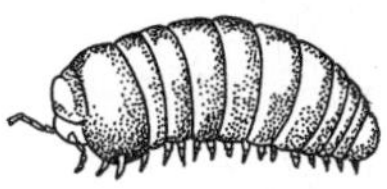 | 10  |
| 11 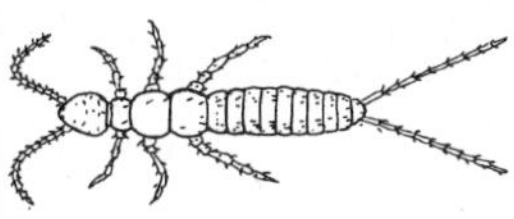 | 12 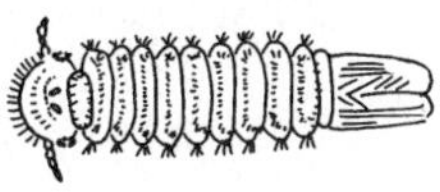 | 13 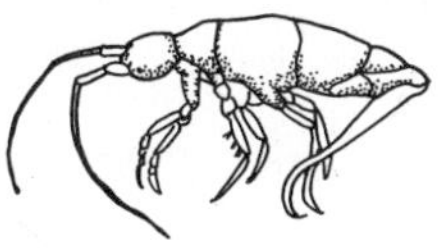 | 14  | 15  |
| 16 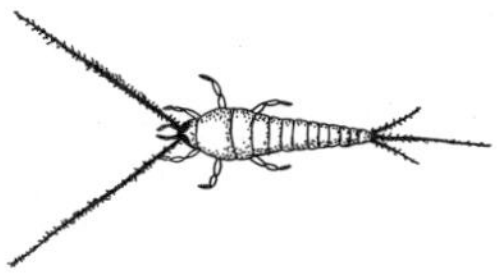 | 17 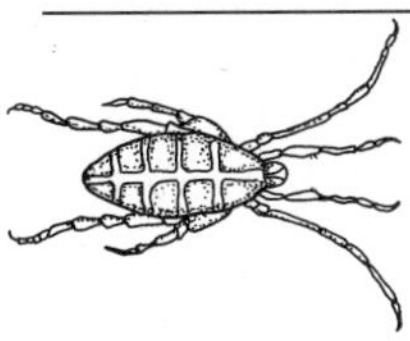 | 18  | 19  | 20 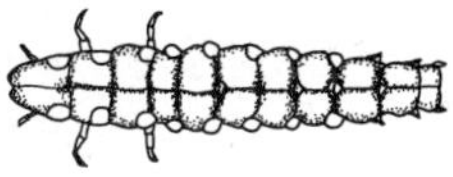 |




ISBN 3-12-031050-6

1. Bestimme die dargestellten Pflanzenarten.

**Sonnenseite** **Schattenseite**

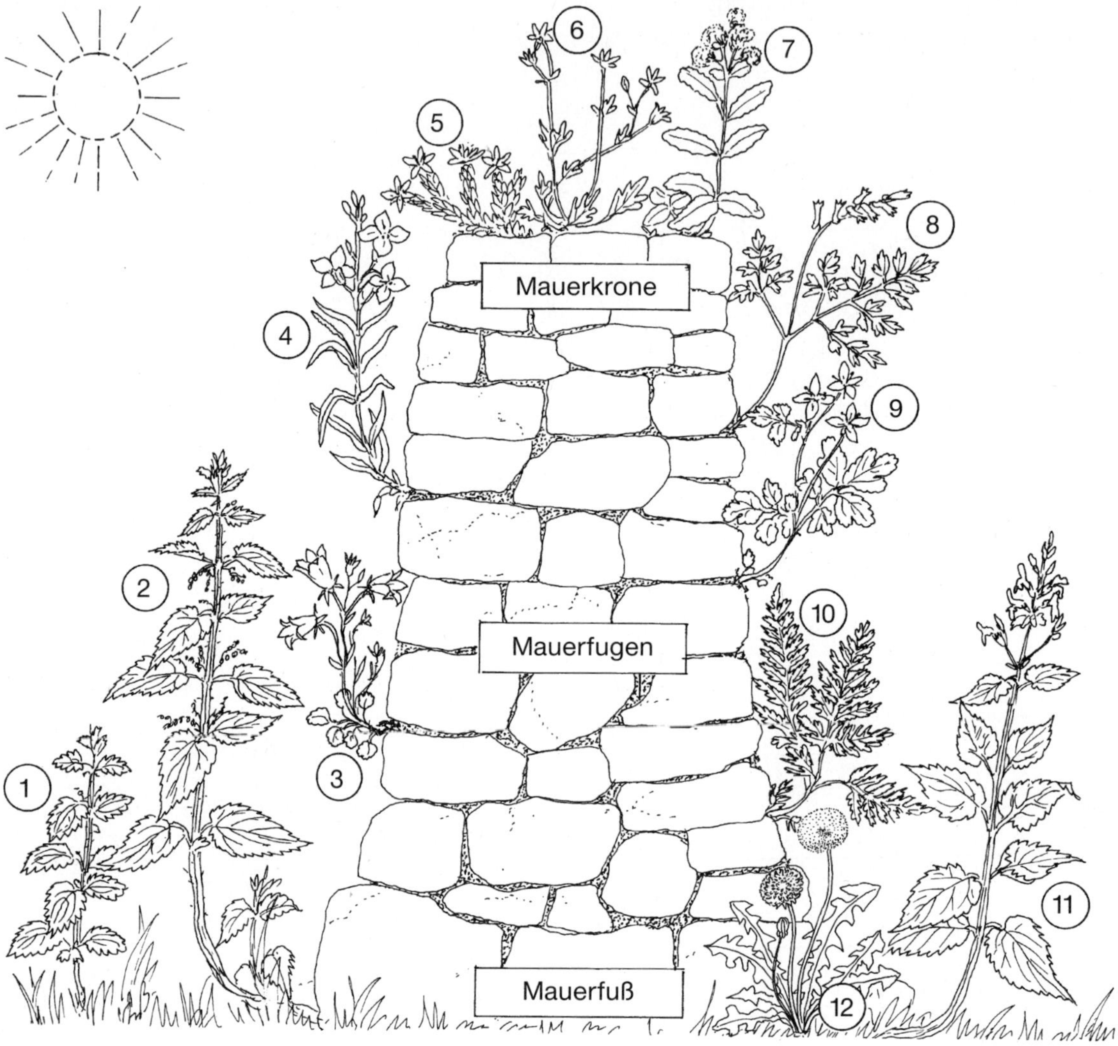


(1) *Kleine Brennnessel*

(2) *Große Brennnessel*

(3) *Rundblättrige Glockenblume*

(4) *Goldlack*

(5) *Scharfer Mauerpfeffer*

(6) *Fingersteinbrech*

(7) *Fetthenne*

(8) *Gelber Lerchensporn*

(9) *Schöllkraut*

(10) *Blasenfarn*

(11) *Waldziest*

(12) *Löwenzahn*

2. Nachdem du die Pflanzen bestimmt hast, kannst du sicher auch ihre Blütenfarbe einmalen.



 ISBN 3-12-031050-6

1. Bestimme die dargestellten Pflanzenarten.

① ______________________ ⑦ ______________________

② ______________________ ⑧ ______________________

③ ______________________ ⑨ ______________________

④ ______________________ ⑩ ______________________

⑤ ______________________ ⑪ ______________________

⑥ ______________________ ⑫ ______________________

2. Nachdem du die Pflanzen bestimmt hast, kannst du sicher auch ihre Blütenfarbe einmalen.




ISBN 3-12-031050-6

1. Steinreichtum in Haus- und Schulgärten ist kein Ärgernis, sondern eine hochwillkommene Quelle für den Bau kleiner Biotope. Mit etwas körperlichem Einsatz lassen sich Steinhaufen, Hangbegrenzungen, frei stehende Mauern oder auch eine Kräuterspirale bauen.
   Für welche Tiere wird ein Steinhaufen zum Refugium?

   *Winterquartier für Amphibien*

   *Zauneidechse, Blindschleiche, Igel, Bodenbrüter, Insekten*

2. Der Bau einer Kräuterspirale ist recht einfach und kann sich nach den vorhandenen Materialien richten, die Skizze hilft dir beim Bau. Beachte, dass die Spirale samt ihrer „Füllung“ so angelegt wird, dass trockene bis feuchte, sonnige bis schattige Standorte entstehen. Mache dich sachkundig (Kräuterlexika, Biobuch), welche Kräuter einsetzbar sind, und ordne dann die Pflanzen zu.

**Kräuterspirale**

- (*9*) Brunnenkresse
- (*2*) Thymian
- (*1*) Salbei
- (*4*) Bohnenkraut
- (*8*) Melisse
- (*10*) Wasserminze
- (*3*) Estragon
- (*5*) Majoran
- (*6*) Schnittlauch
- (*7*) Petersilie



 ISBN 3-12-031050-6

1. Steinreichtum in Haus- und Schulgärten ist kein Ärgernis, sondern eine hochwillkommene Quelle für den Bau kleiner Biotope. Mit etwas körperlichem Einsatz lassen sich Steinhaufen, Hangbegrenzungen, frei stehende Mauern oder auch eine Kräuterspirale bauen.
   Für welche Tiere wird ein Steinhaufen zum Refugium?

   ___

   ___

2. Der Bau einer Kräuterspirale ist recht einfach und kann sich nach den vorhandenen Materialien richten, die Skizze hilft dir beim Bau. Beachte, dass die Spirale samt ihrer „Füllung" so angelegt wird, dass trockene bis feuchte, sonnige bis schattige Standorte entstehen. Mache dich sachkundig (Kräuterlexika, Biobuch), welche Kräuter einsetzbar sind, und ordne dann die Pflanzen zu.

**Kräuterspirale**

- ◯ Brunnenkresse
- ◯ Thymian
- ◯ Salbei
- ◯ Bohnenkraut
- ◯ Melisse
- ◯ Wasserminze
- ◯ Estragon
- ◯ Majoran
- ◯ Schnittlauch
- ◯ Petersilie



 ISBN 3-12-031050-6

1. Läuse können im Garten manchmal zur Plage werden. Die Kenntnis der Vermehrung von Blattlaus oder schwarzer Bohnenlaus hilft, sie im Falle eines Falles auch gezielt biologisch/ökologisch zu bekämpfen. Nenne mindestens fünf natürliche Feinde der Läuse, die es zu fördern gilt.

   *Marienkäfer*

   *Marienkäferlarve*

   *Ohrwurm*

   *Raubwanzen*

   *Florfliegenlarve*

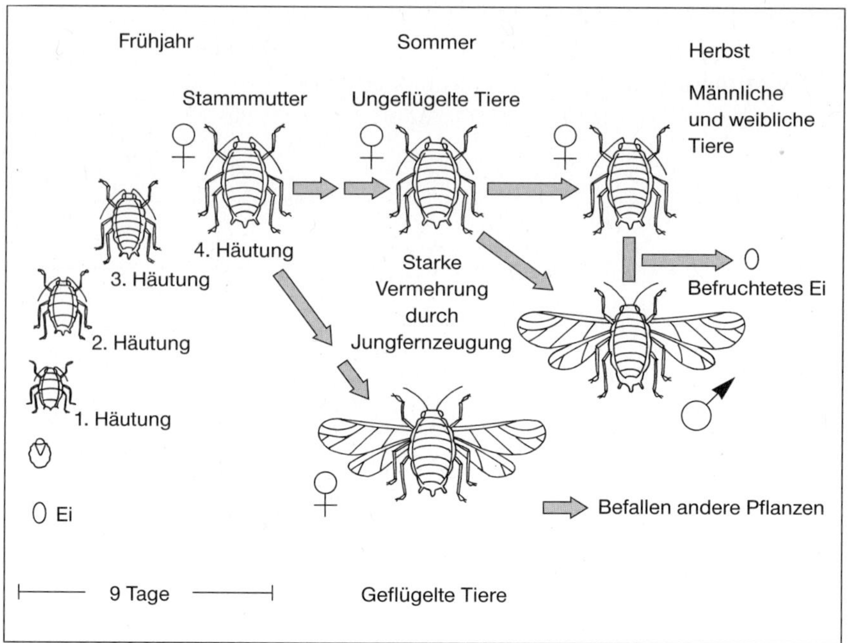


2. Wie kann man im Hausgarten diese natürlichen Feinde fördern?

   *Kein Einsatz von chemischen Mitteln (töten beide!), für die Ohrwürmer: Aufhängen von Ohrwurmschlafsäcken mit Holzwolle*

3. Zeichne einen der natürlichen Feinde der Läuse nebenstehend ein und beschrifte ihn.

**Marienkäfer**

*Larve*

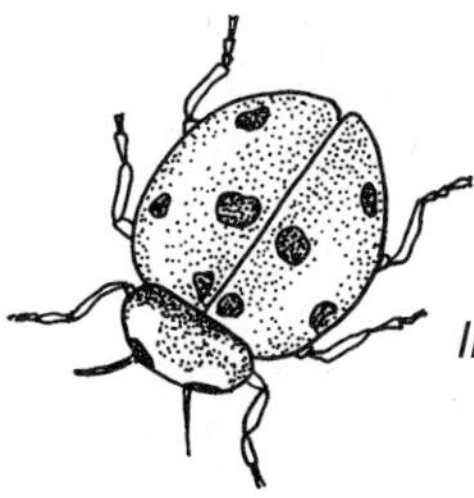

*Imago*

4. Gegen die Laus ist aber auch „ein Kraut gewachsen". Kräuteraufgüsse sind häufig sehr wirksam, wenn man es richtig anfängt. Trage einige Rezepte für Kräuterjauchen, ihre Rezepte und ihre Wirksamkeiten zusammen.

**Beispiele:**

**Ansatz:**
1 kg frische Brennnesseln mit 5 Litern Wasser

**Verwendung:**
*24 Stunden stehen lassen, unverdünnt:* zur Stärkung der Pflanzen gegen Blattläuse
*4 Tage gären lassen, verdünnt 1:10:* gegen Blattläuse
*14 Tage gären lassen, verdünnt 1:10:* zur Aktivierung des Bodenlebens,
*verdünnt 1:20:* zur Wachstumsförderung, gegen Welkkrankheit und Blattchlorose

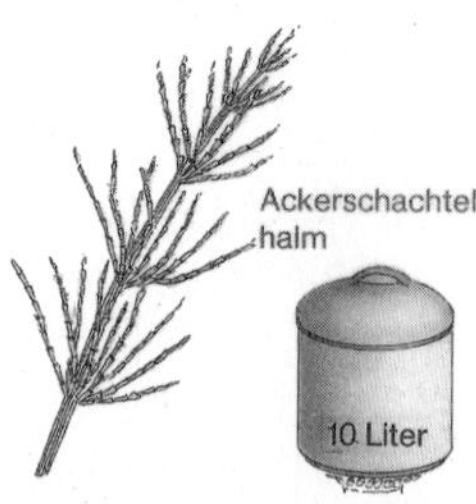


**Ansatz:**
1 kg frischen Ackerschachtelhalm mit 10 Litern Wasser, 20 bis 30 Minuten kochen und mit 1 – 2% Wasserglas versetzen.

**Verwendung:**
*verdünnt 1:5:* gegen Pilzkrankheiten

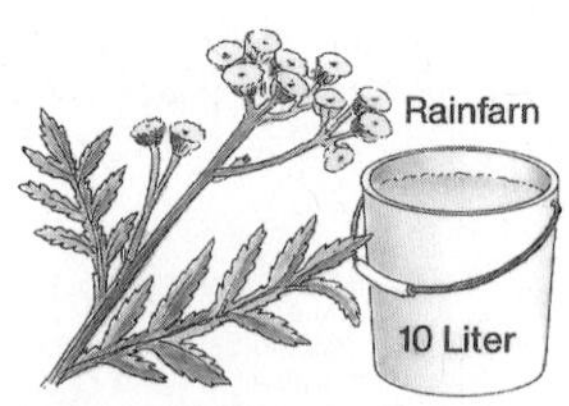


**Ansatz:**
300 g frischen Rainfarn mit 10 Litern Wasser verrühren

**Verwendung:**
*unverdünnt:* gegen Erdbeermilben, Blattwespen, Brombeermilben, Himbeerkäfer
*verdünnt 1:20:* gegen Rost und Mehltau
*verdünnt 1:15:* gegen Blattfleckenkrankheit bei Tomaten

**Ansatz:**
1 kg frischen Wurmfarn mit 10 Litern Wasser verrühren

**Verwendung:**
*unverdünnt:* gegen Schild-, Schmier- und Blattläuse




ISBN 3-12-031050-6

1. Läuse können im Garten manchmal zur Plage werden. Die Kenntnis der Vermehrung von Blattlaus oder schwarzer Bohnenlaus hilft, sie im Falle eines Falles auch gezielt biologisch/ökologisch zu bekämpfen. Nenne mindestens fünf natürliche Feinde der Läuse, die es zu fördern gilt.

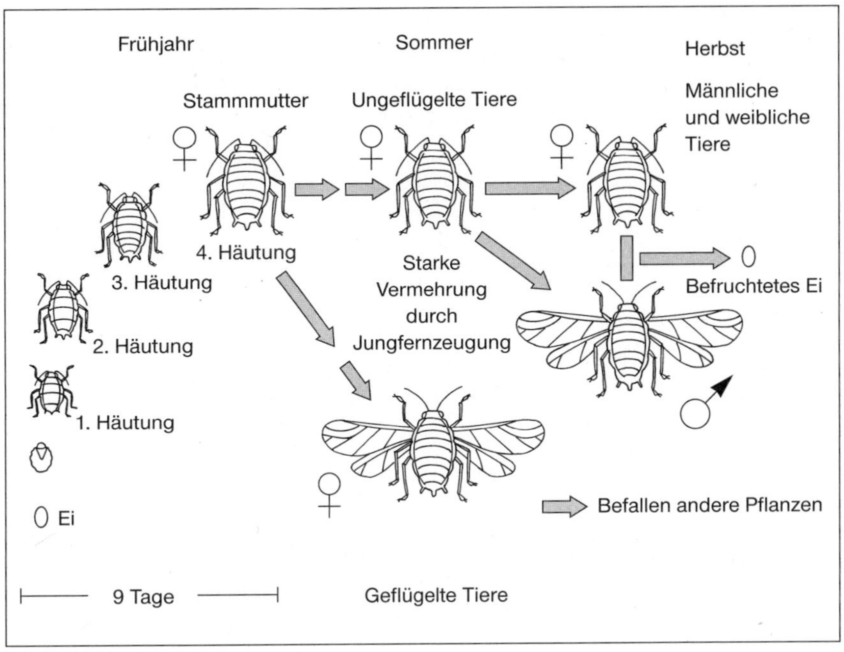


2. Wie kann man im Hausgarten diese natürlichen Feinde fördern?

3. Zeichne einen der natürlichen Feinde der Läuse nebenstehend ein und beschrifte ihn.

4. Gegen die Laus ist aber auch „ein Kraut gewachsen“. Kräuteraufgüsse sind häufig sehr wirksam, wenn man es richtig anfängt. Trage einige Rezepte für Kräuterjauchen, ihre Rezepte und ihre Wirksamkeiten zusammen.




ISBN 3-12-031050-6

1. Während wir Kulturfolger wie Turmfalke oder Marder zumeist wohlwollend bedenken, hört bei uns der Spaß regelmäßig auf, wenn uns Tiere ungebeten in die Wohnung folgen. Gemeint sind hier keine Haustiere. Verschont werden auch nicht die Bewohner eines Hochhauses im 17. Stock in einer Großstadt.
   Nenne mindestens sieben ungebetene Gäste.

   *Hausstaubmilben, Fliegen, Mücken*

   *Silberfischchen, Florfliegen*

   *Mäuse, Marienkäfer*

   *Ameisen, Vorratsschädlinge*

   *Küchenschabe (Kakerlaken)*

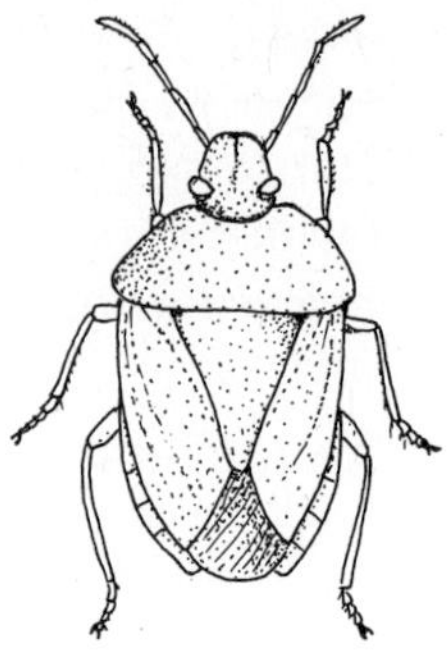
Baumwanze

2. Während die Baumwanze durch ihren brummenden Flug und ihre Größe auffällt und schlimmstenfalls einigen Zimmerpflanzen den Garaus macht, sind die anderen vier unten abgebildeten Hausbewohner keineswegs so harmlos. Bestimme die Tiere.

3. Schneide die Bilder der Tiere aus, klebe sie in dein Heft und erstelle zu ihnen mit Hilfe eines Lexikons kleine Steckbriefe über Aussehen und Lebensweise.

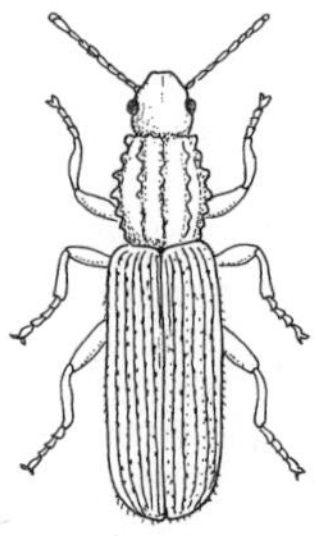

**1. Getreideplattkäfer**
Der Getreideplatt- oder Getreideschmalkäfer ist ein Kosmopolit. Er lebt heutzutage in landwirtschaftlichen Lagern und häuslichen Vorratsschränken. Er ist dunkelbraun, sein charakteristisches Merkmal zeigt sich unter der Lupe: Zähnelung des Halsschildes. Seine Lieblingsnahrung besteht aus Getreide und Mehl, aber auch Back- und Teigwaren, Nüsse und Schokolade. Starke Folienverpackungen sind für ihn kein Hindernis. Eingeschleppt wird er beim Lebensmittelkauf; da er viel umherwandert, ist er nur sehr schwer mit „Fliegenpatsche“ und Staubsauger zu bekämpfen.

**2. Messingkäfer**
Die spinnenähnlichen, 5 mm langen Käfer erhielten ihren Namen durch ihre messingglänzende Behaarung. Man bekommt sie nur zu Gesicht, wenn sie gestört werden. Auf jeden gesichteten Käfer kommen dann etwa 500 versteckte. Die letzte große Plage trat 1970 im hessischen Alsfeld auf, als eine ganze Reihe von Altbauten saniert wurden: Millionen von Käfern überall. Die Winzlinge leben von trockenen Mehlprodukten und hausen in Zwischenböden und -decken und in Hohlräumen von Lehmwänden. Ihre Vernichtung ist nur durch amtliche „Schädlingsbekämpfer“ erfolgversprechend.

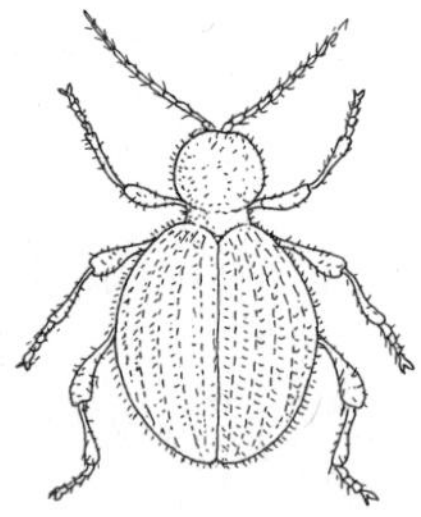

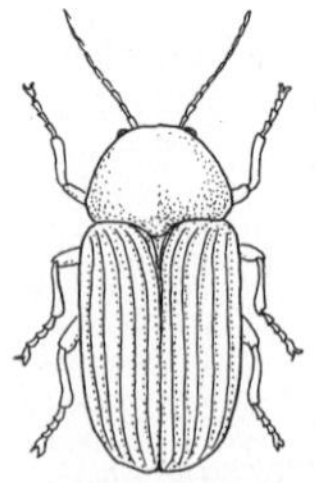

**3. Brotkäfer**
Der rotbraune Zwerg (2 bis 3 mm) nimmt keine Nahrung zu sich. Seine kleinen, weißlichen Larven (0,5 mm) fressen sich aber in jede Verpackung und verderben die Lebensmittel durch ihre Exkremente, Fraßlöcher und Larvenhäute. Bemerkt werden die Brotkäfer meist erst, wenn sie in Heerscharen aus kreisrunden, stecknadelkopfgroßen Löchern irgendwelcher verpackter Trockenprodukte ausschlüpfen.

**4. Taubenzecke**
Die 8 mm großen Zecken können in verwaisten Taubenschlägen, in dunklen Ecken, Fugen und Balkenritzen gut sechs Jahre auf Nahrung warten. In ihrer Not stechen sie uns nächtens. Juckreiz, Quaddelbildung und böse Entzündungen sind oft die Folge. Zeckenverseuchungen sind nur durch anerkannte Fachleute behebbar.

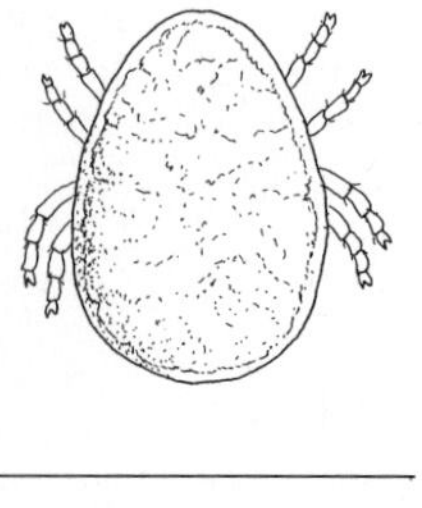



 ISBN 3-12-031050-6

1. Während wir Kulturfolger wie Turmfalke oder Marder zumeist wohlwollend bedenken, hört bei uns der Spaß regelmäßig auf, wenn uns Tiere ungebeten in die Wohnung folgen. Gemeint sind hier keine Haustiere. Verschont werden auch nicht die Bewohner eines Hochhauses im 17. Stock in einer Großstadt.
   Nenne mindestens sieben ungebetene Gäste.

   ______________________________________

   ______________________________________

   ______________________________________

   ______________________________________

   ______________________________________

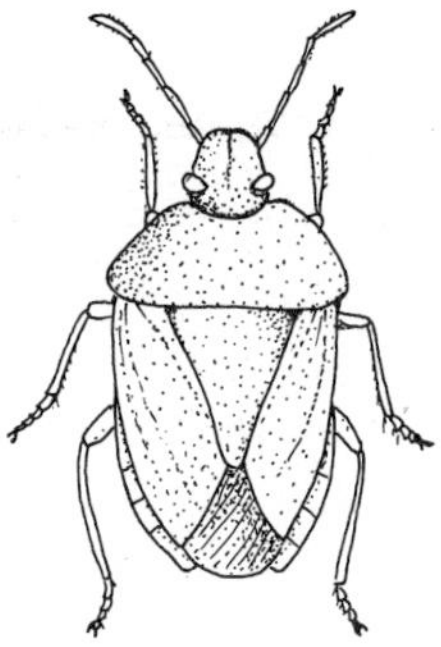

Baumwanze

2. Während die Baumwanze durch ihren brummenden Flug und ihre Größe auffällt und schlimmstenfalls einigen Zimmerpflanzen den Garaus macht, sind die anderen vier unten abgebildeten Hausbewohner keineswegs so harmlos. Bestimme die Tiere.

3. Schneide die Bilder der Tiere aus, klebe sie in dein Heft und erstelle zu ihnen mit Hilfe eines Lexikons kleine Steckbriefe über Aussehen und Lebensweise.

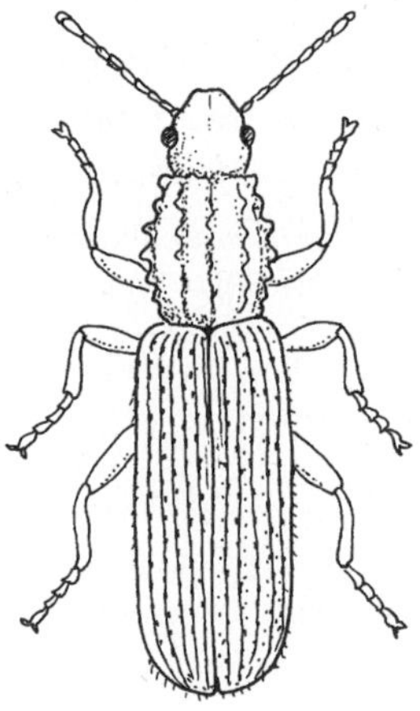

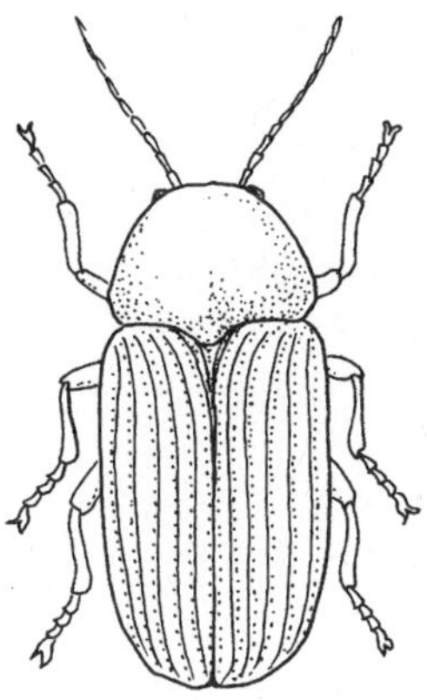

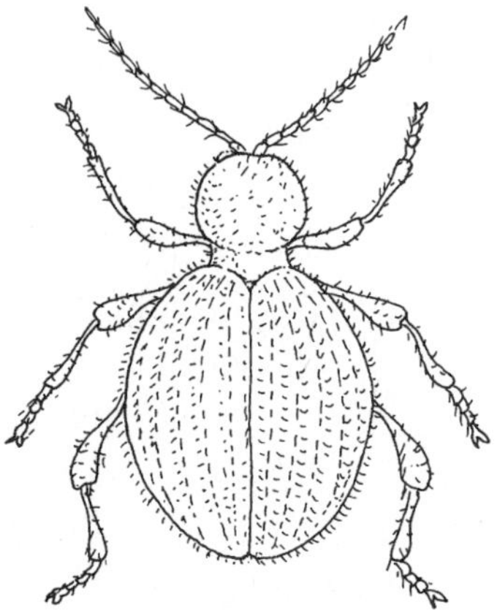

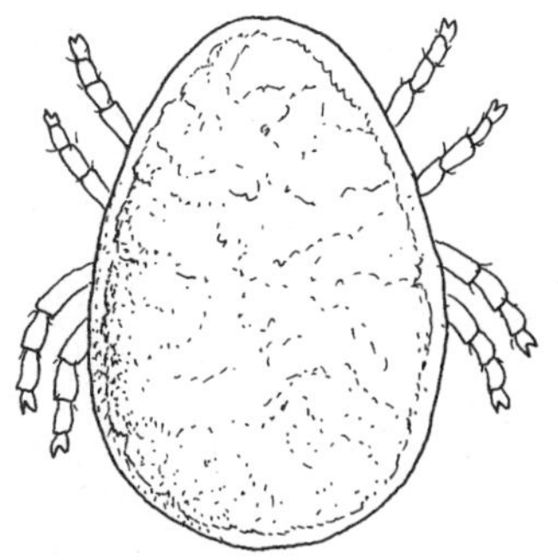





ISBN 3-12-031050-6

1. Schneide die Aussagekästchen aus und ordne sie nach Argumenten Pro und Kontra. Vielleicht fallen dir auch noch weitere Argumente ein?

2. Diskutiert Vor- und Nachteile der Torfanwendung sowie Alternativen in der Klasse.

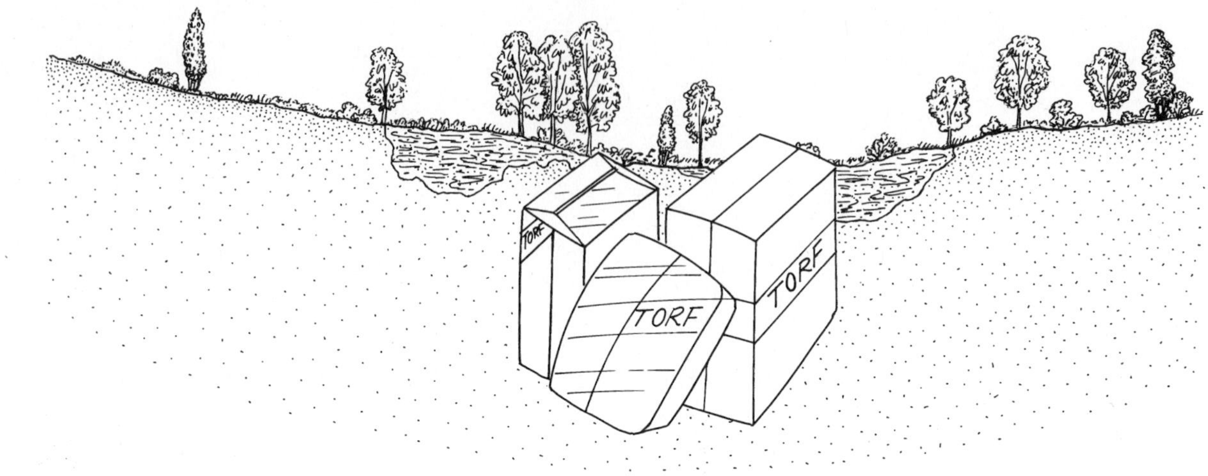


**Pro-Torfabbau**

- Torfabdeckungen in Vorgärten und auf Gräbern sehen ordentlich aus.
- Torf ist ein hervorragender Wasserspeicher.
- Maschineller Torfabbau sichert Arbeitsplätze

**Kontra-Torfabbau**

- Verbrauch unersetzlicher Rohstoffe.
- Zerstörung der Lebensräume seltener Pflanzen und Tiere.
- Torf hat einen pH-Wert von 3–4 und versauert damit Böden.
- Torf verliert sein Wasserhaltevermögen sehr schnell und liefert nur geringe Humusmengen.
- Torf zur Abdeckung trocknet an der Oberfläche unwiderruflich aus.
- In Lehmböden setzt ohne Luftzufuhr mit Torf Verkohlung ein.
- Torf ist kein Dünger, er enthält fast keine Pflanzennährstoffe.

**Sachaussagen / Alternativen**

- Düngetorf ist mit Kunstdünger angereicherter Torf.
- Versauerung von Böden führt zu Nährstoffmangel und macht Düngung erforderlich.
- Jährlich werden mehr als 8 Mio. $m^3$ Torf in Gärten vergraben.
- Kompost, Rindenmulch und Gründüngung liefern große Humusmengen.
- Rindenhumus versauert den Boden nicht.
- Ca. 1000 ha Hochmoorfläche werden jährlich trockengelegt.
- 10.000 Jahre brauchen Moore zur Entwicklung.
- Gartenabfälle gehören nicht auf die Müllkippe, sondern auf den Komposthaufen.
- Kompost ist eine natürliche Düngung, aktiviert das Bodenleben und verbessert die Bodenstruktur.




ISBN 3-12-031050-6

1. Schneide die Aussagekästchen aus und ordne sie nach Argumenten Pro und Kontra. Vielleicht fallen dir auch noch weitere Argumente ein?

2. Diskutiert Vor- und Nachteile der Torfanwendung sowie Alternativen in der Klasse.

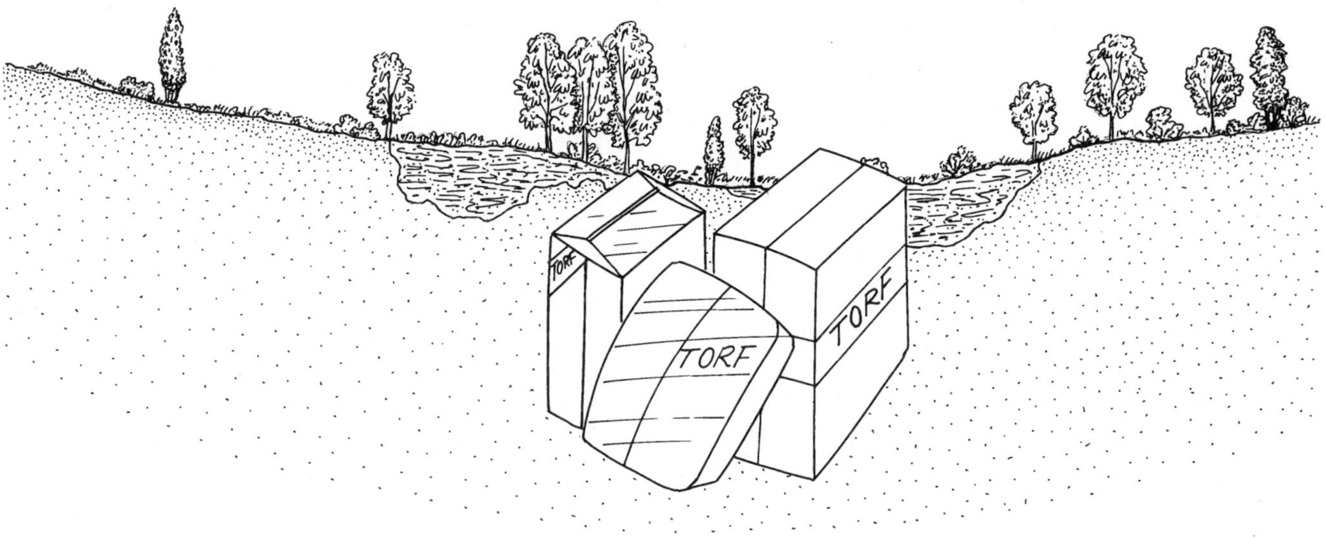


| | | |
|---|---|---|
| Düngetorf ist mit Kunstdünger angereicherter Torf. | Versauerung von Böden führt zu Nährstoffmangel und macht Düngung erforderlich. | Kompost, Rindenmulch und Gründüngung liefern große Humusmengen. |
| Ca. 1000 ha Hochmoorfläche werden jährlich trockengelegt. | In Lehmböden setzt ohne Luftzufuhr mit Torf Verkohlung ein. | Torf ist ein hervorragender Wasserspeicher. |
| Torf verliert sein Wasserhaltevermögen sehr schnell und liefert nur geringe Humusmengen. | Zerstörung der Lebensräume seltener Pflanzen und Tiere. | Gartenabfälle gehören nicht auf die Müllkippe, sondern auf den Komposthaufen. |
| Jährlich werden mehr als 8 Mio. $m^3$ Torf in Gärten vergraben. | Kompost ist eine natürliche Düngung, aktiviert das Bodenleben und verbessert die Bodenstruktur. | Torf zur Abdeckung trocknet an der Oberfläche unwiderruflich aus. |
| 10.000 Jahre brauchen Moore zur Entwicklung. | Rindenhumus versauert den Boden nicht. | Torf ist kein Dünger, er enthält fast keine Pflanzennährstoffe. |
| Verbrauch unersetzlicher Rohstoffe. | Maschineller Torfabbau sichert Arbeitsplätze | Torfabdeckungen in Vorgärten und auf Gräbern sehen ordentlich aus. |
| | | Torf hat einen pH-Wert von 3–4 und versauert damit Böden. |



 ISBN 3-12-031050-6

1. Nenne einige positive Auswirkungen von Bäumen in der Stadt. Die nebenstehende Skizze hilft dir dabei.

*Staubfilter*

*Sauerstoffabgabe*

*Kohlenstoffdioxidaufnahme* ⋆

*Luftbefeuchtung*

*Luftkühlung* ⋆

*Beschattung* ⋆

*Ästhetischer Wert* ⋆

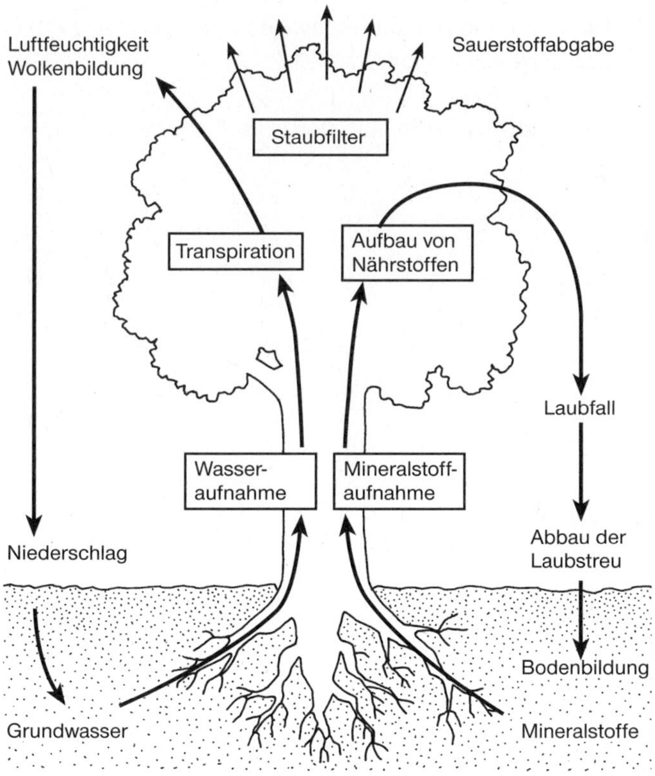


2. Kennzeichne diejenigen deiner gefundenen Punkte, die nicht oder nicht direkt aus dem Schema ablesbar sind, mit einem Sternchen.

3. Trotz all der positiven Auswirkungen von Bäumen wird ihnen das Überleben – insbesondere in der Stadt – täglich schwer gemacht.
Nenne einige Punkte, die den Bäumen das Überleben schwer bis unmöglich machen; gib Verbesserungsvorschläge an.

*Mechanische Verletzungen durch PKWs – starke Parkbügel*

*Plakatierung von Bäumen mit Nägeln – bestehende Verbote beachten, Baumschutzsatzung*

*Versiegelung der Wurzelscheibe – große umrandete Rabatten mit Wasserzufuhr, Pflege durch Anwohner*

*Wurzelbeschädigung durch Bauarbeiten – Aufmerksamkeit und Sensibilität der Behörden, Baumschutzsatzung*

*Verunreinigung des Bodens – bestehende Verbote beachten (z.B. Öl)*

*Falscher Baumschnitt – Durchführung nur durch Fachbetriebe*

*Luftverunreinigung – politischer Wille, verantwortliches Handeln*

*(Bäume als Hindernis / stehen im Weg – Einstellung, Baumschutzsatzung;*

*Bäume werfen Laub / machen Dreck – Einstellung, Pflege durch Anwohner)*



 ISBN 3-12-031050-6

1. Nenne einige positive Auswirkungen von Bäumen in der Stadt. Die nebenstehende Skizze hilft dir dabei.

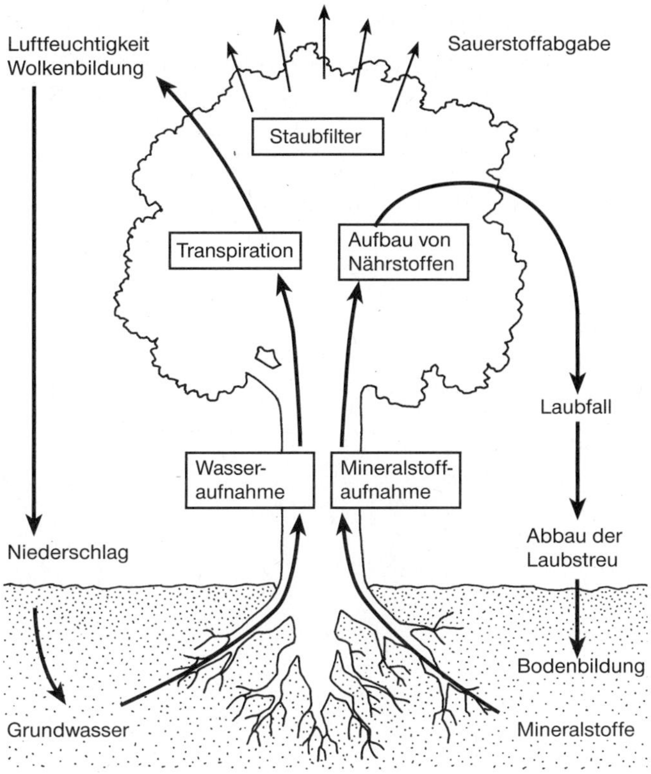


2. Kennzeichne diejenigen deiner gefundenen Punkte, die nicht oder nicht direkt aus dem Schema ablesbar sind, mit einem Sternchen.

3. Trotz all der positiven Auswirkungen von Bäumen wird ihnen das Überleben – insbesondere in der Stadt – täglich schwer gemacht.
Nenne einige Punkte, die den Bäumen das Überleben schwer bis unmöglich machen; gib Verbesserungsvorschläge an.



 ISBN 3-12-031050-6

Klettern will gelernt sein.
Viele unserer heimischen Kletterpflanzen benötigen geeignete Hilfe zur Erklimmung von Hauswänden. Ihre Kletterformen sind sehr unterschiedlich. Identifiziere die Kletterformen und gib jeweils ein Beispiel an.

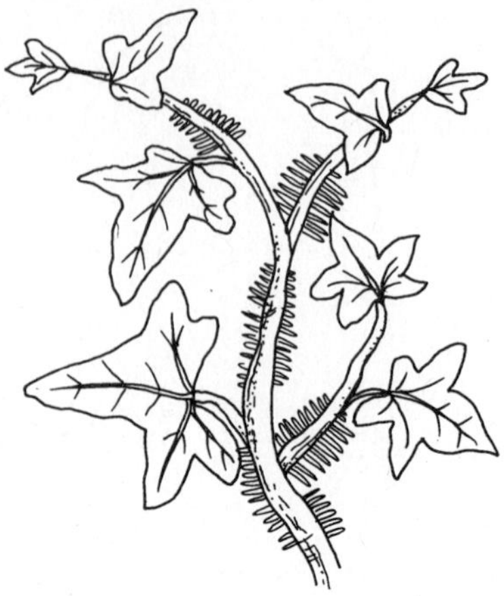

(1) ______________________

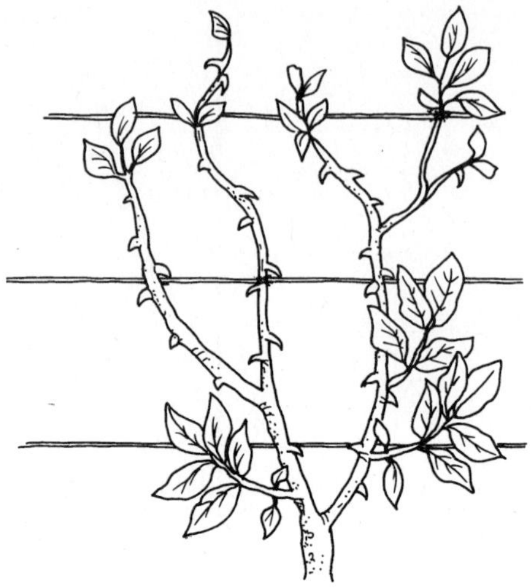

(2) ______________________

(3) ______________________

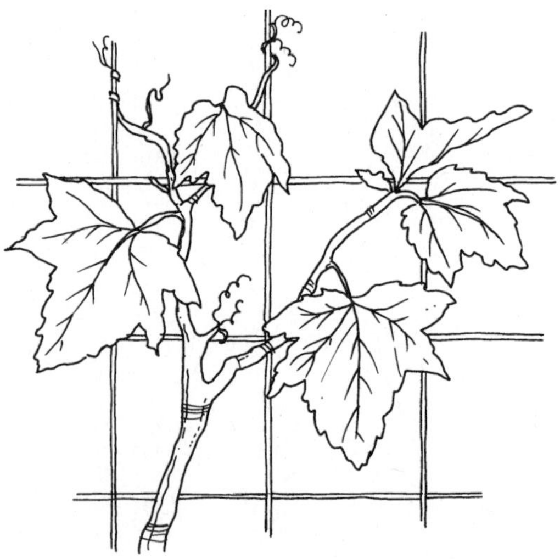

(4) ______________________

(5) ______________________

(6) ______________________

---

**Lösung,** ggf. abtrennen

(1) **Sproßbürtige Haftwurzeln**
Beispiel: Efeu

(2) **Spreizklimmer**
Beispiel: Kletterrose

(3) **Haftscheiben**
Beispiel: Wilder Wein

(4) **Sproßanker**
Beispiel: Scharlach-Wein

(5) **Schlinger**
Beispiel: Hopfen

(6) **Blattstielranker**
Beispiel: Clematis




ISBN 3-12-031050-6